ROGÉRIO M. DE ALMEIDA

A CONSCIÊNCIA MORAL
Das raízes gregas ao pensamento medieval

Edições Loyola

Dados Internacionais de Catalogação na Publicação (CIP)
(Câmara Brasileira do Livro, SP, Brasil)

Almeida, Rogério Miranda de
  A consciência moral : das raízes gregas ao pensamento medieval / Rogério Miranda de Almeida. -- São Paulo : Edições Loyola, 2023. -- (Coleção leituras filosóficas)

  Bibliografia.
  ISBN 978-65-5504-292-4

  1. Consciência moral 2. Ética (Moral filosófica) 3. Filosofia 4. Liberdade (Filosofia) I. Título. II. Série.

23-167790

CDD-170

Índices para catálogo sistemático:
1. Moral : Filosofia   170

Eliane de Freitas Leite - Bibliotecária - CRB 8/8415

Capa: Inês Ruivo
Diagramação: Sowai Tam
Revisão: Fernanda Guerriero Antunes

Edições Loyola Jesuítas
Rua 1822 n° 341 – Ipiranga
04216-000 São Paulo, SP
T 55 11 3385 8500/8501, 2063 4275
editorial@loyola.com.br
vendas@loyola.com.br
www.loyola.com.br

Todos os direitos reservados. Nenhuma parte desta obra pode ser reproduzida ou transmitida por qualquer forma e/ou quaisquer meios (eletrônico ou mecânico, incluindo fotocópia e gravação) ou arquivada em qualquer sistema ou banco de dados sem permissão escrita da Editora.

ISBN 978-65-5504-292-4

© EDIÇÕES LOYOLA, São Paulo, Brasil, 2023

102817

Quero dedicar este livro aos meus sobrinhos:
José Rogério de Almeida Neto,
José Airton de Almeida Filho e
José Airton de Almeida Neto.

A consciência nasceu na dor e no sofrimento.
A consciência é dor,
e a perda da consciência se apresenta para nós como a
interrupção da dor.
Dostoiévski diz que o sofrimento é a única causa da consciência.
A consciência encerra uma dolorosa divisão.
NICOLAS BERDYAEV. *The Destiny of Man*.
London: Geoffrey Bles, 1948, p. 38.

Creio que nenhum livro se completa.
O autor sempre pode continuar, por um tempo indefinido,
como eu continuei com este, ao alcance da mão, sem retomá-lo.
O que ocorre é que a gente se cansa do livro, apenas isso,
e nesse momento o dá por concluído.
DARCY RIBEIRO. Prefácio. In: *O povo brasileiro*.
São Paulo: Schwarcz, 2006.

SUMÁRIO

PREFÁCIO.. 13

Primeira parte
DO PERÍODO ARCAICO GREGO À FILOSOFIA HELENÍSTICA

Capítulo I
**A LEI E A CULPA NOS TEMPOS HOMÉRICOS
E NA TRAGÉDIA**.. 23

Capítulo II
**A CONSCIÊNCIA NO PERÍODO CLÁSSICO:
SÓCRATES E PLATÃO**... 33
1. Sócrates e a voz premonitória do *daimonion*...................... 33
2. O "conhece-te a ti mesmo" do templo de Delfos................ 53
3. As aporias do "conhece-te a ti mesmo"................................ 64
4. Platão e Sartre: o olhar como espelho da alma
   e do desejo... 77
5. O Bem e a metáfora do sol.. 92

Capítulo III
ARISTÓTELES E A QUESTÃO DO CONHECIMENTO ... 101
1. Os sentidos e a percepção ... 101
2. O intelecto e a alma ... 104
3. As imagens, o discurso e o juízo ... 108
4. O intelecto, a intuição e o primado da vida teorética ... 118
5. Reinterpretações, revalorações ... 123

Capítulo IV
A CONSCIÊNCIA MORAL NA FILOSOFIA HELENÍSTICA ... 135
1. Do estoicismo em geral ... 137
2. Ainda o estoicismo: Sêneca e a *conscientia* moral ... 147
3. Sêneca, João Crisóstomo e a "má intenção" ... 151
4. Sêneca, Freud e o sentimento de culpa ... 155
5. Freud e Epicuro ... 159

Segunda parte
AS ESCRITURAS E O PENSAMENTO CRISTÃO ANTIGO E MEDIEVAL

Capítulo V
A CONSCIÊNCIA MORAL NO ANTIGO TESTAMENTO ... 169
1. A questão do uso, ou não uso, do termo *syneidesis* no Antigo Testamento ... 174
2. Iahweh, a Lei e a obediência ... 176
3. O coração como sede das emoções e do discernimento ... 183
4. Os rins como sede do pensamento e do desejo ... 190

Capítulo VI
A CONSCIÊNCIA MORAL NO NOVO TESTAMENTO 197
1. A metáfora do coração nos Evangelhos 200
2. A metáfora do coração nos outros escritos neotestamentários 204
3. Paulo e a questão da συνειδησις 210

Capítulo VII
PLOTINO E A CONSCIÊNCIA COMO MOVIMENTO DE RETORNO A SI MESMO 221
1. O Uno, a natureza e a contemplação 224
2. A alma, a contemplação e o bem 228
3. A contemplação, o Belo e o Bem 236

Capítulo VIII
A CONSCIÊNCIA NA TRADIÇÃO PATRÍSTICA: DE ORÍGENES AOS PADRES CAPADÓCIOS 243
1. Orígenes: a consciência como interioridade e faculdade de discernimento ético 247
2. Basílio de Cesareia e o preceito: "Fica atento a ti mesmo" 252
3. Gregório Nazianzeno: o Logos e o conhecimento de si mesmo 256
4. Gregório de Nissa e o νους como mediação 261

Capítulo IX
AGOSTINHO DE HIPONA E A DINÂMICA DA INTERIORIZAÇÃO 271
1. A interiorização, Deus e a felicidade 274
2. O conhecimento de Deus e o conhecimento humano 278
3. A memória, a vontade e o desejo 284
4. A consciência moral 290

Capítulo X
ANSELMO DE AOSTA: VERDADE, INTENCIONALIDADE E LIBERDADE 301
1. A verdade enquanto retidão 304
2. A questão da liberdade do livre-arbítrio 309
3. A liberdade humana, a presciência e a predestinação divinas 314

Capítulo XI
PEDRO ABELARDO: A INTENÇÃO E O "CONHECE-TE A TI MESMO" 319

Capítulo XII
TOMÁS DE AQUINO: A CONSCIÊNCIA MORAL OU A *SYNDERESIS* 327
1. Definição da consciência em geral e da consciência moral em particular 331
2. A consciência moral errônea 333
3. A lei humana obriga em consciência? 336

CONCLUINDO... 341

REFERÊNCIAS BIBLIOGRÁFICAS 347

PREFÁCIO

Como é do conhecimento do leitor, o termo "consciência", do latim *conscientia* (*cum alio scientia*), tem em português, assim como, de resto, nos seus correspondentes francês (*conscience*) e italiano (*coscienza*), um significado psicológico, na medida em que ele reenvia à percepção ou ao conhecimento que tem o ser humano do mundo que o circunda e de seus estados de ânimo, isto é, de seus sentimentos, de suas ideias, de suas carências, de suas volições, de seu desejo etc. Quando, porém – tanto em português quanto em francês e em italiano –, quer-se falar da consciência no sentido ético do termo, deve-se ajuntar-lhe o adjetivo "moral". Já no inglês se recorre à palavra *consciousness* para se referir especificamente à consciência psicológica e se utiliza do vocábulo *conscience* para significar mais propriamente a consciência moral. A língua alemã também dispõe de dois termos simples e diferentes para realçar a distinção entre, de um lado, a consciência teórica (*Bewusstsein*) e, do outro, a consciência moral (*Gewissen*).

Convém, no entanto, relevar que a consciência filosófica – no sentido que lhe imprimiu a tradição platônica de uma autorreflexão, uma introspecção ou um diálogo da alma consigo mesma – e a consciência moral se desenvolveram paralelamente, ou melhor, elas se desdobraram simultaneamente na história do pensamento ocidental através de uma dialética que se manifesta por variadas e renovadas influências, interpretações e valorações mutuamente permutáveis. Assim, conhecer-se a si mesmo implica duas dinâmicas ou duas modalidades de conhecimento que reenviam a um plano epistemológico e a um plano moral. Todavia, deve-se ter presente que estas duas modalidades do conhecimento não podem ser pensadas separadamente, embora sejam distintas nas suas aplicações específicas, conforme os objetos aos quais elas se dirigem e que elas tentam analisar. Assim, quer se trate de um conhecimento introspectivo – o conhecimento de si mesmo –, quer se trate de um conhecimento referente a objetos fora do sujeito, o certo é que ambos os métodos se desenvolveram e continuam a desenvolver-se através de um mundo de representações, de valorações, de significações, de simbolizações e fantasmas que tece o próprio sujeito a partir da tensão do desejo que o caracteriza essencialmente. Para dizê-lo de maneira mais resumida, a consciência filosófica, ou teórica, é também uma consciência moral, na medida em que, ao produzir interpretações que supõem representações, fantasmas, simbolizações e, portanto, um sujeito falante, faltante, hiante, descentrado e heterogêneo ao objeto de seu próprio desejo, ela está, *ipso facto*, produzindo juízos, apreciações, valorações ou, numa palavra, moral.

Efetivamente, a capacidade de discernir entre o certo e o errado, o verdadeiro e o falso, caminha *pari passu* com a aptidão a criar valores, aptidão esta que se exprime por um incessante construir, erigir e impor qualificações relativas ao bem e ao mal, ao bom e ao ruim, ao belo e ao feio, ao verdadeiro e ao falso, ao justo e ao injusto. Ao digno e ao desprezível. Na realidade, as forças que se arrogam o direito de decidir entre o certo e o errado já encerram no seu bojo a potência de aniquilar e, ao mesmo tempo, de edificar novos valores, novas leituras e novas interpretações. Não há, portanto, um destruir para depois construir, porquanto se constrói à medida mesma que se destrói. Este é um *leitmotiv* ao qual não cesso de retornar. Para exprimi-lo nietzschianamente: é no momento mesmo ou no átimo exato em que as antigas forças estão para atingir o limite máximo de seu percurso e, consequentemente, de sua exaustão, que novas forças e novas pulsões entram em jogo e, com isso, abrem o caminho para novas metamorfoses, novas criações e novas construções. Mas o construir pressupõe também o destruir, e vice-versa, de sorte que o questionamento deve ser dirigido não aos valores enquanto tais, mas às forças que os destroem e os reconstroem. Em outras palavras, é no sujeito e, em última análise, nas pulsões e no desejo que movem o sujeito que deve ser buscada a explicação essencial, radical, do conhecimento e, neste caso particular, da consciência que tem o sujeito ou, mais precisamente, que pensa ter o sujeito da certeza e, portanto, da dúvida. Pode-se, pois, dizer que é nesta ambiguidade fundamental que residem toda a importância e toda a significação da formulação consagrada de Lacan: "Eu não estou lá onde sou o joguete do meu pensamento; penso no que sou, lá onde não penso pensar"[1].

Ajunte-se mais uma vez que o termo "consciência" se revela ambivalente na medida em que ele pode significar tanto a consciência filosófica quanto a consciência moral e a consciência psicológica, isto é, a consciência do senso comum. Todavia, no que tange particularmente a esta última, seria mais conveniente falar de "percepção" do que propriamente

---

1. LACAN, JACQUES, *Écrits*, Paris, Seuil, 1966, 517.

de "consciência". De resto, há que se fazer uma distinção entre a *percepção*, enquanto capacidade peculiar aos humanos, aos animais e mesmo às plantas, e a *apercepção*, tal como esta foi elaborada na modernidade a partir de Leibniz, tendo sido depois retomada, ampliada e aprofundada por Immanuel Kant. Efetivamente, a noção de *apercepção* foi formulada pela primeira vez por Leibniz, que, com ela, quis significar a percepção ou a consciência que tem o sujeito das próprias percepções. Isto poderia redundar nesta fórmula elíptica: "ser consciente da própria consciência". Ora, *ser consciente das próprias percepções* guarda mais de uma relação com a dinâmica da consciência como a capacidade que possui o ser humano de refletir, pensar, calcular, raciocinar ou, em suma, *conversar consigo mesmo*. Com efeito, assevera Leibniz: "A percepção da luz ou da cor, por exemplo, de que temos a apercepção é composta de muitas pequenas percepções de que não temos a apercepção. Já um ruído que percebemos, mas ao qual não prestamos atenção, tornar-se-á aperceptível se ele sofrer um pequeno aumento"[2]. Na sua *Psychologia rationalis*, primeiramente publicada em 1734, Christian Wolff retoma e reelabora esta concepção, na medida em que ele considera a apercepção como sendo aquele movimento, ou aquele meio, pelo qual não somente nos percebemos como sujeitos perceptivos, mas também, e, justamente por isto, como seres distintos dos objetos que percebemos[3].

Foi, no entanto, Ludwig Feuerbach quem – no meu entender – estabeleceu uma sutil, acurada e original distinção

---

2. LEIBNIZ, GOTTFRIED WILHELM, *Nouveaux essais sur l'entendement humain*, Paris, GF-Flammarion, 1990, II, 9, 4.
3. Cf. WOLFF, CHRISTIAN, *Psychologia rationalis. Methodo scientifica pertractata*, Veronae, Typis Dionysii Ramanzini, 1737, Sectio 1, Caput I, §13.

entre, de um lado, a consciência genericamente considerada e, do outro, a consciência propriamente filosófica. Efetivamente, no primeiro capítulo da *Essência do cristianismo*, ao analisar a essência do homem em geral, o filósofo afirma que a religião se baseia na diferença essencial entre o homem e o animal. Os animais não têm religião, ao passo que os homens produzem a religião. E por quê? Porque os homens são dotados de consciência (*Bewusstsein*), mas a consciência na acepção estrita do termo. De fato, pondera Feuerbach, a consciência enquanto sentimento de si (*Selbstgefühl*), ou melhor, enquanto faculdade sensível apta a perceber e distinguir os objetos exteriores, tal consciência não pode ser negada aos animais. Em contrapartida, pode-se falar de consciência no sentido próprio da palavra somente quando se trata de um ser que tem por objeto o seu gênero (*Gattung*) e a sua essencialidade (*Wesenheit*) ou, dito de outro modo, quando ele é capaz de *introspecção*, de *interiorização* ou, literalmente, de *con-versação* consigo mesmo[4]. Certo – concede Feuerbach –, o animal tem por objeto a si próprio como indivíduo, mas não o tem como gênero. Por isso, a sua vida é simples, ao passo que a vida do homem é dupla. No animal, a vida interior coincide com a exterior, ao passo que o homem tem uma vida interior – que se relaciona com o seu gênero ou com a sua essência universal – e, simultaneamente, uma vida exterior. É, pois, através desta dinâmica ou deste trânsito contínuo entre o interior e o exterior que ele é capaz de sentir, de perceber e, também, de pensar, de falar, de refletir e, portanto, de *dialogar* consigo mesmo[5]. Para Feuerbach, é a partir e através desta hiância – que nunca termina de se superar – entre o

---

4. Cf. FEUERBACH, LUDWIG, *Das Wesen des Christentums*, Stuttgart, Reclam, 1969, 37.
5. Cf. IBID., 38.

infinito e o finito, o universal e o particular, o todo e as partes, que o homem constrói os seus sonhos de grandeza, de onipotência, de magnificência, de senhorio e de glória. Assim fazendo, ele cria a religião e, por conseguinte, edifica e povoa um panteão de deuses feitos à sua imagem e semelhança. Deus nasce, acentua o filósofo, a partir de um sentimento de falta. "Somente um homem *pobre* possui um Deus *rico*."[6] Mas, paradoxalmente, é graças a esta cisão ontológica e radical, ou a esta hiância e discordância *fundamentais* que não cessam de se colmatar e de se reconciliar consigo mesmas, que o homem cria valores e tenta infatigavelmente transformar ou, para dizê-lo à maneira de Nietzsche, *justificar* e transfigurar a existência e o mundo.

A questão do nascimento e desenvolvimento da religião que levantou e analisou Feuerbach é, em última instância, uma questão de ordem antropológica. Trata-se, na verdade, do conhecimento de si mesmo e da consciência – no âmbito teórico e moral – pela qual o homem procura continuamente interpretar-se, recriar-se e, portanto, vencer as resistências que lhe oferece e lhe impõe o simbólico do real. Na obra *O destino do homem* [*The Destiny of Man*], Berdyaev declara: "Os antigos gregos entenderam que o homem só pode começar a filosofar através de um conhecimento de si mesmo. A chave para a realidade deve ser buscada no homem"[7]. É esta, como se sabe, a questão socrática por excelência que, de resto, já havia tido o seu ponto de partida, de maneira direta ou indireta, explícita ou implícita, com os pré-socráticos. Mais remotamente, porém, ela já se acha introduzida e poeticamente desenvolvida na mitologia e na sabedoria trágica.

---

6. Ibid., 134. Destaques do autor.
7. BERDYAEV, NICOLAS, *The Destiny of Man*, London, Geoffrey Bles, 1948, 45.

São, pois, estas questões que tentei analisar e elucidar ao longo destas reflexões, que abrangem um longo lapso de tempo: do período arcaico grego até o apogeu da Escolástica e, mais precisamente, até Tomás de Aquino. Inicialmente, o meu escopo era desenvolver um estudo que partisse do período arcaico grego até a filosofia contemporânea, culminando com a psicanálise e, particularmente, com Freud e Lacan. Dei-me, porém, conta de que este projeto, considerado do ponto de vista material, resultaria por demais extenso e poderia terminar por desanimar e cansar não somente o leitor, mas também a mim mesmo. Por isso, repito neste prefácio aquilo que deixei como abertura, ou possibilidade, no final do último capítulo, em que afirmo que as análises de Tomás de Aquino em torno da consciência se revelaram aptas a estabelecer os princípios da moral como os fundamentos que constituem a vontade reta do agir humano. Todavia, a partir do século XVII, com René Descartes, assistiremos a um retorno a Agostinho de Hipona, no sentido de se retomar a problemática da autoconsciência como uma forma de evidência mais segura contra toda dúvida possível. Foi, pois, neste ponto que avancei a seguinte ponderação: com isto, porém, já ultrapassamos o limiar dos tempos modernos, o que, talvez, poderá redundar numa ocasião ou num novo ponto de partida para um ulterior desenvolvimento e aprofundamento da questão da consciência moral numa das próximas obras. E é, de fato, o que espero poder alcançar e realizar...

Rogério Miranda de Almeida
Crato, Natal de 2021.

PRIMEIRA PARTE
DO PERÍODO ARCAICO GREGO À FILOSOFIA HELENÍSTICA

Capítulo I
A LEI E A CULPA NOS TEMPOS HOMÉRICOS E NA TRAGÉDIA

Embora se costume ligar – sobretudo nos meios exegéticos do Novo Testamento – o termo συνειδησις (consciência moral) ao período helenístico e, mais especificamente, ao estoicismo, a ideia que ele exprime, sob outras formas e outros nomes, é atestada mesmo antes que surgisse o movimento desencadeado por Zenão de Cítio cerca de 312 a.C. Na verdade, para os estudiosos mais tradicionais da cultura grega antiga – dentre os quais se destacam Werner Jaeger e Friedrich Zucker – não havia, estritamente falando, uma consciência individual nos tempos homéricos, nem mesmo durante o século V a.C. Isto quer dizer que a consciência do indivíduo se confundia ou, mais exatamente, coincidia com a sua concepção de lei que regia não somente a *polis*, mas também os fenômenos naturais e, enfim, o cosmos inteiro. Para Jaeger – cuja interpretação é, além de simplista, extremamente generalizante – havia no século V somente duas explicações possíveis para o convívio na *polis*: ou a lei da *polis* se apresentava como o mais elevado modelo para a vida humana e, neste caso, estava em harmonia com a ordem divina do Ser e, portanto, com a vida dos membros que constituíam a *polis*, ou, inversamente, as normas da vida *política* entravam em conflito com as leis estabelecidas pela natureza ou por Deus e, assim, os seus habitantes não podiam reconhecê-las, nem tampouco aceitá-las. Com isso, deduz Jaeger, eles cessavam de ser membros da comunidade política à qual pertenciam e acarretavam, como consequência, a dissolução dos fundamentos de suas próprias vidas[1].

Na esteira de Friedrich Zucker, cuja obra *Syneidesis-Conscientia* foi publicada em Jena (1928), Jaeger argumenta que a real característica do homem nobre nos tempos homéricos não residia na consciência pessoal como uma dinâmica autorreflexiva sobre a sua vida moral. A principal marca das naturezas nobres – acentua o helenista – consistia no sentimento do dever, ou do temor reverencial (αιδως), como também no sentimento de indignação diante do mal ou da injustiça (νεμεσις) praticada contra os seus semelhantes. Para isto, contudo, fazia-se necessária a existência de um código social e objetivo sempre presente à mente do indivíduo, com o qual ele devia conformar-se. Neste sentido, Jaeger é enfático ao afirmar que tanto Homero quanto a aristocracia de sua época consideravam que a negação da honra devida aos seus pares era a maior de todas as tragédias que um ser humano poderia vir a cometer. Esta era a razão pela qual os heróis se tratavam mutuamente com um constante e vigiado respeito, porquanto esta reverência era responsável pela coesão e sustentação de todo o seu sistema social, simbólico e legal. Neste horizonte, a questão que ocupava o pensamento do herói homérico, após ter este realizado um grande feito, não era em

---

1. JAEGER, Werner, *Paideia. Die Formung des Griechischen Menschen*, Berlin/New York, Walter de Gruyter, 1973, [1]1933, 412.

primeiro lugar a recompensa monetária, mas antes a honra ou a desonra que dele poderia advir. Esta honra era traduzida pelo louvor (επαινος), ao passo que a desonra se manifestava pela repreensão ou a censura (ψογος). Certo, Jaeger emite a ressalva segundo a qual existia também em Homero a consciência de uma obrigação moral que se expressava sob a forma de αιδως (temor reverencial, vergonha, pudor), νεμεσις (indignação pela injustiça, sentimento de horror ao mal), καλος (belo, nobre, honrado), αισχρος (feio, vicioso, ignominioso) etc. Eram estes os aspectos subjetivos da moral. Todavia, objeta o helenista, o que finalmente predominava era a estrutura inerente à realidade objetiva em conformidade com a natureza da moral humana. Munido, pois, desta perspectiva, Jaeger não pode senão admitir a dificuldade que experimenta o homem moderno em imaginar quão inteiramente *pública*, *política* ou *social* se revelava a consciência moral para um grego antigo. Donde a sua conclusão: "Na verdade, no pensamento grego antigo não se encontra de forma alguma um conceito semelhante àquele que temos hoje de uma consciência moral pessoal"[2].

Como avancei mais acima, Jaeger não somente simplifica, mas generaliza ao extremo – raiando mesmo à fantasia e à idealização – a concepção grega da consciência moral. Certo, embora o termo *syneidesis* (sob a forma verbal) pareça ocorrer pela primeira vez em Demócrito (c. 460–c. 370 a.C.), a noção de culpa – enquanto sentimento de uma omissão, de uma falta ou injustiça perpetrada contra alguém – já se fazia presente no período arcaico. Estritamente falando, porém, o sentimento arcaico da culpa só se tornará aquilo que a moral grega e, mais tarde, a moral cristã chamará de "pecado" após

---

2. Ibid., 32.

haver a lei secular reconhecido a importância dos motivos, dos móbeis e dos atos voluntários que induzem o indivíduo a cometer uma determinada ação. Na esteira de Abraham Kardiner e de sua obra *The Psychological Frontiers of Society* (1945), E. R. Dodds observa que o sentimento de culpa só adquiriu o sentido de pecado com a *internalização* da consciência, fenômeno este que só apareceu tardiamente, e de modo incerto, no mundo helênico. Assim, a transferência da noção de pureza a partir da esfera mágica para aquela da moral se revelou também como um desenvolvimento tardio. Na verdade, não foi senão nos últimos anos do século V a.C. que se puderam patentemente verificar as declarações relativas àquilo que, mais tarde, se começou a designar, de maneira abstrata e universal, pela expressão "consciência moral". Uma dessas declarações era formulada através desta sentença de caráter nitidamente religioso e popular: as mãos limpas não são suficientes; é preciso também ter um coração puro[3].

Não obstante isso – ressalta Dodds –, é mister pensar mais de uma vez antes de traçar uma linha que delimite, de modo estritamente cronológico, o desenvolvimento e a diferenciação das ideias e das produções culturais em geral. Isto se deve observar principalmente quando se estuda o comportamento religioso, no qual uma crença, um mito ou um preceito pode estar agindo de maneira velada, camuflada ou potencial antes de se impor e de se manifestar nas suas formulações explícitas. É o que ocorreu, por exemplo, com a antiga palavra grega αγος (crime, sacrilégio, temor aos deuses, expiação), na qual já se achavam fundidas, desde muito cedo, as noções de impureza, blasfêmia, maldição e pecado[4]. De

---

3. Cf. DODDS, ERIC ROBERTSON, *The Greeks and the Irrational*, Berkeley, University of California Press, 1951, 37.
4. Cf. IBID.

igual modo, paralelamente àquelas antigas palavras com as quais se designava a culpa – αγος, μιασμα (mancha, contaminação, impureza) – encontrava-se também, nos últimos anos do século V a.C., outro termo para significar a *consciência* da culpa. E isto independentemente do fato de ele reportar-se a um escrúpulo sobre a possibilidade de se incorrer na culpa ou a um remorso por já se ter alimentado este sentimento. Trata-se do termo ενθυμιον, ou ενθυμια, que se encontra em Tucídides e que era empregado para se referir a tudo aquilo que pesa sobre o espírito ou, mais exatamente, que causa preocupação, reflexão, apreensão, inquietação ou pesar. Não esqueçamos, todavia, que o sentimento de culpa, além de angústia, acarreta gozo, deleite, fruição. De resto, não se pode conceber a angústia sem, ao mesmo tempo, pensar no gozo que a acompanha e a pontilha fundamental, essencial, radicalmente.

Segundo Dodds – que aqui se baseia em Wilamowitz-Moellendorff –, a palavra ενθυμιον fora utilizada por Heródoto, Antifonte, Sófocles e Eurípedes para mais especificamente significar um sentimento de culpa religiosa. De acordo também com Dodds, Demócrito de Abdera se servira – além do termo ενθυμια – de outro vocábulo, εγκαρδιον, para exprimir o mesmo sentimento[5]. Ora, é no mesmo Demócrito que vamos encontrar mais explicitamente a noção de *syneidesis*

---

5. Cf. IBID., n. 46, 55. O vocábulo ao qual se refere Dodds se encontra no fragmento 262 de Demócrito, que diz: "Aqueles que se comportam de modo a serem passíveis de exílio, de cárcere ou de outra punição devem ser condenados no tribunal e não devem ser absolvidos. Aqueles, porém, que fossem ao encontro da lei e que fossem absolvidos por um cálculo de vantagem ou por um prazer pessoal teriam cometido uma injustiça e, necessariamente, teriam de se arrepender (εγκαρδιον αναγκη ειναι)". In: REALE, GIOVANNI (Ed.), *I Presocratici* (Hermann Diels e Walther Kranz), Milano, Bompiani, 2006, 1428.

sob a forma verbal de συνειδησει. Assim, num fragmento transmitido por João Estobeu, teria dito Demócrito: "Certos homens ignoram que a natureza mortal é sujeita à corrupção, mas são conscientes (συνειδησει) do mal cometido nas suas próprias vidas. Por isso, durante todo o curso de sua vida, eles vivem sofrendo entre a agitação e o temor fantasiando cenários inexistentes acerca do tempo depois da morte"[6]. Como se pode constatar, a *syneidesis* tem aqui uma conotação patentemente moral, na medida em que ela aponta para a angústia ou para um indefinido, vago e difuso medo de uma possível punição no além.

Entre os poetas trágicos, este conflito moral diante de um mal já cometido, ou na iminência de ser cometido ou – o que equivale ao mesmo – no desejo de cometê-lo, é expresso sob diferentes nomes e diferentes maneiras. Em Ésquilo (c. 525–456 a.C.), por exemplo, e mais precisamente na peça *Agamemnon*, Zeus conduz os homens pela via da sabedoria dando-lhes a ciência através da dor. Daí poder o Coro dos Anciãos entoar os seguintes versos: "A lembrança amarga dos nossos males cai gota a gota sobre os nossos corações durante o sono e, malgrado nós mesmos, faz chegar até nós a sabedoria (σωφρονειν)"[7]. Súbito se adivinha: Ésquilo intuiu prodigiosamente a dinâmica da psique sob uma dupla modalidade: a sabedoria pode nos advir – e nos advertir – mesmo durante o sono, e isto porque o inconsciente não dorme nem dormita, não descansa nem condescende à manhã ou ao meio-dia, à tarde ou à noite, pois ele é atemporal. É curioso notar que também no *Cântico dos Cânticos* vamos encontrar uma imagem que, em mais de um aspecto, evoca aquela outra que acabamos de ler em Ésquilo. Diz, com efeito, o *Cântico dos*

---

6. Ibid., frag. 297, 1438.
7. Ésquilo, *Agamemnon*, Paris, Les Belles Lettres, 2015, versos 179-180.

Cânticos: "Eu dormia, mas meu coração velava e ouvi o meu amado que batia" (Ct 5,2)[8]. Em Ésquilo, é paradoxalmente no estado de sono, quando a vigilância se relaxa e as portas da consciência se cerram, que os homens podem σωφρονειν, vale dizer, tornar-se sábios, prudentes, temperantes ou conhecedores de sua tendência para o bem e para o mal.

Sófocles (c. 495–406 a.C.) vai mais longe ainda, na medida em que claramente confronta e opõe os atos realizados conscientemente àqueles que o sujeito comete sem sabê-lo. Assim, em Colono, ao relembrar os crimes de incesto e parricídio que outrora perpetrara, o desditoso Édipo exclama, inconsolável: "Como, pois, é possível que eu seja malvado por natureza, se não fiz senão restituir os malfeitos que recebi? De resto, nem mesmo se houvesse agido *conscientemente* ter-me-ia comportado injustamente. Ao invés, cheguei ao ponto em que cheguei *sem efetivamente nada saber*"[9]. Esta mesma lamentação ecoará mais adiante, nestes termos: "Porque, decerto, não poderás lançar-me pessoalmente em rosto nenhuma *culpa voluntária* pela qual eu devesse perpetrar os delitos que cometi contra mim mesmo e contra os meus consanguíneos"[10].

Em Eurípedes (480–406 a.C.) e, mais precisamente, em *Orestes* – peça composta em 408 – vamos encontrar a noção de consciência moral sob a forma substantiva de συνεσις e sob a forma verbal de συνοιδα. De sorte que, após haver realizado o assassinato de sua mãe, Clitemnestra, e do amante de

---

8. As citações que faço das Escrituras são tiradas da *Bíblia de Jerusalém*, São Paulo, Paulus, 1995.

9. SÓFOCLES, Oedipe à Colone, versos 270 ss., in: *Tragédies*, tome III, *Philoctète – Oedipe à Colone*, Paris, Les Belles Lettres, 1960. Destaques meus.

10. IBID., versos 961ss. Destaques meus.

sua mãe, Egisto, Orestes, interrogado por Menelau a respeito de seus tormentos, retruca-lhe: "A consciência... a consciência que me acusa dos crimes abomináveis que pratiquei"[11]. Como se pode verificar, à diferença de Ésquilo, para quem as próprias moções inconscientes fazem chegar ao culpado, enquanto ele *dorme*, a virtude da sabedoria, ou da temperança (σωφρονειν), em Eurípedes é a própria consciência quem acusa, censura ou admoesta. Ainda no mesmo Eurípedes, as palavras finais de Medeia – no pungente monólogo que se desenrola antes de ela assassinar seus filhos – dão a entender, num primeiro momento, que ela é consciente do ato que está para levar a cabo. Todavia, logo em seguida, ela desloca a culpa para a inexorabilidade do *thymós* enquanto elemento que se situa *entre* a parte racional e a parte irracional da alma e que normalmente se traduz, parafraseando-o, pela expressão "elemento irascível da alma". É, pois, com estas palavras fatídicas e com a voz tensa, patética e crispada que a infortunada amante preludia o seu delito inelutável: "Eu compreendo os crimes que devo realizar, mas a minha cólera (θυμος) é mais potente que as minhas decisões; é ela que causa os maiores males aos mortais"[12].

Ora, se a "dor de consciência" punge o coração da inditosa Medeia antes mesmo que ela concretize o seu crime iminente, na condenação de Sócrates este tormento pode ter sobrevindo aos acusadores e às testemunhas antes, durante ou no momento mesmo em que o veredicto fora enunciado. Efetivamente, conforme narra Xenofonte na sua *Apologia*, Sócrates teria proferido, depois da leitura da sentença, a seguinte ponderação: "Aqueles que instruíram as testemunhas

---

11. Eurípedes, *Oreste*, Paris, Les Belles Lettres, 1959, verso 396.
12. Id., *Médée*, Paris, Les Belles Lettres, 2012, versos 1078-1080.

a perjurarem e darem falso testemunho contra mim, e aqueles que se conformaram a estas instruções, devem estar conscientes de sua grave maldade e de sua própria injustiça"[13].

Como se pode concluir, é através de diferentes nomes e diferentes maneiras que se apresenta a consciência moral nos tempos homéricos. É assim também que ela se exprime ao entrarmos no período clássico (séculos V–IV), conforme vimos no pensamento dos poetas trágicos – Ésquilo, Sófocles, Eurípedes – e do historiador Xenofonte. Resta, porém, percorrer e elucidar as significações e transformações pelas quais passou este conceito nas filosofias do mesmo período clássico e, mais precisamente, em Sócrates, Platão e Aristóteles. Vejamos, pois, no capítulo seguinte, como Sócrates e Platão consideram a consciência moral e depois, no capítulo terceiro, como ela é examinada na filosofia de Aristóteles.

---

13. XENOFONTE, Socrates' Defense to the Jury, 24, in: *The Trials of Socrates*, Indianapolis/Cambridge, Hackett, 2002, 182.

Capítulo II
A CONSCIÊNCIA NO PERÍODO CLÁSSICO: SÓCRATES E PLATÃO

1. **Sócrates e a voz premonitória do *daimonion***

Deve-se antes de tudo ter presente, conforme avancei no prefácio a esta obra, que o conceito de consciência se desenvolveu, na história do pensamento ocidental, sob duas modalidades intimamente relacionadas entre si. Portanto, não existe, de um lado, a consciência filosófica se apresentando autonomamente como um diálogo da alma consigo mesma e, do outro, a consciência moral, também autônoma, como uma voz interior que acusa, incita ou aprova. Não! Estas duas dinâmicas, conquanto distintas uma da outra, caminham juntas, se desdobram juntas, influenciando-se reciprocamente – ou dialeticamente – num movimento tautócrono de imbricações e inclusões mútuas. Por isso elas não cessam de passar uma para a outra, ou uma pela outra. É o que designo pela expressão de *entre-dois*. Com efeito, a própria capacidade de distinguir *entre* o certo e o errado, ou *entre* a verdade e a mentira, não somente exprime a aptidão a individuar as coisas boas *e* as coisas más, mas também revela a paradoxal dinâmica de exclusão e inclusão entre dois opostos que se supõem mutuamente, que se *evocam* reciprocamente ou que se permutam essencialmente. Em outros termos, um não pode ser pensado, nem representado, nem mesmo imaginado sem que o outro automaticamente ressurja e se imponha ao pensamento. É neste sentido que se apresenta o preceito do "conhece-te a ti mesmo" do Templo de Delfo, que analisarei na seção seguinte. Igualmente complexa é a questão da voz ou do sinal *demoníaco* – objeto desta seção – que sempre, pelo menos em Platão, fala a Sócrates de maneira dissuasiva, e nunca persuasiva.

Paul Friedländer, no seu estudo clássico sobre Platão – *Platon: Seinswahrheit und Lebenswirklichkeit* (1ª ed. 1928) –, observa que o autor da *República* descobriu a dimensão demoníaca ao encontrar-se com Sócrates. Friedländer chama também a atenção para o fato ambíguo e paradoxal de ter Sócrates – mais do que qualquer outro pensador – pautado a sua vida, a sua filosofia e o seu método fundamental pela clareza, pelo rigor e pelo poder do intelecto ou da razão. O que, portanto, se apresentava de maneira especiosa, não clara e, consequentemente, suscetível de conduzir ao erro devia necessariamente passar pelo crivo da razão, que, ao contrário do dom da inspiração concedido aos aedos, aos pintores, aos retores, aos sofistas e, enfim, aos imitadores de toda sorte, era a única instância capaz de garantir e salvaguardar a episteme. No entanto – e é aqui que reside o seu indeslindável enigma – o criador da ciência e da dialética reconhecia ao mesmo tempo ser visitado de tempos em tempos por forças misteriosas – demoníacas, divinas –, a cuja voz devia ele *incontinenti*, incondicionalmente, obedecer[1]. Sócrates, no

---

1. Cf. FRIEDLÄNDER, PAUL, *Plato. An Introduction*, Princeton, Princeton University Press, 1973, 32.

entanto, parecia simultaneamente se comprazer com as admonições, ou proibições, de seu *daimonion*, porquanto ele não somente reivindicava a sua influência, mas também a alardeava pela *agorá* e pelas palestras que frequentava. De resto, foi este um dos argumentos evocados pelos seus adversários no processo condenatório que moveram contra o filósofo: "Sócrates é acusado de corromper os jovens, de não reconhecer os deuses da *polis* e de introduzir, em vez, novos seres demoníacos (καινα δαιμονια)"².

Isto nos transpõe, quase que automaticamente, para aquelas análises que desenvolve Nietzsche no *Nascimento da tragédia*, mormente a partir do capítulo 12, quando Sócrates entra em cena como o verdadeiro aniquilador da tragédia, por intermédio de Eurípedes. Com efeito, declara Nietzsche: "Também Eurípedes era, em certo sentido, somente máscara: a divindade que por ele falava não era Dioniso nem também Apolo, mas um demônio (*Dämon*), recentissimamente nascido, chamado *Sócrates*. Este é o novo contraste: o dionisíaco e o socrático, e a obra de arte da tragédia grega pereceu por ele"³. Assim, a clareza meridiana que ressalta da lógica e do

---

2. PLATÃO, *Apologia de Sócrates*, 24b. Que fique claro desde o presente: todas as citações que faço de Platão são tiradas de: *Plato in Twelve Volumes*, Cambridge, Harvard University Press, 1977.
3. NIETZSCHE, FRIEDRICH, Die Geburt der Tragödie, 1, 12, in: *Kritische Studienausgabe*, 15 v., Herausgegeben von G. Colli und M. Montinari, Berlin/New York, De Gruyter, 1999. Todas as citações que faço de Nietzsche são tiradas desta edição crítica. Quando se tratar de textos que o próprio Nietzsche elaborou e destinou à publicação, as citações se farão pelo título da obra, abreviado, seguido do número do volume, do número do aforismo ou do parágrafo. Quanto aos fragmentos póstumos, eles serão indicados pelo título da edição (doravante abreviado como KS), seguido dos números do fragmento, dos números do volume e da página. Por exemplo: KS 9(108), 12, 398. Retenha-se ainda que todos os itálicos nas citações que faço de Nietzsche se encontram como tais no original, salvo quando

pensamento socráticos foi, na perspectiva de Nietzsche, a responsável última pela morte da tragédia, que, através da música cantada pelo coro, reproduzia a dor da vontade universal e, destarte, exprimia as pulsões básicas da natureza: Apolo e Dioniso. Em Sócrates, porém, Nietzsche divisa uma confiança inquebrantável no pensamento que pode alcançar, mediante o fio condutor da causalidade, os mais profundos báratros do ser. Melhor ainda: Sócrates se apresenta aos olhos do discípulo de Dioniso como o protótipo do otimista teórico que, ao apostar na apreensão da essência última das coisas, adjudica ao conhecimento lógico a força de um remédio universal capaz de curar o mal em si, que reside no erro[4].

Todavia, no capítulo 14 da mesma obra – O nascimento da tragédia – Nietzsche chama a atenção para aquela ambivalência radical que, inerentemente, marca e tipifica a personalidade e o caráter de Sócrates. Com efeito, antes de descrever, através de uma cáustica ironia, o escrúpulo religioso que sobreviera ao filósofo em prisão e que o levara a transpor para o metro cantado os contos de Esopo e o hino em homenagem a Apolo, Nietzsche se pergunta se, afinal de contas, existiria necessariamente uma pura e simples antítese entre o socratismo e a arte e se "o nascimento de um 'Sócrates artístico' seria, de modo geral, algo em si contraditório"[5]. Em

---

se tratar de termos estrangeiros ou quando houver indicação explícita da minha parte.

4. Cf. IBID., 15.

5. IBID., 14. A passagem em que Sócrates narra o sonho que, amiúde, tivera ao longo de sua vida e pelo qual era advertido a "fazer uma obra de arte" se encontra em *Fédon* 60e–61b. Segundo a mesma narrativa, ao esperar em prisão o dia em que lhe seria administrada a dose letal do *phármakon*, Sócrates, para apaziguar a sua consciência e utilizando-se de algumas fábulas de Esopo, decidiu-se finalmente a compor um poema em honra ao deus Apolo.

outros termos, seriam inconcebíveis o filósofo *e* o artista habitando no mesmo homem, isto é, em Sócrates? Ademais, haveria uma antinomia irredutível e um abismo intransponível separando a ciência da arte? Melhor ainda: seria, de fato, possível conceber um ser humano absolutamente racional, ou seja, um ser que jamais teria experienciado o mais breve frêmito ou o mais leve *frisson* de prazer, de deleite, de fruição e, em suma, de sentimento estético? No entanto, conforme avancei mais acima, Sócrates devia comprazer-se em relevar a sua contrapartida intrigante, enigmática e irracional, porquanto ele não somente fazia valer as admoestações e proibições que lhe endereçava seu *daimonion*, mas também parecia zelar por difundi-las junto aos interlocutores que encontrava na *agorá* e nas palestras que amiúde frequentava. De resto, é ele próprio quem o confessa durante sua defesa:

> O motivo deste comportamento (o de não defender os interesses da *polis* na própria Assembleia) é aquele de que já me ouvistes falar várias vezes e em vários lugares: trata-se de algo divino e demoníaco que me acomete (θειον τι και δαιμονιον γιγνεται). É algo que começou a ocorrer-me desde a infância: uma espécie de voz sobrevém e, toda vez que isto acontece, ela sempre me retém de fazer o que eu estava para realizar, mas jamais me estimula a fazê-lo. É isto que se opõe ao meu engajamento na política e, pelo menos para mim, esta oposição parece ser inteiramente correta[6].

A este propósito, convém antes de tudo notar que, ao se referir a esta potência *demoníaca* que inesperadamente invade a personalidade de Sócrates, Platão emprega não a forma

---

6. PLATÃO, *Apologia de Sócrates*, 31c-d.

substantivada, "o demônio", como se se tratasse de um objeto ou de um semideus determinado, particular. Neste sentido, ele só a utiliza para colocá-la na boca dos acusadores de Sócrates, como no exemplo que vimos mais acima. Numa nota explicativa que John Burnet apensou ao diálogo *Eutífron* (3b5), é ressaltada a observação segundo a qual não existia, no grego clássico, o substantivo δαιμονιον; é informado também que o emprego desta palavra como sinônimo de demônio ou divindade só se verifica pela primeira vez na tradução da *Septuaginta*. Ainda segundo John Burnet, este termo se apresenta claramente na *Septuaginta* como um diminutivo de δαιμων, e não como o neutro de δαιμονιος[7]. Em vez, portanto, de um nome substantivado, Platão se serve da expressão neutra το δαιμονιον (o demoníaco, o divino), tal como ela se encontra no Livro VI da *República*: το δαιμονιον σημειον (o sinal demoníaco)[8]. No *Eutidemo*, ele acrescenta a esta expressão o adjetivo "costumeiro", ao afirmar: το ειωθος σημειον το δαιμονιον (o costumeiro sinal demoníaco)[9]. Já no *Fedro*, ele a escreve deste modo: το δαιμονιον τε και το ειωθος σημειον (o demoníaco e costumeiro sinal)[10]. Sintomático também é o fato de, às vezes, Platão não se utilizar, de maneira explícita, do termo δαιμονιον, preferindo, em vez, recorrer meramente à palavra "sinal", à qual ele apensa o adjetivo "costumeiro". É o que lemos, por exemplo, na *Apologia*: το ειωθος σημειον[11]. Ele chega mesmo a empregar, também na *Apologia*, somente o termo "sinal" (το σημειον)[12]. Igualmente na

---

7. Cf. BURNET, JOHN, *Plato. Euthyphro, Apology of Socrates, Crito*, Oxford, Clarendon, 1924, 37.
8. Cf. PLATÃO, *República*, 496c.
9. Cf. *Eutidemo*, 272e.
10. Cf. *Fedro*, 242b.
11. Cf. *Apologia de Sócrates*, 40c.
12. Cf. IBID., 41d.

Apologia, deparamo-nos com a expressão "o sinal do deus" (το του θεου σημειον)[13].

Ao fazer uso de um epíteto neutro, o filósofo parece querer significar duas coisas: por um lado, ele deixa pressupor uma ação de incerteza quanto a saber de onde vem e para onde vai o agente que move Sócrates; por outro lado, porém, ele acentua a presença de uma força que não reside no interior do indivíduo e da qual ele não pode dispor, nem tampouco desfazer-se. Trata-se, portanto, de uma potência externa ao sujeito que ele reconhece como algo que lhe infunde ao mesmo tempo obediência, respeito e temor. Esta é a razão pela qual Platão, às vezes, apresenta estes dois qualificativos juntos: o divino e o demoníaco (θειον τι και δαιμονιον γιγνεται)[14]. Outras vezes, contudo, como vimos mais acima, ele fala simplesmente de "o sinal do deus" (το του θεου σημειον).

Ora, à diferença de Platão, assistimos em Xenofonte à ação de um duplo papel do sinal demoníaco em Sócrates. O autor dos *Memoráveis* mostra, com efeito, o *daimonion* aconselhando ou instruindo antecipadamente o filósofo sobre o que fazer ou não em face de um empreendimento iminente. Assim, a função demoníaca, tal como Xenofonte a apresenta, se revela ora de maneira persuasiva, ora de maneira dissuasiva[15]. Em Platão, no entanto, é particularmente enfatizado o fator de resistência, tensão e inibição por parte do *daimonion*. Segundo Paul Friedländer, não há razão para dar mais crédito às descrições de caráter genérico que tece o historiador Xenofonte do que às cuidadosas, acuradas, sutis e

---

13. Cf. ibid., 40b.
14. Cf. ibid., 31d.
15. Cf. Xenofonte, *Recollections of Socrates*, I, chapter 1, 4; IV, chapter 3, 12; IV, chapter 8, 1, in: *Recollections of Socrates and Socrates' Defense Before the Jury*, Indianapolis/New York, The Library of Liberal Arts, 1965.

profundas intuições que desenvolve o filósofo Platão. Deste modo, deduz Friedländer, a impressão que se tem, ao ler Platão, é que Sócrates era mais perspicazmente cônscio dessas forças ativas que o acometiam toda vez que ele se deparava com obstáculos a combater e a superar[16]. Assim – sublinhe-se de novo –, à diferença de Xenofonte, em Platão a voz demoníaca jamais se manifestava a Sócrates de maneira positiva, mas sempre negativamente em face do que ele estava para empreender. É o que se lê, como vimos acima, na *Apologia*: "É algo que começou a ocorrer-me desde a infância: uma espécie de voz sobrevém e, toda vez que isto acontece, ela sempre me retém de fazer o que eu estava para realizar, mas jamais me estimula a fazê-lo"[17]. É o que vemos também repetir-se, quase que literalmente, no *Teages*: "Há, de fato, algo de demoníaco que, por uma sorte divina, me acompanha desde a infância. É uma voz que, quando se manifesta, envia-me sempre um sinal que me desaconselha de fazer o que estou para fazer, mas nunca me exorta a fazê-lo"[18]. No entanto, no mesmo *Teages*, algumas linhas mais abaixo, a mesma potência demoníaca é vista por Sócrates como cooperando e fomentando a companhia daqueles com quem o filosofo costumava juntar-se. Assim, "Aqueles que, ao invés, a força do sinal demoníaco favorece a que me frequentem são como já sabes: eles, de fato, progridem muito rapidamente"[19].

Certo, conquanto a autenticidade do *Teages* – até onde sabemos – não tenha sido posta em dúvida na Antiguidade, ela começou a ser sistematicamente questionada a partir da primeira metade do século XIX e, mais precisamente, no

---

16. Cf. Friedländer, Paul, op. cit., 33.
17. Platão, *Apologia de Sócrates*, 31d.
18. Platão, *Teages*, 128d.
19. Ibid., 129e.

contexto das traduções e pesquisas realizadas por Friedrich Schleiermacher. É também verdade que não faltaram aqueles que defenderam a paternidade platônica do diálogo, dentre os quais se posicionaram, com ressalvas, Paul Friedländer e, mais incisivamente, George Grote. Na sua tentativa de *salvar o pai* do diálogo, Friedländer argumenta que não há incompatibilidade entre os dois papéis atribuídos ao *daimonion* no *Teages*: o de dissuadir e o de encorajar para a ação. Isto induz o autor a concluir: "No silêncio do demoníaco, Sócrates deve também ter sentido e reconhecido um elemento de cooperação positiva"[20]. No entanto, a maioria dos estudiosos contemporâneos põe em destaque a lista em que o *Teages* aparece como um dos diálogos espúrios ou apócrifos. É o que fazem, por exemplo, Léon Robin e Alfred Edward Taylor[21]. Monique Canto-Sperber o considera um diálogo "suspeito", provavelmente escrito por um autor familiarizado com os temas platônicos da Academia[22]. Quanto a Gregory Vlastos, ele se mostra ainda mais peremptório ao descartar o *Teages* e ao classificá-lo, de maneira desprezível e irônica, como "um monumento a cujo nível de credulidade sucumbiram alguns admiradores supersticiosos de Sócrates após sua morte"[23].

Com relação aos dois discípulos mais importantes de Sócrates, isto é, Platão e Xenofonte, Vlastos prefere, a exemplo do que já fizera Friedländer, ater-se às informações transmitidas pelo próprio Platão, porquanto, além de uma maior

---

20. FRIEDLÄNDER, PAUL, op. cit., 34.
21. Sobre esta questão, veja: ROBIN, LÉON, *Platon*, Paris, PUF, 1988, 22; TAYLOR, ALFRED EDWARD, *Plato. The Man and His Work*, New York, Meridian Books, 1956, 12.
22. Cf. CANTO-SPERBER, MONIQUE, *Philosophie grecque*, Paris, PUF, 1998, 195.
23. VLASTOS, GREGORY, *Socrates. Ironist and Moral Philosopher*, Ithaca, Cornell University Press, 1991, 282.

confiabilidade em termos de fonte e de testemunho, elas encerram – justamente por procederem de Platão – uma incomparável acuidade, profundeza e subtilidade de análise e reflexão. Todavia, mesmo em se tratando de Platão – ou exatamente por isso –, o leitor deve manter-se atento quanto a saber qual é o Sócrates que está falando numa determinada fase da evolução de seus diálogos. De resto, deve-se também levar em conta que a tradição nos legou quatro retratos ou quatro representações de Sócrates. Há o Sócrates de Platão, a quem, como personagem central da maioria de seus diálogos, o filósofo atribui as suas principais descobertas, intuições e indagações em torno do Ser, do conhecimento, da política, da ética, da religião e da ciência. Há também o Sócrates visto por Aristóteles, que se apresenta como o pensador da moral e o responsável pela reviravolta antropológica no confronto com os sofistas. Existe ainda o Sócrates descrito por Xenofonte, dotado – como o próprio Xenofonte – de uma sabedoria mediana e de um senso comum relativamente às coisas práticas e quotidianas da existência. Finalmente, há o Sócrates do comediante Aristófanes, que é apresentado, ou melhor, representado como uma figura caricata e burlesca. Qual destes é o verdadeiro Sócrates? O mais importante a considerar é que todas estas representações são manifestações, sintomas, contrafações e, ao mesmo tempo, elucidações de uma personagem multifacetada que não se deixa reduzir a uma única e terminante caracterização.

Certo, toda divisão que se tenta aplicar ao desenvolvimento intelectual de um pensador – sobretudo quando se trata de filósofos como Platão, Aristóteles, Descartes, Kant, Hegel, Nietzsche, Heidegger – corre o risco de resultar esquemática, simplificadora, subjetiva ou mesmo arbitrária. Mas não há como evitá-la, mormente quando se leva em conta a necessidade de destacar e enfatizar as rupturas, as retomadas, os compossíveis e as virtualidades que, literalmente, *animam* a experiência da *escrita*. É que o paradoxo da experiência da escrita manifesta a multiplicidade de visões, de perspectivas, de leituras, de releituras, de interpretações e reinterpretações que pontilham, atravessam, medeiam e *per-meiam* essencial e inerentemente a dinâmica do pensamento que, justamente por isso, é indissociável da *escrita*. Da *escrita* ou do *texto* enquanto espaço por onde se desenrola infinita e iterativamente a tensão e a descarga do desejo e, consequentemente, do gozo. Esta verdade é tão evidente quanto ela deve ser enfatizada e repetida: não há desejo sem angústia, a angústia do que *ainda resta* a dizer, a nomear, a designar, a falar, a significar e a simbolizar. Trata-se do gozo fálico do ainda não, isto é, daquilo que ainda não foi gozado, ou ainda não foi completamente gozado.

No que concerne, pois, ao Sócrates de Platão, pode-se, *grosso modo*, falar de três representações de Sócrates de acordo com os três períodos que atravessou o próprio pensamento de Platão. Existe, portanto, o Sócrates dos primeiros diálogos, os chamados "diálogos socráticos" (*Apologia, Críton, Eutífron, Cármides, Alcibíades Primeiro, Laques, Lísias, Íon* etc.), em que Sócrates introduz o seu método dialético que lhe permite, através de perguntas e respostas, não somente induzir os seus interlocutores a apreenderem a essência das coisas, mas também a incitar as mentes jovens a buscarem conhecer-se a si mesmas, promover a autoridade do intelecto e colocar-se acima de toda razão de estado e de todo vínculo partidário. É o que denomino o "período epistemológico" de Platão, aquele cuja ênfase é colocada no autoexame da alma e no conhecimento, ou na tentativa do conhecimento, da essência última das coisas.

Após a execução de seu mestre (399 a.C.) e a desilusão com a política que agora dominava a antiga potência econômica e cultural, Atenas, Platão empreende uma viagem que dura cerca de doze anos, no término da qual, e provavelmente após a qual, ele redige o *Protágoras*, o *Mênon*, o *Eutidemo* e o *Górgias*. A estes diálogos seguem-se o *Fédon*, a *República*, o *Banquete*, o *Crátilo* e o *Fedro*. É o segundo período platônico, caracterizado por um maior domínio da arte dramático-literária e por uma reflexão desenvolvida mais patentemente através de argumentos e raciocínios lógicos. Efetivamente, após o seu retorno a Atenas e a fundação da Academia (387), Platão tinha de confrontar-se com dois potentes inimigos: de um lado, os sofistas e a sua arte da persuasão e, do outro, Isócrates e a sua escola de retórica. Esta é a razão pela qual, além de subtilizar a lógica, o filósofo prima por intensificar ainda mais o uso da dialética como um meio capaz de despertar, assegurar e fazer aceder à consciência o conhecimento que jaz adormecido na mente humana. É também durante este período que Platão explicita, desdobra e aprofunda as intuições em torno da doutrina da reminiscência e da teoria das ideias, ou das formas inteligíveis. É lícito, pois, chamar a este segundo período de "período lógico-dialético".

Na sua terceira e última fase, assistimos a um deslocamento de acento – no sentido de uma explicitação e um aprofundamento – para uma problemática que se revelará central em toda a filosofia de Platão. Trata-se dos conceitos e das noções de *intermediário* (μεταξυ), *participação* (μεθεξις), *entre-dois* (μεσος), *mistura*, *misto* (μιξις, μεικτον) e *vínculo* (δεσμος)[24]. São

---

24. Para esta problemática, veja os estudos clássicos: SOUILHÉ, JOSEPH, *La notion platonicienne d'intermédiaire dans la philosophie de Platon*, Paris, Félix Alcan, 1919; HOFFMANN, ERNST, Methexis und Metaxy bei Platon ([1]1919), in: *Drei Schriften zur griechischen Philosophie*, Heidelberg, Heidelberger Akademie der Wissenschaften, 1964. Para uma análise mais específica da questão da participação entre as ideias e o mundo sensível, veja:

desta época: o *Teeteto*, o *Sofista*, o *Parmênides*, o *Político*, o *Filebo*, o *Timeu*, o *Crítias* e as *Leis*. Se esta problemática já se fazia presente, de maneira direta ou indireta, na primeira e na segunda fase de sua produção filosófica, neste terceiro e último período a principal preocupação de Platão é acentuar a dinâmica da ligação, da inclusão, da passagem, do *entre-dois* e, em suma, da relação entre o mundo sensível e o mundo inteligível, entre a esfera da ignorância e aquela do conhecimento, entre a aparência e a essência, a filosofia e a sofística, o diferente e o mesmo, o movimento e o repouso, o prazer e o desprazer, o universal e o particular, o uno e o múltiplo, o tempo e a eternidade. O ser e o não ser. Nesta tentativa de apreender ou, mais exatamente, de fazer ressaltar o *meio* que se *inter-põe* entre o que *é* e o que *não é*, Platão leva ao seu clímax e à sua sutileza máxima a arte de desenvolver e consolidar suas intuições pelo método da dialética. Esta é a razão pela qual designo este terceiro e último período pelo nome de "período dialético-metafísico". De resto, à diferença dos primeiros diálogos, nos quais eram açambarcantes a presença e a influência do mestre, constata-se já na segunda fase e, notadamente, neste último período, um gradual eclipsar-se da participação de Sócrates, sobretudo no *Timeu*, em que se verificam tão somente algumas intervenções esporádicas de sua parte. Na verdade, trata-se aqui mais de um monólogo ou de um "discurso" de Timeu do que propriamente de um diálogo. Com relação às *Leis*, Sócrates não mais aparecerá como personagem. À medida, pois, que Platão marca a sua independência diante do mestre, nota-se também um acirramento, um aprofundamento e, por fim, uma maestria inigualável na

---

FRONTEROTTA, FRANCESCO, *Methexis: la teoria platonica delle idee e la partecipazione delle cose empiriche; dai dialoghi giovanili al Parmenide*, Pisa, Edizioni della Scuola Normale Superiore, 2001.

arte de raciocinar, de persuadir, de seduzir, de dramatizar, de aliciar e de encantar. Aliás, existiria outra maneira ou outro caminho para induzir alguém à "verdade" que se intenta demonstrar senão aquele que se faz pela persuasão, pela retórica e, portanto, pelo recurso às figuras de linguagem, como a metáfora e a metonímia? No entanto, é a retórica e a arte dos sofistas que Platão mais intensa e ironicamente – e mais paradoxalmente – combate.

Mas, neste caso, impõe-se mais uma vez a pergunta: trata-se, afinal de contas, de Platão ou de Sócrates? Na verdade, em vez de interrogar por uma destas duas alternativas, seria mais pertinente considerar o pensamento de Platão através do Sócrates que ele próprio criou. Com efeito, ao apresentar-se como uma figura multifacetada, o discurso socrático não pode desdobrar-se senão de maneira lábil, ambígua, proteiforme, inapreensível, indeterminada e plural. E, se, de resto, pensarmos nos meandros, nas vicissitudes e nos vaivéns que, inerente e radicalmente pontilham o *des-enrolar* dos diálogos platônicos, dificilmente se poderiam neles encontrar uma valoração ou uma interpretação – postas na boca de Sócrates – que fossem válidas e verdadeiras de uma vez por todas. Consequentemente, seria uma empresa fadada ao mais completo fracasso tentar determinar onde realmente termina o domínio do racional e onde precisamente começa a esfera do irracional, ou seja, do elemento *demoníaco* e *divino* que invade e se apodera da personalidade de Sócrates. Pior ainda seria procurar fazer de Sócrates um pensador exclusivamente racional ou, ao invés, um moralista que, afinal de contas, ter-se-ia deixado vencer e suplantar por uma potência *sobrenatural*, no caso, a voz do sinal demoníaco. No entanto, não faltaram estudiosos que propenderam ora para um, ora para o outro destes dois planos. Um exemplo da primeira tendência se encontra em Gregory Vlastos, para quem

Sócrates só pôde distanciar-se tão patentemente da fé ancestral e aderir tão inflexivelmente à autoridade da razão porque não se engajou em dois caminhos díspares do conhecimento a respeito dos deuses. Estes dois caminhos se dariam, respectivamente, pelo conhecimento racional e pelo conhecimento extrarracional dos deuses, o que permitiria dois sistemas distintos de uma fé justificada, seja por argumentos elênticos, seja por uma revelação divina através de oráculos, sonhos proféticos e quejandos. Caso Sócrates tivesse cedido a este último engodo, pondera o autor, ter-se-ia também de admitir que ele considerava as admonições de seu *daimonion* como uma fonte de conhecimento moral separada e superior à razão; esta fonte lhe forneceria, de resto, a certeza que manifestamente estaria faltando nas descobertas de suas buscas elênticas. Donde a conclusão peremptória de Vlastos: "Quero argumentar que, por mais plausível que esta visão possa parecer numa primeira abordagem, ela não se sustenta por evidências textuais; na verdade, ela é incompatível com essas evidências"[25]. Noutro capítulo da mesma obra, o estudioso de Sócrates se mostrará ainda mais incisivo ao criticar e atacar dois autores – Thomas Brickhouse e Nicholas Smith – que, em oposição à sua interpretação, argumentam que Sócrates permitia que o "sinal demoníaco" triunfasse das decisões que ele havia previamente tomado a partir de fundamentos racionais. Ao contrário, pois, de Vlastos, os estudiosos Brickhouse e Smith sustentam que a potência sobrenatural do *daimonion*, ao intervir no momento oportuno, frustrava um determinado plano que Sócrates havia racionalmente decidido pôr em ação. Eles se referem a uma parte daquela passagem

---

25. Vlastos, Gregory, op. cit., 167.

da *Apologia* que citei mais acima e, mais precisamente, a esta, segundo a qual

> É algo que começou a ocorrer-me desde a infância: uma espécie de voz sobrevém e, toda vez que isto acontece, ela sempre me retém de fazer o que eu estava para realizar, mas jamais me estimula a fazê-lo. É isto que se opõe ao meu engajamento na política e, pelo menos para mim, esta oposição parece ser inteiramente correta[26].

Esta injunção da voz divina – enfatizam os autores – estava em consonância com a adesão do filósofo, na medida em que, ao reconhecer a superioridade do "sinal" sobrenatural, era ele próprio que se rendia à sua proibição formal. Ora, após haver criticado e ironizado os defensores desta tese, Vlastos – era de esperar – deveria mais uma vez sobrepor à voz demoníaca o elemento racional que animava e dominava Sócrates. No entanto, surpreendentemente, ele faz a ponderação, segundo a qual "sinal" demoníaco e razão não se opunham um ao outro, mas antes se combinavam e se harmonizavam reciprocamente. Logo em seguida, porém, ele volta a combater a visão que afirmava que o elemento racional era suplantado pela intervenção sobrenatural do *daimonion*. "Seguramente, isto é falso", conclui Vlastos[27].

---

26. PLATÃO, *Apologia de Sócrates*, 31d.
27. VLASTOS, GREGORY, op. cit., 286. Em outra obra, Vlastos critica mais uma vez, sob a forma de resenha, o livro dos autores Thomas C. Brickhouse e Nicholas D. Smith, cujo título é *Socrates on Trial*, Oxford, Clarendon, 1989. Cf. VLASTOS, GREGORY, Brickhouse and Smith's Socrates on Trial, in: *Studies in Greek Philosophy*, v. II, *Socrates, Plato, and Their Tradition*, Princeton, Princeton University Press, 1995, 25-29. A obra de Thomas C. Brickhouse e Nicholas D. Smith foi reeditada pela

Ora, a questão que aqui também deve ser levantada não é saber o que finalmente prevalece em Sócrates: se o conhecimento racional, juntamente com o comportamento que lhe é conforme, ou, ao invés, se a crença numa potência sobrenatural que se apodera do filósofo e, em última instância, determina o seu pensamento, as suas atitudes e decisões morais. O que, pois, se deve antes de tudo considerar – tanto em Platão quanto em Sócrates, através do qual fala o próprio Platão – é o *metaxy*, vale dizer, o intermediário, a ponte, a passagem ou, para usar a minha expressão favorita, o *entre-dois* que, literalmente, *inter-corre*, mete-se de permeio, efetua a ligação entre o racional e o irracional, o mesmo e o outro, a identidade e a alteridade, a sabedoria e a ignorância, o belo e o feio, o harmônico e o desarmônico, o sensível e o inteligível. O uno e o múltiplo.

Tudo isto nos permite voltar ao capítulo 14 do *Nascimento da tragédia* de Nietzsche, que evoquei mais ou menos no início deste capítulo, e no qual o filósofo analisa o escrúpulo religioso que, segundo o *Fédon*, invadira Sócrates enquanto este aguardava o dia de sua execução no cárcere. Anteriormente, no capítulo 13, Nietzsche havia afirmado que, enquanto o instinto, em todos os homens produtivos, se caracteriza por uma força criativa e afirmativa e a consciência por uma faculdade crítica e dissuasiva, em Sócrates, pelo contrário, o instinto se manifesta de maneira crítica e a consciência de modo criativo, "uma verdadeira monstruosidade *per defectum*"! Já no capítulo 14 da mesma obra – ao relatar os sonhos de Sócrates e o desincumbir-se da tarefa a que o injungia a voz divina, dizendo-lhe: "Sócrates, compõe uma obra de

---

Oxford University Press, em 2001, sob o título: *The Trial and Execution of Socrates*.

arte" (*Fédon* 60e) –, Nietzsche imagina o filósofo indagando dos limites da lógica e perguntando-se se aquilo que lhe é incompreensível seja, *ipso facto*, ininteligível como tal[28]. Donde a conclusão do discípulo de Dioniso, sob a forma de interrogação: "Não existiria, talvez, um reino da sabedoria do qual o lógico estaria banido? Não seria a própria arte o correlato e o suplemento necessários da ciência"[29]? Assim, interrogar-se – como o fazem Gregory Vlastos e os autores que ele critica – pelo que finalmente prevalece na relação de Sócrates com a voz premonitória de seu *daimonion* resultaria numa busca ociosa, infrutífera, que não levaria a lugar nenhum. Isto equivaleria – repita-se – a perguntar-se onde termina o racional e onde começa o irracional, onde tem início o inteligível e onde tem fim o incompreensível. Similarmente, seria uma tarefa fadada ao fracasso procurar estabelecer uma linha que demarcasse, de maneira nítida, aquilo que pertence à esfera do inconsciente e o que é da ordem do consciente.

Já no início de seu ensaio *A doutrina de Platão sobre a verdade* (1947), Heidegger deixa pressupor que o mais importante no pensamento de um autor e, particularmente, naquele de Platão é o *não dito*, ou seja, as *entre-linhas*, os *inter-ditos*, os efeitos de significante ou, para dizê-lo lacanianamente, a

---

28. A este respeito, é interessante notar a observação que faz Tomás de Aquino, na *Suma contra os gentios*, sobre a relação entre o conhecimento natural e o conhecimento revelado que, segundo o Aquinate, é transmitido pelos anjos. Eis, pois, como se exprime o autor da *Suma*: "Portanto, assim como seria o cúmulo da insensatez, da parte de um homem simples, afirmar que aquilo que um filósofo propõe é errado pelo simples fato de ele próprio não poder entendê-lo, do mesmo modo seria o acme da estupidez um homem suspeitar como errado o que é divinamente revelado, pelo ministério dos anjos, simplesmente porque isto não pode ser investigado pela razão". TOMÁS DE AQUINO, *Summa contra Gentiles*, Notre Dame, University of Notre Dame Press, 1975, I, Chapter 3, 4.

29. NIETZSCHE, FRIEDRICH, *NT*, 14.

suspensão do sentido. É aquele pequeno resto que aponta para a incompletude do simbólico do real e que, paradoxalmente, se apresenta como a condição, a porta, o caminho, o veículo ou a *letra* pela qual o sentido se desdobra e, ao mesmo tempo, resiste à significação enquanto tal. Com efeito, pondera Lacan, a característica essencial do significante consiste na unidade de ser único, porquanto, segundo a sua natureza, ele só é símbolo na medida em que aponta para uma ausência, uma lacuna, uma falta. É o que ocorre, por exemplo, com a "carta roubada", da qual não se pode dizer, à maneira dos outros objetos, que ela está *ou* não está em algum lugar. Efetivamente, à diferença daqueles outros objetos, a "carta roubada" estará *e* não estará ao mesmo tempo lá onde ela está, e isto onde quer que ela possa encontrar-se[30].

Para voltarmos a Platão, só existe, segundo Heidegger, um ponto de partida para indagar e elucidar os *não ditos* de um autor: são, paradoxalmente, os seus próprios *ditos*. Mas, para que esta exigência fosse satisfatoriamente preenchida com relação a Platão, necessário seria ler, percorrer e discutir todos os diálogos nas suas interconexões essenciais. Pois a ambiguidade do sentido consiste em que ele só se dá nas rupturas e inclusões da cadeia significante que, justamente por isso, exprime a elisão do sujeito na heterogeneidade de seu próprio pedido, ou de sua própria falta. Dado, porém, que a tarefa de apreender todos os significantes nas suas vinculações *radicais* se revelaria impossível, porquanto ela seria infinita, resta aberto aquele outro caminho que, justamente, conduziria ao *não dito*. Mas é precisamente aqui que reside o ponto crucial da questão, pois, segundo Heidegger, "O que aí permanece não dito é uma viragem (*Wendung*) na determinação

---

30. Cf. LACAN, JACQUES, op. cit., 24.

da essência da verdade"[31]. Ambivalentemente, portanto, a essência da verdade se determina sobre um pano de fundo obscuro no qual ela brilha – dirá Roland Sublon – como que um achado bordeado, orlado ou cercado de não sentido, à maneira de uma iluminação que segue à sideração. Nesta mesma linha de reflexão, conclui o analista: "O significante por excelência pelo qual se indica o sujeito inconsciente no instante de seu desvanecimento não pode engendrar a significação senão eclipsando-se para fazer cadeia com um outro"[32]. Assim, completa Sublon: "O efeito do significante deve ser apreendido na sua vacilação sobre este fio de navalha que é o *ponto de intervalo* da cadeia significante"[33]. Nunca será, pois, demasiado repetir: pretender introduzir um corte incisivo naquilo que seria, de um lado, a verdade, a ciência e o racional e, do outro, a não verdade, o mito e o irracional seria tentar eliminar aquilo mesmo que constitui a essência do saber, que consiste na busca, no *método*, no caminho ou, melhor, no *caminhar* e no *desvelar* que supõem rupturas e retomadas, exclusões e inclusões, gradações e claros-escuros, ditos e não ditos ou, para empregar a minha expressão favorita: o *paradoxo do entre-dois*.

Portanto, é com base nesta perspectiva que empreenderei a análise do preceito que, segundo a tradição, se encontrava no frontão do templo de Delfo: "conhece-te a ti mesmo". Todavia, convém desde já ter presente que esta noção é tão ambígua quanto ela deixa pressupor não somente a possibilidade de um conhecimento formal do sujeito nas

---

31. Heidegger, Martin, *Platons Lehre von der Wahrheit, mit einem Brief über den "Humanismus"*, Bern, Francke, 1954, 5.
32. Sublon, Roland, *La lettre ou l'esprit. Une lecture psychanalytique de la théologie*, Paris, CERF, 1993, 70.
33. Ibid., 71. Destaques meus.

suas manifestações positivas, mas também – e talvez principalmente – a eventualidade de uma interrogação sobre aquilo que ele tem de resistente e de negativo, de relutante e de recalcitrante, de recalcado e de irracional.

2. O "conhece-te a ti mesmo" do templo de Delfos

A este respeito, é sintomático o fato de Platão fazer Sócrates iniciar sua defesa, na *Apologia*, nestes termos: "Desconheço, atenienses, que efeito produziram meus acusadores sobre vós. Quanto a mim pessoalmente, falavam de maneira tão persuasiva que quase me fizeram esquecer *quem sou*"[34]. Quem sou. O que realmente significa saber quem se é? Pois, afirma Sócrates na mesma *Apologia*, "uma vida sem exame não é digna de ser vivida"[35]. Mas a que tipo de exame e a que tipo de vida se refere Sócrates exatamente? Trata-se, segundo o próprio filósofo, daquela vida e daquele exame que lhe assinalou o deus: "viver filosofando, isto é, interrogando a mim mesmo e aos outros"[36]. É, efetivamente, este o ofício a que – de acordo com o que ele relata na sua defesa – se entregara o filósofo a partir da consulta que fizera Querofonte ao oráculo de Delfos. Esta indagação consistia precisamente em saber se havia alguém mais sábio do que Sócrates. A resposta do oráculo, através da Pítia, foi que ninguém podia arrogar-se o direito de possuir uma sabedoria superior àquela de Sócrates[37]. A partir de então, Sócrates encetou a sua infatigável deambulação na tentativa de verificar e possivelmente corroborar a veracidade do

---

34. Platão, *Apologia de Sócrates*, 17a. Destaques meus.
35. Ibid., 38a.
36. Ibid., 28e.
37. Cf. ibid., 21a.

que ouvira Querofonte junto ao santuário de Delfos. Depois, portanto, de haver submetido a exame os políticos, os poetas e os artesãos, o filósofo chegou à constatação de que todos estes pretendiam extrapolar o conhecimento específico que lhes permitiam desenvolver a sua arte e profissão; em outros termos, todos procuravam mostrar-se sábios justamente naquilo em que, ao invés, se revelavam os mais ignorantes dos homens. Donde a conclusão do filósofo: "Assim, para preservar o sentido do oráculo, perguntei-me se preferia permanecer como sou, sem a sabedoria nem a ignorância deles, ou se preferia partilhar com eles ambas as coisas. Respondi, a mim mesmo e ao oráculo, que me convinha mais permanecer como sou"[38]. Baseado, pois, nesta convicção e estimulado pela resposta do oráculo, pôs-se o filósofo a inquirir a todos sobre a questão de saber se se tinham na conta de sábios ou se, antes, se consideravam ignorantes. Quando alguém – deduz Sócrates – se julgava sábio sem o ser, via-se ele na obrigação de provar-lhe a sua insipiência e, assim fazendo, cooperava com o deus[39].

Ora, com relação à informação sobre a consulta que fizera Sócrates ao santuário de Delfos, dispomos de duas fontes confiáveis que, no entanto, apresentam leves diferenças com relação tanto à pergunta de Sócrates quanto ao modo pelo qual lhe respondera o oráculo. Uma destas fontes, oriunda de Platão, se encontra na *Apologia de Sócrates* e soa do seguinte modo:

> Conheceis, sem dúvida, Querofonte... Pois bem, certa vez dirigiu-se a Delfos e ousou perguntar ao oráculo – repito-vos,

---

38. Ibid., 22e.
39. Cf. ibid., 23b.

cidadãos, não vos perturbeis – se havia alguém mais sábio do que eu. E a Pítia lhe respondeu (ανειλεν) que não havia ninguém. Ele já morreu, mas o episódio pode ser confirmado pelo seu irmão que se encontra aqui presente[40].

A outra fonte provém de Xenofonte, que narra a mesma história, mas com estas palavras:

Quando, certa vez, na presença de muitas testemunhas, Querofonte inquiriu sobre mim em Delfos, Apolo lhe respondeu (ανειλεν) que ninguém era mais livre, mais justo ou mais sábio do que eu. Ao ouvirem isto, os jurados, mais naturalmente ainda, fizeram um grande tumulto[41].

Como se pode constatar, o primeiro relato formula de maneira clara e específica a interrogação que lançara Sócrates ao oráculo, qual seja, se havia alguém "mais sábio" do que ele. Todavia, a resposta da Pítia é direta e lacônica: "não havia ninguém". Note-se, ademais, que o nome de Apolo não é aqui explicitamente mencionado. No que tange, porém, ao segundo relato, os papéis se invertem. Em primeiro lugar, é narrado que o amigo Querofonte fora a Delfos simplesmente inquirir sobre Sócrates. No entanto, é o próprio Apolo quem dá a resposta, enquanto o nome da Pítia é omitido. De resto, à diferença do primeiro relato, na segunda narrativa o deus não se limita meramente a responder que não havia ninguém mais sábio do que Sócrates, mas ajunta que não existia ninguém mais livre e mais justo do que o filósofo.

---

40. Ibid., 20e-21a.
41. Xenofonte, Socrates' Defense Before the Jury, 14, in: *Recollections of Socrates and Socrates' Defense Before the Jury*.

A este respeito, mais de um estudioso se tem perguntado qual dos dois relatos teria tido mais credibilidade forense diante dos acusadores de Sócrates: se aquele de Platão ou se o de Xenofonte[42]. O mesmo se poderia também dizer com relação ao próprio conteúdo da acusação tal como Sócrates o evoca na sua defesa. Com efeito, na *Apologia* de Platão, lemos o seguinte:

> Sócrates é culpado de, indiscretamente, explorar tanto o que existe sob a terra quanto o que há no céu, de fazer prevalecer o argumento mais fraco e de ensinar os outros a fazerem o mesmo[43].

Mais adiante, na mesma *Apologia*, temos outro motivo da acusação, mas nestes termos:

> Sócrates é culpado tanto de corromper os jovens quanto de reconhecer, não os deuses (θεους) que a pólis reconhece, mas, ao invés destes, outras novas divindades (δαιμονια)[44].

Com relação a Xenofonte, lemos, já no início dos *Memoráveis*, aquele mesmo motivo de acusação que o historiador vai reproduzir na sua *Apologia*:

> Sócrates é culpado de não reconhecer os deuses que a pólis reconhece, de introduzir novas divindades e de corromper os jovens[45].

---

42. A este respeito, veja as ponderações de Gregory Vlastos em: op. cit., 288-289.
43. Platão, *Apologia de Sócrates*, 19b.
44. Ibid., 24b-c.
45. Xenofonte, *Recollections*..., I, 1, 1. O mesmo texto que Xenofonte reproduz na *Apologia* encontra-se em Socrates' Defense Before the Jury,

Estimo, porém, que aqui está em jogo uma problemática mais profunda que saber qual dos dois discípulos, se Platão ou Xenofonte, seria mais digno de credibilidade. Pois, mais do que uma questão de fiabilidade ou de precisão no testemunho – e pensando-se no fato de que as duas narrativas não diferem substancialmente uma da outra –, deve-se antes de tudo considerar uma questão de ordem política, moral e, em última análise, trágica: Sócrates tinha de ser inevitável, inelutável, *inexoravelmente*, condenado pelo tribunal ateniense. Dito de outro modo, o julgamento do filósofo desembocava numa saída, ou melhor, se embatia contra uma aporia essencialmente *trágica*. Trágica porque o tribunal ateniense não tinha opção senão abraçar uma destas duas alternativas: ou Sócrates seria julgado culpado e, consequentemente, Atenas seria inocentada ou, inversamente, Sócrates seria absolvido, mas, neste caso, Atenas seria vista pelo mundo grego, e pela posteridade em geral, como sendo responsável por uma condenação injusta. Ora, pondera Hegel, Sócrates havia atacado e ferido a vida ateniense naquilo que ela possuía de mais caro

---

10, in: *Recollections of Socrates and Socrates' Defense Before the Jury*. Convém ressaltar que tanto Platão quanto Xenofonte, ao mencionarem a peça do processo, segundo a qual Sócrates não "reconhece" os deuses que a pólis "reconhece", empregam o verbo νομίζειν, que significa: costumar, obedecer aos costumes e às leis, considerar ou reconhecer como tal. Mas, para Bruno Snell, a lei segundo a qual Sócrates foi condenado devia conter a seguinte cláusula: "Quem não νομίζει os deuses da pólis deve sofrer a pena de morte". Por conseguinte, deduz Snell, pelo verbo νομίζειν entendiam os atenienses do ano 399 a.C. a seguinte declaração: a existência dos deuses deve ser tomada como verdadeira, ou seja, ela deve ser crida sob a condição de se incorrer em pena de morte. Assim, na perspectiva de Snell, a condenação de Sócrates se efetivou justamente por ter ele negado a existência dos deuses da pólis e por ter introduzido novas divindades ao longo de seu ensinamento. Cf. SNELL, BRUNO, *Die Entdeckung des Geistes. Studien zur Entstehung des europäischen Denkens bei den Griechen*, Göttingen, Vandenhoeck & Ruprecht, 2009.

e inquestionavelmente sagrado: de um lado, ele havia posto em questão os fundamentos do Estado e da religião oficial e, do outro, havia violado a coesão moral que ligava os pais e os filhos naquilo que se exprimia pela noção de ευσεβεια. Por este termo, o grego queria significar, além da veneração e do temor reverencial perante os deuses, o amor filial e, consequentemente, a reputação de piedade e de respeito devido aos genitores. Considerando-se, pois, as críticas e a posição de Sócrates relativas ao Estado, à religião e à educação dos jovens, Hegel conclui, sob a forma de interrogação: "Deve surpreender o fato de ter sido Sócrates julgado culpado? Poderíamos mesmo dizer: ele *devia* sê-lo"[46].

Trata-se, portanto, conforme avancei mais acima, de um desenlace trágico. Com efeito, os mitos que a tragédia grega inventou, e os que ela incorporou e transformou a partir da perspectiva de seus autores – Ésquilo, Sófocles, Eurípedes –, vêm justamente mostrar que o trágico consiste numa única escolha, ou numa única saída, dentre duas que se apresentam ao herói trágico. Consequentemente, uma das duas alternativas deve necessária e *tragicamente* ser excluída para dar lugar à outra. Tomemos como exemplo a peça *Édipo Rei*. Édipo poderia não ter violado a lei que proíbe o assassínio, que interdita o incesto e prescreve o temor reverencial perante os pais. Mas, ao cumprir todas estas normas, ele não estaria satisfazendo o desejo, o desejo *inconsciente* de eliminar o pai e unir-se carnalmente com a mãe. Tudo isto é paradoxal na medida em que é justamente lá onde não existe saída – ou onde se apresenta uma única saída – que sobrevém a possibilidade ou a não possibilidade de aplacar a tensão do

---

46. HEGEL, GEORG WILHELM FRIEDRICH, *Vorlesungen über die Geschichte der Philosophie*, I. Frankfurt am Main, Suhrkamp, 1986, 508. Destaques meus.

desejo que não cessa de terminar e de recomeçar. Em outros termos, é na dinâmica mesma de satisfação e insatisfação, ou na tentativa de incessantemente colmatar a hiância do desejo, que a tensão continua a exigir apaziguamento ou abolição. Mas é também através desta tentativa que se produz o gozo fálico do *ainda não*. Para exprimi-lo de outro modo: é mediante o desejo e a angústia que o sujeito continua a inscrever ou a inscrever-se no simbólico do real que, no entanto, faz gozar[47].

Retornemos, pois, à problemática do "conhece-te a ti mesmo". Como se sabe, esta questão faz parte essencial do ensinamento de Sócrates e, por isso mesmo, ela se vincula ao seu inelutável e, portanto, *trágico* fim. Esta é a razão pela qual devemos sobremodo elucidar em que propriamente consiste o "conhece-te a ti mesmo" e o que ele significa na chamada virada antropológica de Sócrates *vis-à-vis* aos filósofos que o antecederam. Efetivamente, de acordo com o que avancei no início desta seção, Sócrates declara, ao entabular a sua apologia, que "uma vida sem exame não é digna de ser vivida". Igualmente no começo de sua defesa, ele reevoca as acusações de seus adversários e pondera: "Quanto a mim pessoalmente, falavam de maneira tão persuasiva que quase me fizeram esquecer *quem sou*"[48]. Importa, pois, conhecer, investigar, examinar, e, sobretudo, examinar-se a si mesmo. No entanto, uma interrogação se impõe: examinar-se a si mesmo a partir de onde, ou a partir de quem? Qual é a instância ou qual é o sujeito que examina, e examina o quê? Parafraseando Nietzsche, poderíamos reformular a mesma interrogação nestes termos: quais são as forças ou as relações de força que

---

47. Veja a este respeito o que eu desenvolvi em *A fragmentação da cultura e o fim do sujeito*, São Paulo, Loyola, 2012, capítulo II, seção 1, a.
48. PLATÃO, *Apologia de Sócrates*, 17a. Destaques meus.

subjazem a este examinar? Numa perspectiva psicanalítica, esta questão soaria assim: qual é o sujeito e, em última análise, qual é o desejo que anima e domina este examinar?

Nas passagens da *Apologia* de Platão a que acima me referi, o filósofo não faz senão aludir ao "conhece-te a ti mesmo". Já em diálogos como *Protágoras* e *Fedro*, ele vai referir-se diretamente ao preceito que se encontrava no frontão do santuário de Delfos. Assim, no *Protágoras*, depois de haver tecido todo um panegírico em favor da sabedoria dos habitantes de Creta e de ter, principalmente, ressaltado a maneira pela qual era exercida a educação entre os lacedemônios – que se distinguiam pela concisão e precisão das palavras –, Sócrates conclui: "Dar-se-á bem conta de que o seu saber pertence a esta ordem quem se recordar das fórmulas breves e memoráveis que cada um deles pronunciou quando se reuniram para oferecer a Apolo, no seu templo de Delfos, as primícias de seu saber; eles escreveram estas palavras, retomadas por todos: 'conhece-te a ti mesmo' e 'Nada em demasia'"[49]. Esta mesma fórmula – com os acréscimos: "sê sábio" e "caução chama maldição" – se encontra também no *Cármides*, diálogo narrado por Sócrates e que, segundo o próprio filósofo, ter-se-ia desenrolado no dia seguinte ao seu retorno de Potideia, de cujo assédio (432–429 a.C.) ele participara. No *Protágoras*, Sócrates afirma terem sido os Sete Sábios – Tales de Mileto, Pítaco de Mitilene, Bias de Priene, Sólon, Cleóbulo de Lindos, Míson de Queneia e Quílon de Esparta – que, ao se reunirem no templo de Delfos para oferecerem as primícias de seu saber a Apolo, escreveram as célebres máximas: "conhece-te a ti mesmo" e "Nada em demasia"[50]. Já em *Alcibíades*, em vez de reproduzir um relato explicativo, ele se

---

49. *Protágoras*, 343a-b.
50. Cf. IBID., 343a-b.

limita a indicar, em termos extremamente sucintos, a existência da primeira máxima. Assim, exorta Sócrates: "Antes, porém, amigo meu, deixa-te convencer por mim e pela inscrição de Delfos: 'conhece-te a ti mesmo'"[51].

No *Fedro*, ao resistir em deixar-se levar pelo estudo e pelas explanações da natureza e das vicissitudes das figuras mitológicas, Sócrates invoca como pretexto a sua falta de tempo para poder consagrar-se a uma tão "grosseira ciência" e, além do mais, completa o filósofo: "Não sou ainda capaz, como o exige a inscrição de Delfos, de conhecer-me a mim mesmo, de sorte que seria ridículo lançar-me, eu que careço deste conhecimento, no exame do que me é estranho"[52]. Saliente-se que, logo após esta ponderação, Sócrates volta categoricamente a afirmar: "Como acabei de declarar, não são essas criaturas que pretendo escrutar, mas a mim mesmo"[53]. No *Filebo*, há primeiramente uma menção indireta do "conhece-te a ti mesmo", na medida em que Protarco, argumentando com Sócrates, observa que, se, por um lado, convém ao sábio conhecer todas as coisas, por outro, parece que a segunda opção, ou "segunda navegação", consiste em não se ignorar a si mesmo[54]. Mais adiante, porém, tanto Protarco quanto Sócrates falarão expressamente da máxima de Delfos,

---

51. *Alcibíades*, 124a-b. Dou como referência somente *Alcibíades*, já que o chamado *Segundo Alcibíades*, diálogo medíocre pertencente às imitações que se fizeram de Platão nos séculos III–II a.C., já foi descartado pela maioria dos estudiosos como um simples pasticho. Este diálogo foi incorporado às obras de Platão pelo gramático egípcio Trasilo de Mendes, ou de Alexandria, no período do imperador romano Augusto (63 a.C.–14 d.C.), de quem, ao que parece, Trasilo era amigo.
52. *Fedro*, 229e.
53. Ibid., 230a.
54. Cf. *Filebo*, 19c. Trata-se realmente, no texto grego, de uma "segunda navegação" (δευτερος πλους), metáfora que recorre em Platão para significar uma segunda opção, seja ela metodológica, cognitiva, ética ou

porquanto, nas palavras do próprio Sócrates, "Existe uma espécie de maldade (πονηρια) que tira o seu nome de uma disposição particular: trata-se, no conjunto da maldade, daquela parte, cuja afecção (παθος) é oposta àquilo que indica a inscrição de Delfos"⁵⁵. A esta ponderação, segue a interrogação de Protarco: "Queres dizer, Sócrates, o 'conhece-te a ti mesmo'"? Ao que Sócrates aquiesce, elucidando: "Sim, é sobre isso mesmo que falei. E o preceito oposto à inscrição de Delfos seria, evidentemente, o de não se conhecer de modo algum"⁵⁶.

No *Timeu*, ao longo do discurso ou, mais exatamente, do monólogo que profere a personagem principal (Timeu), Platão coloca na sua boca as seguintes ponderações: aquele que é senhor de suas faculdades mentais será também capaz de compreender, se delas se recordar, todas aquelas coisas que lhe foram ditas em sonho ou no estado de vigília. Todavia, pela arte da adivinhação e pela inspiração divina que lhe sobrévém, o sujeito se acha literalmente *en-thu-siasmado* (ενθουσιαστικος), isto é, arrebatado ou transportado por um furor divino. Neste estado, ele será apto a descrever todas as *aparições* (φαντασματα) que experienciara e que lhe permitirão anunciar e desvelar o significado de um bem, de um mal, do presente, do passado e do futuro. Quem assim proceder, ou seja, quem estiver possuído por um delírio divino, não será capaz de julgar por si mesmo aquilo que vira e ouvira. Consequentemente, ressalva Platão: "Está certo o antigo adágio, quando afirma: não compete senão ao sábio realizar sua própria tarefa e *conhecer-se a si mesmo*"⁵⁷. Como se pode constatar,

---

política, que o interlocutor adota quando a melhor solução se revela inacessível ou impraticável. Veja igualmente: *Fédon*, 99d e *Político*, 300c.

55. *Filebo*, 48c.
56. Ibid., 48c-d.
57. *Timeu*, 72a. Destaques meus.

é feita aqui uma referência indireta à prescrição colocada sobre o frontão do templo de Apolo. Também indireta é a menção que dela fará o último diálogo de Platão, *As Leis*, embora, nesta passagem, seja explicitamente proferida a expressão "a inscrição da Pítia"[58].

Mas, afinal de contas, quem teria inscrito esta sentença, ou estas sentenças, no frontão do templo de Delfos? Se nos ativermos à descrição transmitida por Sócrates no *Protágoras* (343a–b), teriam sido os Sete Sábios a realizá-lo. Todavia, no *Cármides*, ao dialogar com o próprio Sócrates, Crítias deixa pressupor que se tratava de um autor anônimo ou de alguém cuja identidade se perdera, pois ele observa: "É assim que o deus se dirige àqueles que penetram em seu templo, e nisto ele se distingue dos homens, como já o havia compreendido, ao que me parece, aquele que gravara a inscrição"[59]. A não menção do nome do autor, que visivelmente revela uma ignorância em face da sua identidade, é evocada por vários pensadores da Antiguidade, dentre os quais se destaca Clemente de Alexandria. Com efeito, nos *Stromata*, Clemente informa que o dito, "conhece-te a ti mesmo", é atribuído ora a Tales, ora a Quílon, ao passo que Aristóteles o reenvia diretamente à Pítia[60]. O certo, porém, é que Sócrates foi, muito provavelmente, o primeiro a ter conferido a esta máxima um sentido filosófico, que até então era interpretada principalmente, se

---

58. Cf. *As Leis*, 923a. Veja ainda os diálogos apócrifos ou cuja autenticidade é posta em dúvida ou simplesmente descartada: *Segundo Alcibíades*, 144d; *Hiparco*, 228e; *Amantes rivais*, 138a.

59. *Cármides*, 164e.

60. Cf. CLEMENTE DE ALEXANDRIA, *Gli Stromati. Note di vera religione*, Milano, Paoline, 1985, I, 14, 60, 3-4. Para mais informações sobre a possível autoria desta máxima, veja: HAZEBROUCQ, MARIE-FRANCE, *La folie humaine et ses remèdes. Platon, Charmide ou de la modération*, Paris, Vrin, 1997, n. 1, 49, n. 4, 332.

não exclusivamente, numa perspectiva religiosa. Segundo Pierre Courcelle, a primeira alusão feita a esta sentença se encontra sob a fórmula de sátira nas *Nuvens*, de Aristófanes, do ano de 423 a.C.[61]. Todavia, ao contrário de Aristófanes, os discípulos de Sócrates a exornaram com um halo de sacralidade, nela procurando as mais diversas e, às vezes, opostas proveniências e interpretações. Convém, porém, perguntar: teriam sido essas buscas um mero jogo de eruditos minudentes tentando justificar ou magnificar o mestre ou, antes, não teriam elas escondido, na própria diversidade de suas manifestações e "contradições", algo de mais profundo, de mais nuançado, de mais fugidio e, por isso mesmo, *inapreensível?*

3. As aporias do "conhece-te a ti mesmo"

Conforme avancei no final da seção 1 deste mesmo capítulo, a admoestação "conhece-te a ti mesmo" é ambígua, na medida em que ela deixa pressupor não somente a possibilidade de um conhecimento formal do sujeito nas suas expressões positivas, mas também, ou talvez principalmente, a eventualidade de uma interrogação – ética, antropológica e psicanalítica – sobre aquilo que esse sujeito tem de relutante, de resistente, de recalcado e de irracional. De resto, a própria definição de um objeto reenvia a uma ciência que também necessita ser definida com relação à sua peculiar natureza epistêmica, vale dizer, ao campo de sua atuação e às possibilidades de seu conhecimento. Mas quem define a ciência? Qual é o sujeito ou qual é a instância que lhe adjudica os seus limites e

---

61. Cf. COURCELLE, PIERRE, *Conosci te stesso. Da Socrate a San Bernardo*, Milano, Vita e Pensiero, 2001, 18. O verso das *Nuvens* a que se refere Courcelle é 840. Cf. ARISTÓFANES, *Le nuvole*, Milano, BUR, 2010, v. 840-844.

a sua extensão? Tomemos novamente como exemplo o *Cármides*, onde Sócrates, ao deixar pressupor o caráter convencional das palavras, pergunta a Crítias em que consiste a prudência (σωφροσυνη). Seria ela a virtude de produzir ou fazer coisas boas?[62] Crítias aquiesce a esta pergunta ajuntando à sua resposta que aquele que não faz o bem, mas o mal, não é prudente, ao passo que aquele que age em conformidade com o bem é sábio, ou prudente. Em seguida, Sócrates induz Crítias a abandonar a sua posição anterior, segundo a qual os homens sábios ignoram que são sábios. Assim fazendo, ele o leva também a admitir que um homem que não se conhece a si mesmo jamais será sábio. Portanto, ao se retratar, Crítias reformula o seu raciocínio concluindo-o nestes termos: "Afirmo, com efeito, que a prudência consiste *grosso modo* em conhecer-se a si mesmo"[63]. Se isto for verdade, a prudência se apresenta como uma ciência que requer um conhecimento especial, que é justamente o conhecimento de si próprio. Mas, com esta reivindicação, retornamos à mesma dificuldade e às mesmas aporias a que mais acima me referi: como pode uma ciência ser o seu próprio objeto ou, dito de outro modo, como pode o sujeito cognoscente ser objeto de seu próprio conhecimento e, na esfera da ética, de seu próprio juízo? Em outros termos, quem julga quem?

Em *Alcibíades*, Platão analisa esta mesma problemática, mas através de outra perspectiva. Com efeito, a certa altura do diálogo e, mais precisamente, a partir de 127e, Sócrates interroga Alcibíades sobre o que significa "cuidar de si mesmo". Obviamente, Alcibíades não compreende aonde Sócrates quer finalmente chegar, sobretudo se se considera que, ao

---

62. Cf. *Cármides*, 163e.
63. Ibid., 164d.

endereçar-lhe esta pergunta, o filósofo sabe que Alcibíades – enquanto general e atleta – estimava o cuidado do corpo como o mais alto e o mais precioso bem. Mas Sócrates continua a perseguir o seu objetivo, tentando primeiramente mostrar que cada objeto exige um conhecimento específico para que seja produzido ou melhorado. Assim, a ginástica com relação ao corpo, a ourivesaria com relação ao fabrico de anéis, a técnica do sapateiro relativamente à confecção de calçados e a arte do tecelão com relação à produção de tecidos. Mas uma coisa – pondera Sócrates – é cuidar das coisas que nos dizem respeito e outra coisa é cuidar de nós mesmos. A esta observação Alcibíades dá a sua mais lacônica e incondicional aquiescência. É quando então Sócrates lhe pergunta com que arte ou técnica cuidamos de nós mesmos. Alcibíades, no entanto, lhe responde confessando a sua mais completa ignorância. Não obstante isto, o filósofo não relaxa a presa, porquanto ele indaga se seria possível saber com que técnica se melhoram os calçados sem, ao mesmo tempo, saber *o que é* um calçado. Isto é impossível, redargui prontamente Alcibíades. Tampouco – ajunta Sócrates – seria possível saber com que arte se melhoram os anéis sem *ipso facto* saber *o que é* um anel. Consequentemente, inquire o filósofo: poder-se-ia conhecer a arte de melhorar a si mesmo sem saber *o que somos?* Absolutamente impossível, aquiesce, sem nenhuma hesitação, o garboso general. Então, mais adiante, volta Sócrates a propor-lhe outra investigação: "Vejamos, pois, como poderia ser descoberto *este si mesmo*. Porque deste modo poderíamos, talvez, descobrir o que nós mesmos somos, ao passo que, se permanecermos na ignorância, isto nos seria impossível"[64].

---

64. *Alcibíades*, 129b. Destaques meus. Os termos que emprega Platão nesta passagem são αυτο ταυτο, que a filóloga italiana Donatella Puliga traduziu por *"questo se stesso"* (este si mesmo). Cf. PLATONE, *Alcibiade Primo /*

Curioso é notar que, em seguida, Sócrates evoca a questão do falar (διαλεγεσθαι) e do servir-se do discurso ou da palavra (λογος) como sendo duas realidades distintas, assim como são distintos o sapateiro e os utensílios que ele emprega, o citarista e o instrumento com que ele executa sua música[65]. Porém, com relação aos utensílios de que se serve o sapateiro, Sócrates introduz súbita e sub-repticiamente uma inflexão nesta passagem. É quando ele observa que, para cortar, o sapateiro deve servir-se não somente de seus utensílios, mas também de suas mãos e, além das mãos, dos olhos também. Daí poder-se deduzir que é esta a aporia que Sócrates visava desde aquela passagem a que acima me referi (*Alcibíades*, 127e), cujo desenrolar – com as sutilezas e sinuosidades do raciocínio que ele encerra – Alcibíades estava longe de pressentir ou de compreender. Mas Sócrates conhece o poder e a influência que possui sobre o seu *erastés*[66]. Esta é a razão pela qual o filósofo, valendo-se da ironia que

---

Alcibiade Secondo, Milano, BUR, 2000, 133. Já o antigo tradutor de Platão para o francês Émile Chambry preferiu traduzir a mesma expressão por "*l'essence immuable*" (a essência imutável) alegando que, naquela época, a teoria das ideias imutáveis já parecia estar-se delineando no espírito do filósofo. Cf. PLATON, *Premiers Dialogues*, Paris, GF-Flammarion, 1967, 432, n. 47. Quanto à versão clássica para o inglês de que eu me sirvo nesta obra, a opção recaiu sobre a expressão "*the same-in-itself*" (o mesmo em si mesmo), em que o tradutor também defende o argumento segundo o qual aqui se trata de um súbito pressentimento daquilo que, mais tarde, Platão denominaria "ideia" ou "forma". Cf. PLATÃO, *Plato in...*, 194, n. 1. A mais recente tradução francesa, feita por Chantal Marboeuf e J.-F. Pradeau, preferiu verter a expressão αυτο ταυτο por uma redundância inabitual e difícil de traduzir para a nossa língua: "*soi-même lui-même*" (si mesmo ele mesmo ou o próprio si mesmo). Os tradutores explicam esta preferência numa nota de rodapé, relativamente longa, em: PLATON, *Alcibiade*, Paris, GF-Flammarion, 2000, n. 121, 210.

65. Cf. *Alcibíades*, 129c.
66. Para as noções de *erastés* e *erômenos*, veja o meu *Eros e Tânatos. A vida, a morte, o desejo*, São Paulo, Loyola, 2007, n. 39, 120.

radicalmente pontilha o seu método dialético fundamental, induz o interlocutor a concluir que tanto o sapateiro quanto o citarista são diferentes das mãos e dos olhos com que trabalham. Mas é precisamente com estes exemplos que Sócrates sente haver atingido o nó, o cerne ou o ponto crucial da questão que ele parece querer realmente atacar, pois ele exclama, triunfante: "E o homem, então, não se serve ele de todo o seu corpo?"[67].

O corpo se apresenta, portanto, como um instrumento, um utensílio, um meio ou, em suma, um *órganon*. Mas um *órganon* de quem? Quem comanda o corpo? Ora, na sua acepção grega, este termo pode significar tanto o órgão corporal – no sentido de um meio que propicia a ação – quanto o utensílio técnico ou o instrumento com o qual se executa uma música. Quanto à alma, ela se revela como o único sujeito – sujeito entendido como o substrato ou o fundamento da ação e da percepção – se confrontada com as demais atividades exercidas pelos instrumentos de que se servem os homens. De resto, esta inferioridade do corpo – que se manifesta como um instrumento da alma – retornará igualmente nos escritos de Aristóteles, dentre os quais se destacam: *Das partes dos animais*, *Ética a Eudemo* e *Ética a Nicômaco*. Nesta última, por exemplo, ao analisar a amizade em analogia com a justiça, o filósofo lembra que a primeira é praticamente ausente da forma mais pervertida de governo, que é a tirania. De sorte que lá onde não houver nada em comum entre um governante e seus governados, não existirá tampouco amizade, porquanto não existe justiça onde não existem proporção e harmonia, mesmo quando estas se apresentam sob uma modalidade inferior de ação. Donde a conclusão do filósofo,

---

67. *Alcibíades*, 129e.

à guisa de ilustração: "É o que ocorre também na relação que se dá entre o artesão e o seu instrumento, entre a alma e o corpo, o mestre e seu escravo"[68]. Todos esses instrumentos, ajunta o Estagirita, podem evidentemente ser objetos de atenção e de cuidado por parte daqueles que os utilizam, mas jamais poderá haver amizade ou justiça no tocante a coisas inanimadas e, poderíamos ajuntar, coisas que não são autônomas em seu movimento[69].

É isto, de fato – conforme mostrei mais acima –, que se acha presente na interrogação que Sócrates dirige a Alcibíades: "E o homem, então, não se serve ele de todo o seu corpo?"[70]. Desnecessário é lembrar que Alcibíades, mais uma vez, dá o seu pronto e incondicional assentimento à pergunta do filósofo e que, a partir de sua aquiescência, Sócrates torna a enfatizar o que antes já havia afirmado e clarificado: uma coisa é o sujeito que realiza uma determinada atividade, outra coisa, porém, é o objeto de que ele se serve para levar a cabo esta atividade. Consequentemente, o homem é, por analogia, diferente de seu próprio corpo, vale dizer, deste substrato sensível, marcescível, perecível e, portanto, destinado a desaparecer. Em *Alcibíades*, portanto, vemos claramente delinear-se aquilo que será a concepção metafísica, antropológica e ética fundamental que marcará os diálogos posteriores de Platão: o mundo das realidades espirituais e o mundo das realidades sensíveis, a esfera da alma e a esfera do corpo, o domínio do inteligível e o domínio do não apreensível; não apreensível

---

68. ARISTÓTELES, *Éthique à Nicomaque*, Paris, Vrin, 1987, VIII, 13, 1161, a, 30-35.
69. Cf. IBID., 1161, b, 1. A caracterização do corpo como um instrumento da alma parece ter sido expressa pela primeira vez, embora o termo *órganon* não seja explicitamente mencionado, por Demócrito. Cf. DEMÓCRITO, 160, in: REALE, GIOVANNI, op. cit., 1313.
70. *Alcibíades*, 129e.

porque instável, mutável, efêmero e, por conseguinte, destituído de consistência e valor ontológico. Nesta perspectiva, corpo e alma são duas realidades relacionadas entre si, mas ao mesmo tempo distintas e, às vezes, contrapostas e mesmo colocadas em patente e perene hostilidade uma *contra* a outra e uma *com* a outra[71]. Certo, a supremacia que Platão assinala a um destes elementos recai sobre a essência da alma e sobre o papel que ela exerce sobre o corpo. Todavia, o seu paradoxo fundamental consiste justamente em não poder ela ser concebida senão nas suas relações com o corpo, seja durante a sua passagem pelo mundo da sensibilidade, seja num tempo que precedera ou que se seguirá a uma de suas múltiplas metensomatoses. É nisto, portanto, que reside a ambiguidade que, radical, essencial e inerentemente caracteriza a dialética platônica no que tange à relação corpo e alma: enquanto duas realidades imersas no mundo da sensibilidade, o corpo se manifesta como a contrapartida *sensível*, *visível*, *tangível*, *palpável* da alma na sua deambulação pela terra; enquanto duas realidades separadas, uma não pode ser pensada, nem mesmo imaginada, sem que a outra espontânea, simultânea e concomitantemente seja também evocada. Certo, estas questões – com as ambiguidades e dificuldades que elas deixarão pressupor – só serão aprofundadas e plenamente desenvolvidas nos diálogos posteriores, aqueles do segundo e, sobretudo, do terceiro e último período do filósofo. No entanto, é lícito afirmar que elas já se acham *in nuce* neste diálogo inicial, *Alcibíades*, que faz parte daquele conjunto de escritos que se convencionou denominar os "diálogos socráticos". Acrescente-se ainda que a autenticidade deste diálogo fora posta em dúvida a partir do início do século XIX e, mais precisamente, a partir

---

71. Veja, por exemplo, *Fédon*, 64e-67b.

de 1809, com as questões que sobre ele levantara Friedrich Schleiermacher. Na fase atual, porém, a sua autenticidade não é mais contestada pela maioria dos estudiosos.

Isto posto, retomemos o fio condutor deste diálogo através do qual Sócrates ardilosamente conduz o seu incauto e devotado interlocutor. E, de fato, ao prosseguir no encalço de sua presa, o filósofo indaga de Alcibíades a respeito da natureza ou da essência do homem: O que é o homem? Desnecessário é repetir que Alcibíades não saberá defini-lo. Sócrates, contudo, estimula-o e fá-lo lembrar-se de que pelo menos de uma coisa ele já deve ter ciência: o homem é um ser que se serve do corpo. E aqui o filósofo introduz aquela questão capital que vai culminar na aporia das aporias: "Existe outra coisa que se serve do corpo a não ser a alma?"[72]. Ora, na perspectiva de Platão, o corpo – à diferença dos outros instrumentos – é não somente utilizado pela alma, mas também comandado, governado, guiado e orientado por ela. Em outros termos, a alma se serve do corpo comandando-o (αρχουσα)[73]. Não contente, porém, com esta nova qualificação, Sócrates ajunta-lhe uma segunda ideia, a saber, o homem deve ser uma destas três coisas. Mas de que coisas se trata então? Indaga, sequioso, o general atleta. E o filósofo responde: "[Trata-se] da alma, do corpo ou de ambas as coisas, formando um todo"[74].

O termo que emprega Platão nesta definição é συναμφοτερον, que, literalmente, significa: ambos juntos, ou ainda, o conjunto ou a união de duas coisas. Este mesmo vocábulo reaparecerá no *Filebo*, em que Platão enfatizará a superioridade do gênero misto e, mais precisamente, a

---

72. *Alcibíades*, 130a.
73. Cf. IBID.
74. IBID.

imprescindibilidade da união entre uma vida de prazeres e uma vida de inteligência, pensamento, opinião e memória[75]. Quanto à *República*, Livro III, este termo comparece no contexto das análises que desenvolve o filósofo sobre a harmonia musical[76]. Já no *Timeu*, ele vai, mais uma vez, definir o vivente como aquilo que constitui a união (συναμφοτερον) entre o corpo e a alma. Se, pois, no *Alcibíades* a alma se serve do corpo, comandando-o, no *Timeu* – que trata do vivente em geral – a alma se apresentará como a instância superior do composto, cuja disposição afeta toda a constituição e toda a dinâmica do corpo[77]. No entanto, no mesmo *Alcibíades*, Sócrates é enfático ao evocar a difícil e problemática teoria segundo a qual o comando do corpo compete propriamente ao homem, vale dizer, ao composto de alma e corpo. Mas, se as coisas se apresentam assim, pondera o filósofo, não se pode deixar de levantar a questão de saber se, afinal de contas, não seria o corpo a comandar-se a si mesmo, porquanto ele é parte essencial do todo. Efetivamente, a conclusão que agora se impõe a Sócrates não poderia ser outra senão esta: se um dos dois compostos não participasse do comando, não haveria nenhuma possibilidade de afirmar que realmente é o todo que comanda. Não resta, pois, alternativa senão retomar a mesma interrogação: o que é o homem? Por isso, Sócrates deverá agora decidir sobre esta questão, e ele o fará habilmente apelando para um expediente que, no final, acentuará ainda mais a dificuldade e insolubilidade do problema, ou do dilema. De fato, assevera o filósofo, "Visto que o homem não é nem o corpo nem aquela unidade de alma e corpo, penso que sobram duas possibilidades: o homem nada é ou, se é algo,

---

75. Cf. *Filebo*, 22a.
76. Cf. *República*, III, 400c.
77. Cf. *Timeu*, 87e-88a.

não é outra coisa senão a alma"[78]. Não satisfeito com esta dedução – à qual Alcibíades adere sem hesitar –, Sócrates ajunta-lhe uma ponderação sob a forma de interrogação que, na verdade, só fará revelar o caráter falacioso e sofístico do raciocínio: "Seria necessário demonstrar-te, com mais clareza ainda, que a alma é o homem?" – "Não, por Zeus!", acode *incontinenti* Alcibíades. E arremata: "Isto me parece suficientemente demonstrado"[79].

Salta aos olhos, no entanto, que nada aqui ficou demonstrado, nem tampouco justificado neste raciocínio que se desenrola a partir de uma petição de princípio. Afinal de contas, ao que realmente visa Platão com esta pretensa demonstração ou tentativa de definição do homem é a superioridade da alma com relação ao corpo e, em última instância, a depreciação e o aviltamento de tudo aquilo que diz respeito à sensibilidade, à sensação, ao prazer, ao gozo e, em suma, à erótica do corpo. Sabe-se, de resto, que a fórmula segundo a qual "o homem não é o seu corpo" terá, a partir de Platão e através das reinterpretações e revalorações que o estoicismo nela introduzirá, uma açambarcante influência sobre a tradição moral estoica posterior, sobre a filosofia neoplatônica em geral e sobre a moral cristã em particular[80]. Neste raciocínio, porém, Sócrates se revela tanto mais solerte quanto reconhece que esta definição é tão somente provisória, ou momentaneamente satisfatória, porquanto – acrescenta – ela será retomada e aprofundada quando tiverem encontrado o

---

78. *Alcibíades*, 130c.
79. Ibid.
80. Para a questão da desvalorização do corpo nas suas relações com a alma, veja as explicações e os textos aduzidos por Pépin, Jean, *Idées grecques sur l'homme et sur Dieu*, Paris, Les Belles Lettres, 1971, 132-141. Veja também, de Foucault, Michel, *Histoire de la sexualité*, Paris, Gallimard, 1976, 3 v.

que, no momento, deixaram apenas em suspenso. Mas o que é que, para Sócrates, importa antes de tudo procurar? O *si mesmo* das coisas, isto é, o princípio, ou o αυτο το αυτο das realidades particulares, dos sujeitos particulares (Sócrates, Alcibíades), e não os sujeitos enquanto tais, os indivíduos enquanto tais, ou os seres considerados na sua singularidade e acidentalidade efêmera, perecível[81]. Dentre esses seres, é à alma que Sócrates assinala o *status* de instância superior do conhecimento, de sorte que quando dois sujeitos discutem entre si, utilizando-se da palavra (λογος), ou das palavras, são as suas respectivas almas que em última análise se confrontam e, poderíamos ajuntar, se desvelam e se velam na tentativa indefinida e indefinível de se significarem. Aquele, pois, conclui Sócrates, que prescreveu a sentença do "conhece-te a ti mesmo" estava, na verdade, prescrevendo o conhecimento da alma, e não o do corpo, pois quem conhece uma das partes do corpo conhece, decerto, as coisas que lhe pertencem enquanto acidentes, enquanto acessórios, mas não conhece aquilo que mais importa conhecer, que é a si mesmo[82].

Ora, na perspectiva de Platão, o conhecimento de si mesmo não pode ser dissociado do cuidado (επιμελεια) de si mesmo, vale dizer, do governo ou da cultura de si mesmo. Como, porém – pergunta Alcibíades a Sócrates –, poderíamos cuidar de nós mesmos se é este o cuidado que importa ter em primeiro lugar? A resposta do filósofo não poderia ser outra, senão esta: é sobre a alma que se deve dirigir, antes de tudo, a própria atenção. Quanto ao cuidado das coisas relativas ao corpo e à riqueza, é aos outros que ele deve ser remetido[83]. Resta, contudo, insiste Sócrates, definir o mais claramente

---

81. Cf. *Alcibíades*, 130d.
82. Cf. IBID., 131a.
83. Cf. IBID., 132c.

possível este "si mesmo" (αυτο), porque só podemos conhecer a nós mesmos se tivermos igualmente um conhecimento deste "si mesmo", isto é, da essência, do princípio, da natureza de nós mesmos. É, pois, neste ponto que o filósofo volta a evocar o preceito do santuário de Delfos e, ao fazê-lo, ele emprega a metáfora da visão ou do olhar. Com efeito, pondera Sócrates, se aquela inscrição se dirigisse ao nosso olhar (ομμα) como se fosse a um homem e o admoestasse a olhar-se a si mesmo, ela só poderia ser compreendida como uma exortação a olhar um objeto no qual o olho se veria a si próprio. Consequentemente, qual seria o objeto para o qual, ao voltarmos o nosso olhar, estaríamos ao mesmo tempo vendo-o e vendo a nós mesmos? Obviamente, responde Alcibíades, só poderia ser um espelho ou algo que se lhe assemelhasse[84]. Certo, responde Sócrates. Logo em seguida, porém, ele redargui interrogando seu interlocutor: "Contudo, no olho (οφθαλμος) graças ao qual vemos, não existe algo de análogo?"[85]. À anuência de Alcibíades, o filósofo lança outra interrogação: "Sem dúvida, já observaste que a figura de uma pessoa que olha outra nos olhos se reflete no olhar (οψις) de quem lhe está diante justamente como num espelho. A isto chamamos de 'pupila' (κορη), porquanto ela é a imagem daquele que a olha, certo?"[86].

Não é, pois, por acaso que, nesta passagem, Sócrates emprega o termo "κορη". A κορη significa primeiramente uma menina, uma mulher jovem e, por extensão, uma boneca (no latim "*pupa*" e no francês "*poupée*"). Por conseguinte, ela designa a "pupila" ou, literalmente, a "menina do olho". Convém ainda notar que esta palavra significa também uma

---

84. Cf. IBID., 132d-e.
85. IBID., 132e.
86. IBID., 132e-133a.

imagem votiva, donde, para alguns estudiosos, poder-se deduzir que ela introduz no paradigma, ou no modelo, um caráter divino. Esta mesma figura retornará no *Fedro*, em que o amante, ao encontrar ou reencontrar aqui na terra o olhar de seu amado, vê-se refletido nele como que num espelho. Assim, "Ele ama, mas não sabe dizer o quê. Ele não compreende o que experiencia e não é capaz de explicá-lo. Como alguém que contraiu de outrem uma oftalmia, ele não pode efetivamente determinar a causa de sua perturbação, de sorte que ele se vê a si mesmo no amado como num espelho, mas sem sabê-lo"[87]. Na verdade, ele sabe, mas não sabe que sabe, dado que este saber é inconsciente.

Retornando agora ao *Alcibíades*, Sócrates assevera que um olho (οφθαλμος) que olha para outro e se fixa naquela parte que é a melhor, isto é, aquela que lhe permite ver, pode também ver-se a si próprio. Todavia, se ele se voltar para outra parte do corpo, ou para outro objeto que não o objeto com o qual ele se assemelha, não será apto a ver-se a si mesmo. Ele o fará somente se olhar para outro olho, que lhe é semelhante. Mais precisamente, ele deverá dirigir seu olhar para aquela parte onde reside o que há de melhor, vale dizer, a função primária, ou a virtude do olho, que é a vista (οψις). Assim também – e este é o ponto a que Sócrates realmente parecia querer chegar – ocorre com a alma, porquanto, se quiser conhecer a si própria, ela deverá ter o olhar fixo sobre outra alma e, particularmente, sobre aquela parte onde se encontra a sua excelência, a sua virtude, que é a sabedoria (σοφια)[88].

---

87. PLATÃO, *Fedro*, 255d.
88. Cf. PLATÃO, *Alcibíades*, 133b.

4. Platão e Sartre: o olhar como espelho da alma e do desejo

Ao ler estas conclusões de Sócrates, não se pode deixar de pensar nas análises que desenvolverá Sartre em torno da dialética do olhar em *O ser e o nada*, Terceira Parte, Primeiro Capítulo. Significativamente, esta Terceira Parte se intitula *O Para-Outrem* (*Le Pour-Autrui*), e o Primeiro Capítulo se chama *A existência de outrem* (*L'existence d'autrui*). Convém relevar que o título completo da obra é *O ser e o nada: ensaio de ontologia fenomenológica*. Trata-se, pois, de uma ontologia que *aparece*, *se mostra*, *se manifesta* e, no caso das relações intersubjetivas, se impõe ao próprio olhar, que supõe necessária e essencialmente o olhar do outro. Sartre, como se sabe, era obsidiado pelo olhar, e isto talvez em virtude do estrabismo que lhe era congênito e que tendia a acentuar-se à medida que ele avançava na idade adulta e, principalmente, na velhice. Nas *Palavras*, ao descrever a sua infância, ele se refere aos inícios do eclipse gradual de sua visão ao relembrar que, desde algum tempo, já trazia no olho direito a belida que o tornaria lusco e vesgo para o resto da vida[89]. O defeito nos olhos, a baixa estatura e a fealdade física o condenavam, portanto, a emparedar-se e a proteger-se na solidão da leitura e do contínuo escrever e, assim, a conceber, gestar e dar à luz uma obra de arte. Jamais será demasiado repetir: somente a falta, a lacuna ou a incompletude produzem a obra de arte, a obra de arte e o gozo que dela deriva. No caso específico de Sartre, isto se manifestava de maneira emblemática: cercado de livros, o autor da *Náusea* se exercitava ao seu modo pelos sinuosos meandros da leitura e da escrita. Ele urdia, tramava e tecia

---

89. Cf. Sartre, Jean-Paul, *Les mots*, Paris, Gallimard, 1964, 26.

– sozinho – a arte de negociar com a angústia da castração através de uma tentativa infinitamente recomeçada de colmatar uma hiância que, justamente, não cessava de se completar e de se ampliar.

É neste contexto que se pode também melhor entender a sua concepção da figura do ateu. "O que é um ateu?", perguntava-se Sartre nas suas inquietações e intuições de criança. Um ateu, ele o considerava "um maníaco de Deus que *via* em todo lugar a sua ausência e que não podia abrir a boca sem pronunciar o seu nome, em suma, um senhor que tinha convicções religiosas"[90]. O próprio Sartre tentava libertar-se de Deus e, para isto, tivera de fazer apelo a um estratagema radical que, segundo ele, veio selar definitivamente a paz entre ele próprio e o Todo-Poderoso:

> Eu havia brincado com fósforos e queimado um pequeno tapete; estava tentando maquiar o meu crime quando, de repente, Deus *me viu*. Senti o seu *olhar no interior de minha cabeça* e nas minhas mãos. Rodopiei no banheiro, horrivelmente *visível*, um alvo vivo. A indignação me salvou: pus-me em cólera contra uma indiscrição tão grosseira. Então blasfemei, murmurei como o meu avô: "Maldito nome de Deus, nome de Deus, nome de Deus"! Ele nunca mais me *olhou*[91].

A partir de então, Deus "nunca mais me *olhou*". E, de fato, Sartre aparentemente persistiu nas suas "convicções religiosas" de um ateu coerente e zeloso deste título, cuidadosamente escolhido já desde a infância. A este respeito, na célebre conferência proferida em 1945 e publicada no ano seguinte sob o título O *existencialismo é um humanismo*, o filósofo

---
90. Ibid., 82. Destaques meus.
91. Ibid., 85-86. Destaques meus.

se ufanava de pertencer ao rol dos existencialistas ateus, no qual ele também incluía Martin Heidegger e outros existencialistas franceses. Curiosamente, afora o próprio Sartre, os nomes dos outros existencialistas franceses que ele considera ateus não foram mencionados[92].

Ajunte-se a isto uma questão que, de modo algum, poderá ser negligenciada: o fenômeno do olhar continuará a obsidiar o filósofo pelo resto de sua vida, de sorte que a primeira frase que ele lança na Introdução ao seu tratado de 1936, *A imaginação*, é a seguinte: "Eu olho para esta folha branca colocada sobre a minha mesa; percebo sua forma, sua cor, sua posição"[93]. Mais sintomática ainda é a peça intitulada *Huis clos*, redigida em 1943, representada pela primeira vez em 27 de maio de 1944, publicada em 1947 e traduzida para o português sob o título: *Entre quatro paredes*. Nesta peça, sobressai a questão do olhar e, também, da pupila, que mostra mais de uma relação com o *Fedro* e com o *Alcibíades*. Neste último diálogo, isto ocorre de maneira específica no ponto crucial em que Sócrates – para tentar fazer o general compreender a natureza da alma – faz a analogia com o espelho, o olho e, justamente, a pupila.

Em *Huis clos*, encontram-se três personagens fechadas numa sala mobiliada, estilo burguês do Segundo Império: Garcin, Inês e Estela. Morreram e têm de enfrentar o seu inferno, isto é, a relação tensa, intensa e erótica que repentinamente se instaurara entre os três e que se refletia no entrecruzamento de seus olhares e na escabrosidade de suas palavras. As suas *vidas* se tornaram insuportáveis, porque radicalmente inextrincáveis e, portanto, inelutavelmente

---

92. Cf. SARTRE, JEAN-PAUL, *L'existentialisme est un humanisme*, Paris, Gallimard, 1996, 26.
93. ID., *L'imagination*, Paris, PUF, ⁹1983, 1.

dependentes umas das outras no que diz respeito ao desejo ou, mais exatamente, ao pedido de reconhecimento de seus respectivos desejos. Eles deviam, pois, contínua e inexoravelmente olhar nos olhos uns dos outros. "O inferno são os outros", dirá Garcin[94]. "Senhor – pergunta Estela a Garcin –, você tem um espelho? Um espelho, nem que seja um espelho de bolso. Se você me deixar sozinha, adquira-me pelo menos um espelho."[95] Inês, cuja inclinação *vis-à-vis* a Estela é patente, mas não retribuída, responde com solicitude: "Eu tenho um espelho na minha bolsa". Entrementes, após uma frustrada tentativa de encontrar o espelho, é a vez de Estela lamentar-se: "Há seis grandes espelhos no meu quarto de dormir. Eu os vejo. Eu os vejo, mas eles não me veem. Eles refletem a cadeira, o tapete, a janela... como é vazio um espelho onde não estou. (...) Não posso ficar eternamente sem espelho"[96]. Neste ínterim, Inês intervém mais uma vez: "Queres que *eu te sirva de espelho*? Vem, convido-te para vir ao meu quarto, a sentar-te no meu sofá"[97]. Garcin tenta interferir, mas é interrompido por Inês, que não disfarça o seu ressentimento em relação ao interesse que nutre o rapaz por Estela. Segue-se então um ríspido interlúdio entre as duas mulheres, no qual Estela exproba a Inês a insinuação de que ambas iriam importunar-se. Inês lhe retruca reprochando-a da suspeita de que ela poderia prejudicá-la. Nunca se sabe, replica Estela. Mas Inês acode prontamente, redarguindo com resignação: "És tu quem me fará mal. Mas o que é que isso pode significar? Já que é necessário sofrer, que seja antes através de ti. Aproxima-te de mim. Um pouco mais. *Olha nos meus olhos: tu te*

---

94. Id., *Huis clos*, Paris, Gallimard, 1947, 93.
95. Ibid., 44.
96. Ibid., 45.
97. Ibid. Destaques meus.

vês?"⁹⁸. Como resposta, Estela informa que se vê bem pequena e muito mal, enquanto Inês se rejubila por vê-la inteiramente e, ao pedir-lhe que lhe dirija algumas perguntas, ajunta: "Nenhum espelho será mais fiel"⁹⁹. Após outro interlúdio tenso entre as duas mulheres, perpassado de declarações picantes por parte de Inês, Estela acrescenta: "A minha imagem nos espelhos era domesticada. Eu a conhecia bem... Vou sorrir: meu sorriso irá ao *fundo de suas pupilas* e só Deus sabe o que se fará dele"¹⁰⁰. Inês começa então a delirar, perguntando-se o que aconteceria se o espelho se pusesse a mentir, ou se ela fechasse os olhos e recusasse a olhá-la face a face. O que seria de toda a beleza de Estela sem o olhar direto, apaixonado, erótico, desejoso, de Inês? Mas Garcin volta a intervir: "Estais loucas? Calai-vos. Vamos sentar-nos de novo, bem tranquilamente, fecharemos os olhos e *cada um tentará esquecer a presença do outro*"¹⁰¹. Inês lhe retruca: "De forma alguma! *Quero escolher meu inferno*; quero olhar para vocês com todos os meus olhos e lutar com o rosto descoberto"¹⁰².

Mais adiante, Estela se põe a dançar para tentar seduzir Garcin. Mas, subitamente, ela cessa de dançar e, desolada, exclama suplicante: "Nunca mais! A terra me deixou. Garcin, olha-me, toma-me nos teus braços"¹⁰³. Garcin, porém, dá um passo para trás e aponta para Inês sugerindo que Estela se dirija à sua concorrente. Mas Estela o agarra e, desesperadamente, lhe implora que não a abandone, rogando-lhe que olhe para ela, que não desvie os olhos para outra direção,

---

98. Ibid., 45-46. Destaques meus.
99. Ibid., 46.
100. Ibid., 48. Destaques meus.
101. Ibid., 50. Destaques meus.
102. Ibid., 51. Destaques meus.
103. Ibid., 71.

mas, caso não possa fazê-lo, que, pelo menos, olhe para alguma coisa: para o bronze, para a mesa, para os sofás, desde que tenha o olhar fixo sobre algo. No entanto, Estela ressalta que ela própria é bem mais agradável de se ver. Todavia, Garcin a repele com força e insiste que ela se dirija a Inês, mas Estela se recusa energicamente a fazê-lo acrescentando que Inês não conta, porquanto ela é uma mulher. A esta observação, porém, Inês reage com ímpeto, dizendo-lhe com uma indisfarçável e propositada ironia: "Eu não conto? Tu, porém, passarinho, pequena cotovia, há muito tempo tens um abrigo no meu coração. Não tenhas medo, eu te olharei sem trégua, sem bater as pestanas. Viverás sob o meu olhar como uma lantejoula sob um raio de sol"[104]. A resistência e as invectivas de Estela são, contudo, proporcionais às investidas de Inês, que insiste em provocá-la convidando-a a olhar-se nos seus olhos e, assim, a encontrar o seu próprio desejo: "Vem! Tu serás o que bem quiseres: água viva, água suja; *tu te encontrarás no fundo dos meus olhos tal como te desejas*"[105]. Diante deste repto, Estela reage bruscamente, reprochando-lhe um fato de capital importância: "Deixa-me! Tu não tens olhos"[106].

Inês não tem olhos. Por quê? Porque neles o desejo de Estela não se vê refletido, ou melhor, não encontra a própria boneca, a própria *poupée*, a própria menina, a própria *pupila*. É que o desejo de Inês não reenvia, não reflete, o desejo de Estela. Consequentemente, o desejo de Inês não é o desejo de Estela. Entramos, pois, plenamente na questão da transferência e, neste caso, da não transferência, porquanto o que existe da parte de Estela é a indiferença. Oxalá fosse o ódio, ou o ressentimento, ou o rancor. Certo, a transferência

---

104. Ibid., 71-72.
105. Ibid., 72. Destaques meus.
106. Ibid.

é essencialmente ambígua, na medida em que ela é atravessada, ou literalmente *entre-meada*, pelo amor e pelo ódio[107]. Mas é justamente nesta ambivalência fundamental que consiste a significação, a qual se desenrola a partir e através de uma sensação de *borda*, ou daquilo que Lacan chama de *letra*, pela qual o sujeito não cessa de simbolizar, no interior de um movimento centrífugo, aquela dinâmica de reencontro e de perda, de êxito e fracasso, de construção e destruição. De criação e recriação. A este propósito, conviria evocar o dito espirituoso, paradoxal e pontilhado de metonímias, que proferiu o místico-poeta do século XVII Angelus Silesius: "Não sei o que sou, não sou aquilo que sei: uma coisa e uma não coisa, um ponto e um círculo"[108].

Mas, afinal de contas, o que é que o sujeito procura no outro, ou melhor, o que é que o sujeito *vê* no outro? Ao analisar as manifestações da pulsão escópica, Lacan assegura que aquilo que o sujeito procura ver no outro é, paradoxalmente, um objeto ausente, ou um objeto que se dá como ausência,

---

107. Não se devem confundir os conceitos de transferência e projeção, embora eles não se deem totalmente sem relação um com o outro. Para explicar a projeção, Freud se vale das sensações de prazer e desprazer que, tendo a sua fonte no interior do aparelho psíquico, prevalecem sobre todos os estímulos externos. Todavia, as excitações internas que acarretam um aumento excessivo de desprazer sofrem uma interpretação particular, na medida em que se tende a considerá-las como se não agissem do interior, mas do exterior. Isto ocorre, ajunta Freud, não sem propósito, um propósito, de resto, inconsciente, pelo qual o sujeito emprega contra esses estímulos internos os mesmos meios de defesa com os quais o sistema se protege contra as excitações externas. Em outros termos, o sujeito *projeta*, objetiva, situa no mundo exterior uma sensação desprazível, cuja origem, no entanto, se encontra no interior do sistema. Cf. FREUD, SIGMUND, Jenseits des Lustprinzips, in: *Gesammelte Werke* (GW). Frankfurt am Main, Fischer Taschenbuch, 1999, 18 v., XIII, 29.

108. ANGELUS SILESIUS, *Il Pellegrino Cherubico*, Milano, San Paolo, 1989, Libro I, § 5.

porquanto o gozo do sujeito é proporcional à ausência mesma daquele objeto que, em última análise, ele não quer ver, não quer encontrar, não quer constatar. E por quê? Porque, ao encontrá-lo, cessaria toda busca e, por conseguinte, toda falta, toda resistência, toda angústia e todo gozo. A falta, paradoxalmente, não pode faltar. Esta é a razão pela qual o olhar manifesta, na perspectiva lacaniana, o objeto perdido e subitamente reencontrado na conflagração do pudor que introduz a presença do outro. Neste sentido, o que o *voyeur* procura e encontra não é senão uma sombra, mas uma sombra por trás da cortina, do véu, da vergonha ou do pudor, visto que as partes pudendas como tais nada poderiam revelar senão a decepção de um vazio que incitaria a uma nova busca. Não é, pois, surpreendente que o *voyeur* continua a fantasiar e a urdir, melhor, ele deve forçosamente continuar a tramar a magia de uma presença, mesmo se, por trás do biombo, em vez de uma bela, sensual e sedutora jovem, ele viesse simplesmente a constatar a presença de um atleta peludo. Daí a conclusão de Lacan: "O que ele procura não é, como se costuma dizer, o falo – mas justamente a sua ausência, donde a preeminência de certas formas como objetos de sua busca"[109]. Paradoxalmente, a não visibilidade, ou a destruição da visibilidade, se revela como a condição mesma pela qual o sujeito adquire um excedente de gozo e, ao mesmo tempo, uma aspiração a um mais gozar, a um mais fruir. Goza-se a partir de uma falta, de um vazio, de uma hiância ou, numa palavra, de uma ausência.

Segundo Lacan, o objeto do desejo, tal como o senso comum o considera, ou é um fantasma que sustenta o desejo,

---

109. LACAN, JACQUES, *Le Séminaire, Livre XI. Les quatre concepts fondamentaux de la psychanalyse*, Paris, Seuil, 1973, 166.

ou é um engodo. Mas, note-se bem: na medida em que o próprio sujeito é determinado pelo fantasma, este se apresenta como o sustentáculo mesmo do desejo. Consequentemente, não é o objeto que mantém ou sustenta o desejo, pois o objeto é sempre parcial, como são também parciais as pulsões. O que finalmente mantém o sujeito são os seus fantasmas, as suas representações ou, mais precisamente, é a tensão do desejo, a partir do qual a cadeia significante não cessa de se desdobrar e de se reinventar. Neste sentido, pondera Lacan, "É na medida em que o sujeito se faz o objeto de uma vontade outra, que não somente se fecha, mas também se constitui a pulsão sadomasoquista"[110].

A partir dessas análises de Lacan e das ilações que elas suscitam, poderemos fazer uma comparação entre a relação Estela–Garcin–Inês, em *Huis clos*, de Sartre, e a relação Sócrates–Agatão–Alcibíades, no *Banquete* de Platão. Em ambas as situações, a relação é triangular e igualmente tensa, porquanto Garcin e Agatão literalmente se *inter-põem* entre os respectivos amantes (Inês e Alcibíades) e os respectivos amados (Estela e Sócrates). Isto quer dizer que eles, literalmente, levantam um obstáculo, uma barreira ou um empeço diante da transferência imaginária que Inês alimenta com relação a Estela e a transferência que constrói Alcibíades face a face com Sócrates. Em vão, tenta Inês encontrar desejo no olhar de Estela, ou melhor, ela se esforça para que Estela se *veja* nos seus olhos e, assim, *se reconheça* no seu próprio desejo de amante. Mas Inês é frustrada pela indiferença da amada e pela presença invasiva e irritante de Garcin, que se inclina para Estela e dela recebe um tratamento ambíguo, entremeado de hostilidade e de afeição. Quanto ao *Banquete*,

---

110. Ibid., 168.

Alcibíades é confrontado com Agatão, seu rival e anfitrião da festa, e com Sócrates, que é o seu amado (*erômenos*). Efetivamente, no final do *symposion*, que se realizara na casa de Agatão, Alcibíades, completamente bêbado, bate inesperadamente à porta e, após ser recebido pelo próprio Agatão e pelos demais convivas, põe-se a provocar e invectivar Sócrates, que – fato curioso – não se fizera notar pelo general à sua chegada tonitruante. Todavia, na presença de todos, narra então Alcibíades a experiência frustrada que, certa vez, tivera ao convidar Sócrates para jantar e passar a noite com ele na esperança de seduzi-lo e, consequentemente, dele receber sinais de amor. Em outros termos, ele esperava que Sócrates o desejasse, mas Sócrates, baldando todas as expectativas do amante (*erastés*), não somente fez pouco caso de sua beleza, mas, pior ainda, dela escarneceu[111].

A pergunta então que Alcibíades dirige a si mesmo consiste em saber por que Sócrates não o deseja, justamente ele, que se considera o mais belo, o mais bravo e o mais garboso dos soldados atenienses. Simultaneamente, ele se interroga pelo motivo ou pelos motivos que levam Sócrates a desejar não a ele, mas, precisamente, a Agatão. Por sua vez, a interrogação de Sócrates gira em torno da transferência de Alcibíades: o que, finalmente, vê Alcibíades neste Sócrates, que é chamado pelo próprio Alcibíades de sátiro e sileno[112]? O problema – diz Lacan – é que Sócrates sabe; ele sabe aquilo que Alcibíades não sabe, e esta é a razão pela qual ele não ama. Mas o que é que Sócrates sabe para que, nele, não se produza a metáfora do amor, ou seja, para que nele não haja a substituição do *erômenos* pelo *erastés* e, assim, ele não se manifeste

---

111. Cf. PLATÃO, *O banquete*, 217c-219c.
112. Cf. IBID., 216c-d.

como amante, como *erastés*? Dito de outro modo, o que é que Sócrates sabe para continuar a ocupar o lugar do amado, e não o do amante? Ele sabe, deduz Lacan, que nele nada existe de *amável*: "A sua essência é este ουδεν, este vazio, este oco e, para empregar um termo que foi utilizado ulteriormente pela meditação neoplatônica e agostiniana, esta *kénosis*, que representa a posição central de Sócrates"[113].

Ao interpretar as análises de Lacan, Philippe Julien observa que, se Sócrates tivesse respondido aos apelos de Alcibíades, a metáfora do amor teria falhado o seu alvo, pois o general passaria a ocupar não mais o lugar do *erastés* de Sócrates, mas o do seu *erômenos*. Consequentemente, o que procura Sócrates em Alcibíades não é tanto o *desejável*, mas, antes, o *desejante*, isto é, a falta que Alcibíades carrega com ele próprio, uma falta – note-se bem – que ele mesmo tece, alimenta e entretém. De resto, convém relevar que Sócrates deseja Alcibíades como *desejante*, e não como o desejante, pois, neste caso, ele ainda se amaria em Sócrates[114]. Afinal de contas, o que é amar senão querer ser amado, visto que o amor é radical e fundamentalmente de natureza narcisística. Alcibíades – relembra Julien – continua a ocupar o lugar do *erastés*, tal como o amante que, no *Fedro*, reencontra o objeto de seu amor. Efetivamente, no *Fedro*, observa Platão: "Ele ama, mas não sabe dizer o quê. Ele não compreende o que experiencia e não é capaz de explicá-lo, (...) de sorte que ele se vê a si mesmo no amado como num espelho, mas sem sabê-lo"[115].

---

113. LACAN, JACQUES, *Le Séminaire, Livre VIII. Le transfert*, Paris, Seuil, 1991, 185.

114. Cf. JULIEN, PHILIPPE, *Le retour à Freud de Jacques Lacan. L'application au miroir*, Toulouse, Érès, 1986, 122.

115. PLATÃO, *Fedro*, 255d.

Com isto, quer Platão significar que o sujeito só ama no outro, só procura no outro a sua própria imagem, pois o que ele busca *construir* no outro, ou através do outro, é aquela imagem ideal que ele, talvez, gostaria de ser, ou de ter. Pouco importa se a imagem tem ou não tem uma correspondência objetiva, ou positiva, na realidade. De resto, não existe objetividade em psicanálise. O que se deve, antes de tudo, levar em consideração é a *representação* que dela o sujeito se faz, ou se constrói, a partir de uma falta, de uma lacuna, ou de uma incompletude. Todavia, tratando-se de um saber inconsciente, o sujeito não o sabe ou, melhor, ele *não sabe que sabe*. Nesta perspectiva, a construção da própria identidade é eminentemente paradoxal, porquanto só há um meio, só há uma porta, só há uma *ponte* ou um caminho para que esta construção, que jamais cessa de se *per-fazer*, possa realizar-se: é o caminho do Outro ou, mais exatamente, o reconhecimento do desejo do Outro. Assim Inês, ao tentar seduzir Estela, provoca-a dizendo-lhe: "Vem! Tu serás o que bem quiseres: água viva, água suja; *tu te encontrarás no fundo dos meus olhos tal como te desejas*"[116]. Mas Estela, ressentida, responde-lhe de maneira abrupta, dando-lhe claramente a entender que todo acesso e todas as portas lhe estão preclusas: "Deixa-me! Tu não tens olhos. Mas o que devo fazer para que me deixes?". Ao terminar estas palavras, Estela cospe-lhe no rosto, gritando: "Toma!"[117]. É como se os olhos de Inês não fossem capazes de refletir a própria imagem de Estela, pois neles ela não se encontra, não se vê, não se reconhece ou, em suma, não se *deseja*.

Não esqueçamos, todavia, de que, mesmo ao ver-se refletido nas pupilas do outro, o sujeito sente, ou intui, a ambivalência *fundamental* que o olhar do outro essencialmente

---

116. SARTRE, JEAN-PAUL, *Huis clos*, 72. Destaques meus.
117. IBID.

expressa. É que o espelho dos olhos do amado – de qualquer amado – reverbera aquela dualidade de ideal e inveja, de satisfação e insatisfação, de ódio e amor que manifesta e, ao mesmo tempo, esconde algo de mais primordial, de mais originário e de mais elementar ainda. Trata-se, em última análise, daquele entrelaçamento radical e daquela luta contínua que mantêm entre si as pulsões de construção e destruição, de agregação e desagregação, de união e desunião. De vida e morte.

Sartre soube, de fato, captar com uma inigualável e inolvidável acuidade a ambiguidade *fundamental* que atravessa o olhar do ser humano. Neste sentido, não é sem razão que, assim como Platão já o fizera no *Alcibíades*, ele também vai acentuar a distinção entre os olhos (*yeux*) e o olhar (*regard*). Com esta distinção, quis Sartre chamar a atenção para o fato de que se pode certamente fixar os próprios olhos sobre os olhos de outra pessoa, mas não se pode ver, mirar ou captar o olhar do outro. Isto significa que a intencionalidade e intensidade do olhar do outro permanece um enigma; um enigma pelo qual se expressa tanto o desejo daquele que restitui o olhar, quanto também o seu ódio. Mas o outro pode igualmente reenviar a indiferença ou o vazio misterioso de um olhar que aponta para um ermo, um deserto, uma vastidão infinita, um nada e, em suma, a morte. Nesta perspectiva, o filósofo assevera, em *O ser e o nada*, que o olhar não se deixa apreender ou identificar por nenhuma forma particular: "Todo olhar dirigido para mim se manifesta em conexão com o aparecimento de uma forma sensível no nosso campo perceptivo, mas, contrariamente ao que se poderia crer, ele não está ligado a nenhuma forma determinada"[118].

---

118. SARTRE, JEAN-PAUL, *L'être et le néant. Essai d'ontologie phénoménologique*, Paris, Gallimard, 1943, 303.

Certo – pondera Sartre –, o que mais frequentemente manifesta um olhar é a convergência, na minha direção, de dois globos oculares que podem inquietar-me, apaziguar-me, despertar-me interesse, desejo etc. Mas estes dois globos não são a condição *sine qua non* para que eu possa ser olhado, pois, independentemente da presença física de alguém que esteja a olhar-me, sei que sou *olhado* no sentido em que pode haver algo que esteja atraindo o meu olhar, ou a minha atenção, como o farfalhar das folhas de um arbusto, o arrastar de passos entrecortados de silêncio, o ranger de um postigo que se abre ou o rápido movimento de uma cortina. Certo, estes objetos expressam o olhar somente a título de probabilidade, na medida em que é possível que por trás do rumorejar do arbusto, da cortina ou do postigo que ainda não se abriram esteja alguém a espreitar os meus passos e as minhas atitudes. Assim, tanto o arbusto quanto os outros objetos mencionados não constituem o olhar enquanto tal, eles apenas representam o *olho*, na medida em que o olho não é primeiramente apreendido como um órgão sensível da visão, mas, antes, como o suporte do olhar. Nesta condição, aqueles objetos jamais se reportam aos olhos de carne do espreitador posicionado por trás do arbusto, da cortina ou do postigo, pois eles próprios já se apresentam como *olhos*. Quanto ao *olhar*, este não consiste nem numa qualidade qualquer do objeto que exerce a função de olho, nem na forma total deste objeto, nem tampouco numa relação "mundana" que se estabeleceria entre mim e o objeto.

Longe, portanto, de perceber o olhar sobre os objetos que o exprimem, a minha apreensão de um olhar voltado para mim mesmo parece antes – a partir do pano de fundo em que ele surge – fazer elidir-se, esvaecer-se, desaparecer os olhos que me olham. É que, pondera Sartre, "Se apreendo o olhar, cesso de perceber os olhos"[119]. Estes últimos permanecem certamente no campo de minha percepção, mas apenas como "apresentações", porquanto deles não posso fazer uso; eles ficam, por assim dizer, neutralizados, fora do jogo, ou postos fora do circuito onde se encontra o mundo para uma consciência que – segundo Sartre – efetuaria a redução fenomenológica reivindicada por Husserl. Dada, pois, esta impossibilidade, o autor não poderia senão chegar a esta constatação paradoxal: quando temos os olhos de alguém voltados para nós mesmos, jamais poderemos emitir o juízo segundo o qual eles são belos ou feios, ou são dotados desta ou daquela cor. Logo, conclui Sartre: "*O olhar de outrem mascara seus olhos*, ele parece andar *à sua frente*"[120]. Certo, elucida o filósofo, perceber é *olhar*, todavia, captar um olhar não quer dizer a mesma coisa que apreender um objeto-olhar no mundo. É que, para captar um olhar, este deve estar focalizado na minha direção, de sorte que, para o autor de O *ser e o nada*, apreender um olhar significa tomar consciência de que se *é olhado*, se é observado, se é sondado. Em outros termos, a minha consciência passa necessariamente pela consciência do outro, pelo olhar do outro, na medida em que ele se apresenta como um espelho no qual vejo refletida a minha própria imagem; uma imagem boa ou má, pouco importa. O importante, ou o que realmente está em jogo, é a *minha própria* imagem, é o *meu próprio desejo*. Esta é a razão pela qual o filósofo assevera: "O olhar que os *olhos* manifestam, de qualquer natureza que eles sejam, é puro reenvio a mim mesmo. (...) Assim, o olhar é antes um intermediário que reenvia de mim para mim

---

119. Ibid., 304.
120. Ibid. "*O olhar de outrem mascara seus olhos*", destaques meus; "*à sua frente*", destaques do autor.

mesmo"[121]. Donde também poder-se afirmar que Inês procura a si mesma nos olhos de Estela, mas sem o saber. De igual modo, o amante do *Fedro* vê nos olhos do amado, no espelho do amado, a sua própria imagem, ou seja, a sua pupila, a sua boneca, a sua *poupée*, mas sem o saber. Desnecessário é ajuntar que Alcibíades procura-se a si mesmo em Sócrates, no agalma que *representa* Sócrates para ele. Todavia, ele não conhece, ou não sabe, aquilo que somente Sócrates sabe: que nele mesmo, no próprio Sócrates, nada existe de *amável*, que ele nada pode dar a Alcibíades daquilo que Alcibíades, na condição de *erastés*, está tentando encontrar: a sua própria imagem, mas *idealizada*. A essência de Sócrates, tal como ele próprio a considera, é – conforme as palavras de Lacan que mais acima aduzi – este ουδεν, este vazio, este oco ou esta *kénosis* que antes aponta para uma falta, uma hiância ou uma incompletude que não cessa de se significar e de se simbolizar.

Na *República*, supondo-se que este diálogo – na leitura de Wilamowitz-Moellendorff, Léon Robin e outros estudiosos – seja posterior ao *Banquete*, Platão dará um passo a mais, na medida em que ele extrapolará, ou melhor, deslocará a angústia do mundo da sensibilidade para um plano cósmico, mítico, transistórico e atemporal. Trata-se da esfera do Bem, da verdade, dos modelos, ou das realidades subsistentes.

5. O Bem e a metáfora do sol

É, com efeito, na *República* – diálogo situado na fase intermediária de Platão – que o filósofo, se não introduzirá, indubitavelmente desenvolverá e reinterpretará aquilo que já se vinha

---

121. Ibid., p 305. Destaques do autor.

insinuando e explicitando nos diálogos anteriores: *Eutífron, Protágoras, Mênon, Górgias* e, principalmente, *Fédon*. Alguns estudiosos, como Émile Chambry, quiseram ver, mesmo na expressão do *Alcibíades* "αυτο το αυτο" (129b), isto é, a essência ou o si mesmo das coisas, uma antecipação ou um esboço daquilo que seria a doutrina das Ideias imutáveis. Na *República*, porém – observa Léon Robin –, parece que a "Ideia" passa a ser considerada como um *modelo* de que as coisas sensíveis são *cópias*, e não mais como uma realidade da qual elas participariam e à qual deveriam a sua existência[122]. Certo, no *Banquete*, em que Platão aparentemente dá por pressuposta a familiaridade com a doutrina das Ideias – e este é um dos argumentos daqueles que sustentam a anterioridade da *República* –, existe igualmente uma ascensão em direção às realidades inteligíveis e, mais especificamente, uma contemplação do Belo em si[123]. Trata-se do ensinamento que teria a sacerdotisa Diotima ministrado a Sócrates quanto à real natureza de Eros, cuja dubiedade, ou ambivalência, impulsiona paradoxalmente à contemplação e, segundo a sacerdotisa, à produção do Belo em si. Para Lacan, no entanto, esta ascensão se desenrola toda ela sobre um plano imaginário e, mais precisamente, através de uma relação dual, em que Sócrates e Diotima são captados pela imagem do Belo e, consequentemente, são levados a identificar-se ou a assimilar-se a ele[124].

---

122. Cf. ROBIN, LÉON, op. cit., 81. Para gênese e desenvolvimento da doutrina das ideias em Platão, veja a obra, também clássica, de David Ross: *Plato's Theory of Ideas*, Oxford, Clarendon, 1951.

123. Cf. *O banquete*, 210a-212a. Sobre o debate em torno da cronologia do *Banquete* e sobre a literatura concernente à datação dos diálogos em geral, veja: ALMEIDA, ROGÉRIO MIRANDA DE, *Eros e Tânatos...*, n. 1, 99.

124. Cf. LACAN, JACQUES, *Le Séminaire, Livre VIII...*, 164.

Na *República*, ao tratar do conceito de Bem no Livro VI, Platão retoma as metáforas do sol, da visão e daquela luz privilegiada que somente a alma pode eternamente trazer consigo. Antes, porém, Sócrates induz Glauco a concordar com esta comparação: quando a alma fixa seu olhar sobre aquilo que a verdade e o ser iluminam, ela o compreende, o conhece e, melhor ainda, demonstra que ela é dotada de intelecto (νους) e intuição. Todavia, quando ela volta este mesmo olhar para aquilo que é misturado de obscuridade, vale dizer, para o que nasce, se desenvolve, decai e perece, a sua vista se embaça e ela se torna um ser provido tão somente de opiniões: deambulando de um objeto para outro, tergiversando de um parecer para outro, ela se revela finalmente como alguém a quem faltam intelecto e intuição[125].

A partir da anuência de Glauco, Sócrates prossegue dizendo que aquilo que difunde a luz da verdade sobre os objetos do conhecimento e confere ao sujeito a faculdade de conhecê-los é a ideia do Bem (το αγαθον). E, já que esta ideia se apresenta como a causa da ciência (επιστημη) e da verdade (αληθεια), ela pode também ser concebida como objeto de conhecimento. Ademais, caso se atribua à ciência e à verdade certa beleza, não se erra ao se emitir o juízo segundo o qual existe algo ainda mais belo que a ciência e a verdade. É que, segundo Platão, a ideia do Bem é distinta de ambas e as supera em beleza. Ora, é neste ponto que o filósofo volta a empregar as metáforas do sol, da luz e da visão para mais precisamente *elucidar* o conceito de Bem. Com efeito, pondera Sócrates, assim como, no mundo visível, é correto pensar que a luz e a visão se assemelham ao sol, mas incorreto pensar que elas são o sol, assim também, no mundo inteligível, é justo considerar

---

125. Cf. PLATÃO, *A República*, VI, 508d.

que ambas – a ciência e a verdade – se assemelham ao Bem, mas é falso asserir que elas sejam o Bem. Consequentemente, a essência do Bem deve ser estimada como algo de mais precioso, de mais nobre e de mais elevado ainda[126]. Neste sentido, e após veementemente enfatizar, em resposta a Glauco, que a beleza deste Bem não consiste no prazer, Sócrates ajunta, preludiando a conclusão que virá depois: "Tu admitirás, penso eu, que o sol confere às coisas visíveis não somente o poder de serem vistas, mas também a geração, o crescimento e a nutrição, sem ser ele próprio geração"[127]. Resta, pois, a Sócrates rematar o que ele já vinha cuidadosa e solertemente preparando ao longo deste Livro VI: "No que tange às coisas cognoscíveis, não é somente a sua cognoscibilidade que manifestamente elas recebem do Bem; é igualmente o seu ser (ειναι) e a sua substância (ουσια) que dele lhes provêm, embora não seja o Bem uma substância, mas algo muito acima desta em dignidade e potência"[128].

A difícil interpretação desta última passagem foi, na tradição ocidental, fortemente marcada pela importância da essência do Bem que se fez ressaltar no neoplatonismo já a partir de Plotino (*Enneadi* VI, 9). Segundo esta interpretação,

---

126. Cf. IBID., 508e-509a.
127. IBID., 509b. Nas *Enéadas*, Plotino reproduzirá quase que literalmente essa mesma analogia: "Por isso se diz que Ele (o Bem) é causa não somente da essência, mas também do fato de ser ela vista. Assim como o sol que, para as coisas sensíveis, é causa tanto de serem elas vistas quanto de virem a ser – sem ser ele próprio a visão nem as coisas que devêm – assim também é a natureza do Bem. Sendo a causa da essência e da inteligência (νους), e sendo a luz que corresponde àquilo que lá em cima é objeto visto e sujeito que vê, não sendo ele próprio nem os seres nem a inteligência, o Bem é a causa pela qual, em virtude de sua luz que se irradia sobre os seres e sobre a inteligência, é possível pensar". PLOTINO, *Enneadi*, Milano, Bompiani, 2004, VI, 7, 16.
128. PLATÃO, *A República*, 509b.

a forma ou a essência do Bem se acha para além do Ser, o que torna ainda mais obscura – por levá-la ao seu extremo limite – a já problemática ressalva, segundo a qual o Bem não é uma substância, "mas algo muito acima desta em dignidade e potência"[129]. Trata-se, portanto, de uma *super-essência*. Na Escolástica latina, cuja doutrina da participação remonta aos Padres da Igreja – principalmente aos orientais, que, por sua vez, sofreram a influência de Platão e das Escrituras (Gn 1,26) –, o Bem passa a identificar-se com o próprio Deus. Sendo assim, só pode considerar-se "bom" aquele que adere e aspira ao Sumo Bem (*Summum Bonum*), porquanto aspirar ao Bem ou tender para o Bem ou para Deus significa que o indivíduo manifesta certa similitude com Deus. "Deus disse: 'Façamos o homem à nossa imagem, como nossa semelhança'", é o *leitmotiv* de Gênesis 1,26 que, incessantemente, recorre na literatura patrística que explorou a doutrina da semelhança e da participação: Clemente de Alexandria, Orígenes, Atanásio, Hilário de Poitiers, Gregório de Nissa, Agostinho de Hipona e outros. Na *Suma teológica*, ao cabo de uma análise em torno do conceito de participação em Platão, Tomás de Aquino – após as habituais opiniões pró e contra e utilizando-se da autoridade de Aristóteles como apoio aos seus argumentos – conclui dizendo: "Portanto, é dito bom tudo aquilo que provém da divina bondade como que do primeiro, exemplar, efetivo e final princípio de toda bondade"[130].

---

129. Veja, a este respeito, as análises que desenvolveu Krämer, Hans Joachim, Die Idee des Guten. Sonnen und Liniengleichnis (Buch VI 504a-511e), in: Höffe, Otfried (hrsg.), *Platon. Ploiteia*. Berlin, Akademie Verlag, 1997, 179-204.

130. Tomás de Aquino, *Summa Theologica*, 3 v., New York, Benziger Brothers, 1947, I, q. 6, a. 4.

Se, na *República*, Platão desloca para a própria fonte do conhecimento, que é o Bem, a capacidade que tem a alma de apreender os objetos através da luz que desta fonte irradia, nos diálogos do terceiro e último período e, mais especificamente, no *Teeteto*, no *Sofista* e no *Filebo*, esta dinâmica se desenrola através da autorreflexão ou do diálogo que a alma entretém consigo mesma. Assim, ao responder à pergunta de Teeteto a respeito do verbo "pensar" (διανοεισθαι), Sócrates esclarece que o pensar é "a conversação (λογον) que a alma desenvolve consigo mesma sobre o que ela está a examinar"[131]. No *Sofista*, é o próprio Estrangeiro que, sob a forma de uma indagação, vai ampliar e modificar esta mesma definição, ao ponderar: "Pensamento (διανοια) e discurso (λογος) são, na realidade, a mesma coisa. Mas não reservamos o nome de 'pensamento' para este diálogo interior que a alma, em silêncio, mantém consigo mesma?"[132]. No *Filebo*, ao analisar a memória e a sensação, das quais nascem em nós a opinião (δοξα) e a decisão de fazê-la tornar-se uma reta opinião, Sócrates representa alguém conversando consigo próprio ao voltar o olhar para as aparências que tenta distinguir e entender. É, pois, neste contexto que o filósofo interroga Protarco, dizendo: "E, se este alguém tivesse um outro ao seu lado a quem dissesse em alta voz aquilo mesmo que dizia a si próprio, o que há pouco chamávamos de opinião não se teria tornado um discurso (λογος)?"[133]. À resposta afirmativa de Protarco, Sócrates ajunta: "Se, pois, ele está sozinho, é a si mesmo que dirige seus pensamentos conservando-os longamente no espírito enquanto caminha"[134]. Ora, é eminentemente digno de

---

131. PLATÃO, *Teeteto*, 189e.
132. ID., *Sofista*, 263e.
133. ID., *Filebo*, 38e.
134. IBID.

nota o fato de, após ter chegado a esta conclusão, Sócrates fazer uma analogia entre a alma dos seres humanos e um livro, no sentido em que a memória, juntamente com as sensações e as outras faculdades relacionadas ao que experienciamos, parecerem coincidir com o ato de escrever discursos na alma[135]. É, no entanto, notória a baixa estima com que Platão considera o discurso escrito ao confrontá-lo com o discurso oral[136]. Todavia, quer se trate do discurso falado, quer do discurso escrito que a memória depositou na alma, ambos apontam para a dinâmica de uma reflexão ou, mais exatamente, de uma autorreflexão e de um diálogo que a alma estabelece consigo mesma. Isto se dá, simultaneamente, no âmbito epistemológico e moral.

Com efeito, conforme pudemos deduzir a partir da filosofia socrático-platônica, o "conhece-te a ti mesmo" e o movimento reflexivo do saber encerram dois significados básicos que se pressupõem mutuamente: a capacidade de moralmente autojulgar-se e a possibilidade, no plano teórico, de o sujeito refletir sobre a dinâmica do conhecimento que ele tem de si mesmo e dos objetos aos quais se dirige seu pensamento. Trata-se, em ambos os casos, de uma relação privilegiada que a alma mantém consigo mesma e que a tradição neoplatônica e cristã – nomeadamente aquela de cunho agostiniano – chamará de interiorização ou "iluminação interior". Afinal de contas, não há conhecimento – seja ele voltado para os objetos fora do sujeito, seja para as afecções e os movimentos

---

135. Cf. IBID. 38e-39a.
136. No *Fedro*, porém, após ter examinado a retórica, Platão fará uma densa, tensa e rica análise da escrita (274b-278e), cujo desenrolar é pontilhado pelas ambiguidades e os paradoxos que marcam as vívidas e eróticas metáforas da escrita como: *phármakon* da memória, pintura, imagem do discurso oral, "irmão legítimo" do discurso oral, forma de jogo, jardins, ato de semear, plantar, implantar e fazer germinar na alma a palavra etc.

eróticos que se desenrolam no corpo e na mente – que não contenha, direta ou indiretamente, implícita ou explicitamente, um juízo de valor e uma representação ideal. Em última análise, o que está em jogo é o próprio sujeito e o desejo que o anima.

Mas, se as coisas se apresentam assim, convém perguntar se também em Aristóteles, cuja filosofia exprime ao mesmo tempo o apogeu e o termo do período clássico helênico, pode-se igualmente verificar este movimento de autor-reflexão e de diálogo da alma consigo mesma. Melhor ainda: seria lícito – em Aristóteles também – ver neste movimento uma dupla modalidade da consciência, vale dizer, a "consciência filosófica" e, intimamente ligada a esta, a "consciência moral"? É a questão que desenvolverei e analisarei no próximo capítulo.

Capítulo III
ARISTÓTELES E A QUESTÃO DO CONHECIMENTO

1. Os sentidos e a percepção

Na verdade, a primeira questão que ressalta, ao se examinar a teoria do conhecimento em Aristóteles, é a de que a consciência das percepções sensíveis deve ser atribuída aos próprios sentidos, e não a um sentido especial que, por assim dizer, reduplicaria os sentidos que percebem as coisas sensíveis. Isto está de acordo com o próprio método e a própria visão fundamental do Estagirita, que se desenvolvem de maneira essencialmente empírica, indutiva, *experimental*. Nesta perspectiva, se se devesse atribuir um sentido especial à consciência da percepção, dever-se-ia também, e de maneira necessária, pressupor um outro sentido para este último, e assim sucessivamente, *ad infinitum*. Ao contrário, sentir que se vê pertence ao sentido da própria visão, sentir que se ouve corresponde àquele da audição, sentir que se degusta àquele do paladar, e assim por diante. É, com efeito, na obra intitulada *De anima* – considerada pelos estudiosos clássicos de Aristóteles (Ravaisson, Trendelenburg, Hamelin, Tricot) como sendo o coroamento de toda a sua filosofia da natureza – que o filósofo rebate a possibilidade de um sentido final que seria responsável pela percepção dos fenômenos. Portanto, na perspectiva do Estagirita, a dinâmica da percepção se desenrola da seguinte maneira: já que percebemos que vemos e ouvimos, é forçosamente pela visão e pela audição que sentimos que vemos e sentimos que ouvimos. Do contrário, teríamos de reivindicar mais dois sentidos para cada um destes. Além do mais, teríamos de admitir que o mesmo sentido é simultaneamente – no caso das coisas vistas – sentido da visão e de seu objeto, por exemplo, a cor. Disto redundariam duas possibilidades: ou haveria dois sentidos para a mesma coisa sensível ou a visão seria sentido dela mesma. Ora – acentue-se uma vez mais –, se o sentido que percebe a visão necessitasse de um sentido especial para fazê-lo, ter-se-ia que buscar um sentido que, em última instância, fosse apto a reproduzir a consciência da visão. Mas esta seria uma procura interminável e, pior ainda, destinada ao fracasso. Por conseguinte, ter-se-á de admitir que o sentido que percebe é sentido dele mesmo, de sorte que – conclui o filósofo – é preferível considerar a capacidade de perceber como pertencente ao próprio sentido que percebe do que empreender a busca de um sentido heterogêneo, especial e transcendente a ele próprio[1].

Cada sentido – enfatiza Aristóteles – é sentido de seu próprio objeto sensível, porquanto ele reside no órgão sensorial enquanto tal e, destarte, julga por si mesmo as diferenças do objeto ao qual se reporta. Neste processo, a visão distingue o branco do negro, o paladar diferencia o doce do amargo, o tato percebe o macio e o áspero, a audição discrimina os diferentes sons e o olfato as variadas fragrâncias. Mas como se

---

1. Cf. ARISTÓTELES, *De l'âme*, Paris, Vrin, 1988, III, 2, 425b, 12-19.

dá a relação das diferentes percepções e dos diferentes juízos com a pressuposta unidade do pensamento, que estabelece não somente as distinções, mas também as igualdades e as semelhanças entre as coisas percebidas? Para dizê-lo de outro modo: já que a nossa capacidade de julgar se refere tanto ao branco quanto ao negro, tanto ao doce quanto ao amargo, tanto ao macio quanto ao áspero e aos outros objetos sensíveis nas suas mútuas relações, por qual princípio percebemos as suas diferenças e, também, as suas igualdades e semelhanças? Haveria, neste caso, um princípio único, além dos sentidos, a partir do qual julgaríamos as particularidades e as semelhanças que caracterizam as diferentes coisas?

Sabe-se, com efeito, que, no *Teeteto*, Platão representa a alma como sendo a única fonte do conhecimento ou o único centro da consciência e da percepção, do qual os sentidos seriam tão somente órgãos, instrumentos ou meios pelos quais as diferentes sensações convergem para esta forma que se chama "alma" (ψυχη) ou "qualquer outro nome que se lhe queira aplicar"[2]. A alma é, portanto, a faculdade unificadora, sintetizadora e organizadora das variadas percepções que nos entram pelos sentidos, sem o que elas ocorreriam e se desenrolariam de maneira desconexa e dispersa. Ora, segundo Aristóteles, só pode haver um meio pelo qual temos consciência das nossas percepções: são os próprios sentidos, uma vez que estamos diante de objetos sensíveis, e não de realidades inteligíveis[3]. Permanece, porém – tanto em Platão, quanto em Aristóteles e, na verdade, em toda a tradição filosófica –, a polêmica e abstrusa questão de saber como se dá a passagem, a ligação ou, numa palavra, a relação entre, de um

---

2. Platão, *Teeteto*, 184d.
3. Cf. Aristóteles, *De l'âme*, III, 426b, 10-15.

lado a sensação e as percepções e, do outro, o intelecto (νους) e a alma.

2. O intelecto e a alma

Em Aristóteles, particularmente no *De anima*, esta problemática se acirra e se complica na medida em que ele opera uma distinção entre o que se convencionou denominar *intelecto ativo*, ou *agente*, e *intelecto passivo*, ou *possível*, e ainda *potencial*. O próprio Aristóteles, ao qualificar o primeiro intelecto, emprega o termo ποιητικος (poético), isto é, aquele ou aquilo que cria, que fabrica, que confecciona, que faz. Diz, com efeito, o Estagirita:

> Como em toda a natureza existe algo que serve de matéria para cada gênero e algo que, em vez, é a causa e o agente, porque a todos produz – situação idêntica àquela da arte *vis-à-vis* a sua matéria –, de igual modo é necessário que, também na alma, se encontrem estas diferenças. E, de fato, nela se distingue, de um lado, o intelecto que é análogo à matéria pelo fato de ele tornar-se todas as coisas e, do outro, o intelecto que a todos produz e, desta maneira, ele se comporta como a luz. Porque, em certo sentido, também a luz faz passar ao ato as cores que se acham somente em potência[4].

Esta passagem se torna tanto mais problemática quanto, em seguida, o filósofo acrescenta-lhe uma afirmação que confundiu e dividiu os estudiosos da teoria do conhecimento aristotélico em três tendências principais. Pondera, de fato, o

---

4. Ibid., III, 5, 430a, 10-18.

filósofo: "É, uma vez separado, que ele (o intelecto) não é senão o que essencialmente ele é, e somente isto (esta natureza essencial) é imortal e eterna"[5].

A primeira tendência, mais antiga, defende a separação entre o intelecto ativo e a alma. Esta tendência teve como consequências principais a negação da imortalidade da alma e, no que tange à teoria do conhecimento, a dependência da atividade intelectual com relação aos sentidos. Dentre seus principais representantes, incluem-se – respeitando-se as suas respectivas diferenças de perspectiva – Alexandre de Afrodísias (séculos II–III), os pensadores da Escolástica árabe: Alquindi (século IX), Alfarábi (século IX), Avicena (século XI), Avempace (séculos XI–XII) e o judeu Moisés Maimônides (século XII). Esta tendência se encontra ainda em Roger Bacon (século XIII) e no Renascimento, com Pietro Pomponazzi.

A segunda tendência, propugnada por Averróis (século XII) e pelo averroísmo medieval, considera o intelecto ativo e o intelecto possível como sendo separados da alma humana. Assim, o intelecto material, ou hílico, se apresenta no homem como uma simples disposição comunicada ou, por assim dizer, outorgada pelo intelecto ativo para que a alma humana possa abstrair e formar, a partir das imagens sensíveis, os conceitos e as verdades universais. Trata-se, portanto, de um intelecto adquirido, que Averróis também denomina "intelecto especulativo". No século XIII, esta tendência teve como seu principal paladino o filósofo Siger de Brabante. Note-se, contudo, que numerosos defensores desta mesma corrente se salientaram naquele aristotelismo que caracterizou o período renascentista.

---

5. Ibid., III, 5, 430a, 23-24.

Ainda no século XIII, desenvolveu-se uma terceira tendência, que, na verdade, remonta aos séculos IV–VI. É a tendência representada, entre outros, por Alberto Magno e Tomás de Aquino nas suas polêmicas contra Averróis e Alexandre de Afrodísias, os quais, como vimos, reivindicavam a separação do intelecto da alma humana. Ora, tanto para Alberto Magno quanto para Tomás de Aquino, existe decerto, além e acima da alma humana, o intelecto separado de Deus, do qual, todavia, o homem participa por analogia ou pela imagem e semelhança no ato da criação: "Deus disse: 'Façamos o homem à nossa imagem, como nossa semelhança'" (Gn 1,26). Nesta perspectiva, o intelecto ativo é parte integrante de sua alma à maneira de uma luz que nela se acende pelo intelecto divino. É o que afirma o Aquinate ao evocar as autoridades de Platão, do próprio Aristóteles e, finalmente, das Escrituras: "Mas o intelecto separado, de acordo com o ensinamento da nossa fé, é o próprio Deus, que é o criador da alma". Portanto, a alma humana deriva a sua luz intelectual dele mesmo, conforme declara o Salmo 4,7: "'Iahweh, levanta sobre nós a luz da tua face'"[6]. O Renascimento encontrará outro defensor da unidade do intelecto com a alma humana sobretudo no tradutor e comentador de Platão, Marsílio Ficino.

Convém, além do mais, observar que o verbo χωριζω (separar), que Aristóteles emprega para designar a separação do intelecto (νους), se acha sob a forma do particípio presente (χωρισθεις). Para Jules Tricot, numa nota de rodapé à sua tradução do *De anima* para o francês, χωρισθεις talvez não tenha o sentido, na sua forma adjetivada (χωριστος), de "separado". Ainda segundo Tricot, quando utilizado na forma de

---

6. TOMÁS DE AQUINO, *Summa Theologica*, q. 79, a. 4.

particípio, ele parece querer indicar uma operação do espírito que separa, por abstração, aquilo que se encontra realmente unido. A compreensão, pois, que daí decorre é a de que o intelecto agente é separado por abstração do intelecto passivo, de sorte que ele é a sua própria essência e, por conseguinte, nenhuma distinção poderia mais ser estabelecida entre ele mesmo e a sua quididade. Todavia, Tricot emite a reserva segundo a qual se poderia também supor que Aristóteles teria em vista uma separação real do intelecto agente que, neste caso, seria destinada a assegurar-lhe a transcendência e a imortalidade. O tradutor francês chega a esta conclusão baseado na própria explicação de Aristóteles, citada mais acima: "É, uma vez separado, que ele (o intelecto) não é senão o que essencialmente ele é, e somente isto (esta natureza essencial) é imortal e eterna"[7].

Mas, para voltarmos à questão dos sentidos, Aristóteles reconhece neles os únicos meios pelos quais temos consciência das nossas percepções, porquanto estamos diante de objetos sensíveis, e não de realidades inteligíveis. Assim, ao tentar entender a passagem do conhecimento potencial para o conhecimento atual, o filósofo permanece – e não poderia ser de outro modo – no reino da sensibilidade ou da experiência. Além do mais, ele fará apelo ao movimento. Mas em que sentido? No sentido em que aquilo que é sensível faz somente passar a faculdade sensitiva, que estava em potência, para o ato do conhecimento, porquanto o sentido nem padece nem é alterado. Consequentemente, o movimento é ato daquilo que está inacabado, enquanto o ato em sentido absoluto, isto é, o ato que atingiu seu pleno desenvolvimento, é de outra sorte. Não se pode, pois, fugir a esta

---

7. Cf. ARISTÓTELES, *De l'âme*, n. 9, 182.

conclusão: a sensação assemelha-se à mera enunciação, ou à mera concepção, pois ela simplesmente constata ou acusa aquilo que percebe sem emitir sobre os seus objetos nenhum juízo de valor[8].

Todavia, o que ocorre quando o objeto é agradável ou penoso, ou seja, quando a alma, ao proferir uma espécie de afirmação ou negação sobre ele, procura alcançá-lo ou evitá-lo? Certo, experimentar prazer e dor é ainda, segundo Aristóteles, agir através da faculdade sensível tomada como mediação e, portanto, considerada em relação ao bom ou ao ruim enquanto tais. Neste sentido, a aversão ou, ao contrário, a atração são atos de uma única e mesma faculdade, vale dizer, da faculdade sensitiva. A questão, porém, é saber como opera, a partir do substrato sensível, a alma dianoética, ou o pensamento discursivo, que tem por objetos não mais as sensações agradáveis ou desagradáveis, mas antes os conceitos de "bom" e "ruim", ou de "bem" e "mal". Em outros termos, como julga a alma, ou como se formam seus juízos de valor? Note-se, porém, que também aqui o pensamento aristotélico se desenrola sobre o plano da sensibilidade e da percepção, porquanto somente através de imagens sensíveis poderá a alma dianoética não somente apreender e conhecer a realidade dos seres, mas também construir e emitir seus conceitos de ordem moral, seus juízos e suas tábuas de valores.

3. As imagens, o discurso e o juízo

Efetivamente, ao analisar o intelecto prático, o Estagirita é peremptório ao afirmar que, para a alma dianoética, as imagens

---

8. Cf. ID., *De l'âme*, III, 431a, 1-8.

(φαντασματα) ocupam o lugar, ou melhor, fazem as vezes ou substituem as percepções diretas, de sorte que, quando ela denomina o "bom" e o "ruim", ela está evitando ou, inversamente, perseguindo os objetos aos quais ela se reporta pelo pensamento, ou pela memória. Experienciar prazer ou dor é, portanto, agir pela faculdade sensível tomada como mediação ou como relação com o agradável ou o desagradável. Do mesmo modo, a aversão e o "apetite" (ορεξις) são atos da mesma faculdade, na medida em que a faculdade que apetece e a faculdade que experimenta aversão não são distintas uma da outra, nem tampouco da faculdade sensitiva, embora, completa o filósofo, a sua essência ou os seus conceitos sejam diferentes[9]. Já com relação à alma dianoética, o que ocorre é uma elaboração, mediante as imagens, daquelas experiências agradáveis ou desagradáveis que nos afetaram no passado ou nos afetam no presente. Em todo caso – conclui o Estagirita –, a alma jamais pensa sem imagens[10].

É que a alma dianoética ou, mais exatamente, o pensamento discursivo tem por objetos, não mais as sensações de prazer e desprazer enquanto tais, porquanto estas pertencem à faculdade sensitiva, que reage ao agradável e ao desagradável ou, para dizê-lo de outro modo, que passa da potência ao ato. Quanto ao sensível (αισθητον), ele é, por assim dizer, "neutro", porquanto não padece nem sofre nenhuma alteração de um estado para outro[11]. A alma dianoética, por sua vez, tem por objetos os conceitos que, para o intelecto prático, se reportam ao bom e ao ruim, ao bem e ao mal. Ela julga, portanto, através de imagens que, literalmente, *representam* as sensações. Mas como se dá a passagem das

---

9. Cf. IBID., 8-12.
10. Cf. IBID., 15.
11. Cf. IBID., 5.

sensações para o pensamento discursivo ou, em outros termos, como sintetiza a mente as impressões recebidas a partir do substrato material da sensibilidade? Este é, na verdade, um enigma que tem pontilhado toda a história da teoria do conhecimento desde os pré-socráticos, passando por Platão, Aristóteles e pelos pensadores dos mais diversos horizontes e dos mais diferentes matizes: os estoicos, Epicuro, Plotino, Agostinho de Hipona, Tomás de Aquino, Descartes, Locke, Hume, Kant, Husserl e Sartre.

Em Platão, conforme vimos mais acima (capítulo II, seção 5), Sócrates responde à pergunta de Teeteto a respeito do verbo "pensar" (διανοεισθαι) explicando que o pensar é "a conversação (λογον) que a alma desenvolve consigo mesma sobre o que ela está a examinar"[12]. Antes, porém, o próprio Sócrates havia asserido que existem coisas que tanto os homens quanto os animais sentem naturalmente desde o seu nascimento. Trata-se das impressões (παθηματα) que, *através do corpo*, se prolongam até a alma. Todavia, prossegue o filósofo, estabelecer a relação entre estas impressões e a realidade – ou a utilidade que delas deriva – é uma tarefa que exige tempo, experiência e educação por parte daqueles que nela se exercitam. Ademais, isto não compete a quem quer que seja[13]. De resto, a questão aqui levantada não concerne, pelo menos em primeiro lugar, à relação entre a sensibilidade, ou as sensações, e a alma, mas às impressões e a realidade ou a utilidade das coisas que elas implicam. Disto se deduz que a conclusão a que Platão realmente quer chegar é a de que a ciência (επιστημη) não repousa sobre as sensações, ou as impressões, mas sobre o processo de raciocinar (συλλογισμω) acerca delas.

---

12. PLATÃO, *Teeteto*, 189e.
13. Cf. IBID., 186b-c.

Donde também a sua ilação, entremeada de reserva: "É possível, ao que parece, apreender o ser e a verdade pelo raciocínio, mas não pelas impressões"[14]. Ora, se o raciocínio, e não as impressões, é o processo pelo qual a alma, enquanto princípio unificador, tenta apreender a verdade ou a realidade do ser, permanece, no entanto, em suspensão a questão de saber como se dá a passagem, o contato ou o vínculo que as liga à alma. Como se pode verificar, esta é também a aporia contra a qual o próprio Sócrates vem embater-se. Daí dever ele fazer apelo à explicação segundo a qual os sentidos se apresentam como instrumentos (οργανα) por meio dos quais os objetos da percepção convergem para uma forma única que se denomina alma ou, ajunta o filósofo, qualquer outro nome que se lhe queira apor[15].

Quanto a Aristóteles, é curioso constatar que ele também se serve da palavra "instrumento" (οργανον) para se referir – o que é mais curioso ainda – não aos sentidos enquanto tais, mas à própria alma. Nesta perspectiva, ele compara a alma (ψυχη) à mão que, agindo como um "instrumento de instrumentos" (οργανον οργανων), se assemelha à alma que põe em ação outros instrumentos. Dentre estes instrumentos se encontram os sentidos que, metaforicamente, servem de porta de entrada, de caminho ou de ponte para o conhecimento. É, pois, a partir deste contexto que o Estagirita poderá concluir: "Assim como a mão é um instrumento de instrumentos, de igual modo o intelecto (νους) é a forma das formas (ειδος ειδων), enquanto o sentido é a forma dos objetos sensíveis"[16].

---

14. Ibid., 186d.
15. Cf. ibid., 184d.
16. Aristóteles, *De l'âme*, III, 432a, 1-4.

Esta passagem não se apresenta sem dificuldades, na medida em que o filósofo sagazmente opera uma inflexão, a partir da noção de instrumento – que ele aplica à alma (ψυχη) –, para o conceito de intelecto (νους), que agora se transmuda em "forma". Efetivamente, mesmo sendo a mão um "instrumento de instrumentos", ela – e de maneira similar a alma – não deixa de ser um instrumento. Mas poder-se-ia também ajuntar: de que, finalmente, é a alma um instrumento? Certo, é possível deduzir – dada a supremacia que Aristóteles assinala à alma em detrimento do corpo – que a mão, mesmo sendo um instrumento de instrumentos, está a serviço da alma. Mas com relação à própria alma, qual seria – repita-se – a instância, o foro ou a causa última à qual ela estaria ligada? Todavia, o Estagirita se mostra tanto mais solerte quanto, ao referir-se ao intelecto, ele não mais emprega a figura da mão, ou do instrumento, mas aquela da forma. Melhor ainda: não somente o intelecto se apresenta como forma, mas o próprio sentido também se revela como "a forma dos objetos sensíveis". Considerando-se, pois, que o método epistemológico fundamental de Aristóteles se desenvolve a partir e através da experiência e da indução, a sua conclusão não poderia ser outra senão esta: "Por um lado, na ausência da sensação, não se poderia aprender ou compreender nenhuma coisa; por outro lado, o exercício mesmo do intelecto deve ser acompanhado de uma imagem, porque as imagens são semelhantes a sensações, salvo o fato de que elas são imateriais"[17].

Neste caso, é o *status* mesmo da imagem, ou da representação, que deve ser explorado, na medida em que, sendo ela semelhante à sensação e, ao mesmo tempo, constituindo-se como uma natureza imaterial, foge, escapa ou se subtrai a

---

17. Ibid., 432a, 6-9.

toda e qualquer determinação material e, poderíamos ajuntar, a toda subsunção ou positivação de um objeto preciso, delimitado e, portanto, particular. A imagem está, deste modo, no limiar, no meio-termo ou – para servir-me da minha expressão favorita – no *entre-dois* do psíquico e do somático. Nas *Confissões* e, mais especificamente, no Livro X – cujas intuições e fineza de análise revelam um verdadeiro tratado de teoria do conhecimento –, Agostinho de Hipona dirá que ninguém jamais poderá dizer como se formam as imagens, apesar da visibilidade e tangibilidade dos sentidos que as captam e as colocam no nosso interior. Prova disso é que, mesmo imersos nas sombras e no silêncio, podemos, se assim o *quisermos*, extrair da nossa memória as cores e distingui-las umas das outras. Melhor ainda: os sons que, eventualmente, afetam os nossos ouvidos não intervêm na nossa percepção das cores que caracterizam essas imagens; é como se eles se estivessem desenrolando à parte[18].

Mas o que é uma imagem? No ensaio de 1936, *A imaginação*, Sartre a define de maneira correta ao considerá-la "uma realidade psíquica certa". Neste período, o pensador francês ainda se encontrava, do ponto de vista epistemológico, sob a quase total influência de Edmund Husserl. Todavia, o mesmo Sartre decepciona o leitor ao ajuntar àquela definição a observação segundo a qual "a imagem não poderia, de maneira alguma, reportar-se a um conteúdo sensível nem se constituir sobre a base de um conteúdo sensível"[19]. Mas sobre que base poderiam constituir-se as imagens senão sobre um lastro sensível, a partir do qual elas se formam e, juntamente com elas, as fantasias e as representações que

---

18. Cf. Agostinho de Hipona, *Le confessioni*, Torino, Enaudi, 2002, Libro decimo, 8, 14.
19. Sartre, Jean-Paul, *L'imagination*, 138.

tecemos a nosso bel-prazer? Neste sentido, sou mais uma vez tentado a evocar a intuição de Agostinho, segundo a qual as fantasias (*phantasmata*) não são outra coisa senão figuras extraídas da espécie do corpo mediante o sentido corporal, de sorte que se pode confiá-las à memória à medida mesma que elas são recebidas. Pode-se também, com a fantasia, dividi-las, multiplicá-las, reuni-las, ampliá-las, reordená-las e replasmá-las *ad infinitum*[20]. Mais explícito e mais direto ainda se mostrará o teólogo ao ponderar: "Não há, de fato, nada de corpóreo que, mesmo tendo sido visto uma única vez, não possa ser inúmeras vezes pensado (*cogitari*) ou que, visto num espaço restrito, não possa, com a mesma faculdade imaginativa, ser dilatado ao infinito"[21]. É assim, por exemplo, que posso imaginar um centauro, cuja existência jamais foi empiricamente constatada. Todavia, a partir de um homem e de um cavalo – que se encontram comumente no reino da experiência – posso compor o animal fabuloso que se denomina centauro. Jamais vi tampouco uma montanha de ouro, no entanto, posso construir, pela imaginação, uma montanha – que já vi – e recobri-la de ouro, que também já vi. Agostinho, na *Trindade*, ilustra essa capacidade da imaginação ao evocar o exemplo do cisne negro. Quem jamais viu – pergunta-se ele – um cisne negro? Não há, de fato, ninguém que possa recordar-se de um cisne negro; mas quem não poderá efabular uma ave desta espécie? De igual modo, não há recordação de nenhum pássaro quadrúpede, todavia, é muito fácil representar um pássaro quadrúpede quando, à forma de um volátil – que já vi –, ajunto mais duas patas, que também

---

20. Cf. Agostinho de Hipona, *La vera religione*, Milano, Rusconi, 1997, X.18.
21. Ibid., XX, 40.

já vi[22]. Não há, pois, outro caminho pelo qual se possam formar as imagens senão o da sensibilidade, ou da experiência, a partir da qual e pela qual construímos, a nosso bel-prazer, os objetos do pensamento e da imaginação. Certo, as imagens são imateriais, e como elas se constituem não podemos de modo algum sabê-lo. No entanto, conforme declara Aristóteles, "Por um lado, na ausência da sensação, não se poderia aprender ou compreender nenhuma coisa; por outro lado, o exercício mesmo do intelecto deve ser acompanhado de uma imagem, porque as imagens são semelhantes a sensações, salvo o fato de que elas são imateriais"[23]. Mas como se originam os juízos de valor, visto que eles se manifestam de maneira articulada, concatenada, discursiva e, portanto, racional?

A este propósito, já no início da *Metafísica* (Livro A, cap. 1), Aristóteles enfatiza a ideia básica segundo a qual "A arte (τεχνη) nasce quando, a partir de um grande número de noções experimentais, se forma um único juízo universal aplicável a todos os casos semelhantes"[24]. A experiência é, pois, a dinâmica que permite, a partir de vários espécimes dotados de características análogas, chegar a uma inferência geral em que há mais probabilidade de acerto que de erro. Tomem-se

---

22. Cf. Agostinho de Hipona, *La Trinità*, Roma, Città Nuova, 1998, XI, 10.17.
23. Aristóteles, *De l'âme*, 432a, 6-9.
24. Id., *La métaphysique*, 2 v., Paris, Vrin, 1986. A, 981a,5. Na falta de outra palavra, traduz-se "τεχνη" por "arte", que, infelizmente, não exprime todas as nuanças peculiares ao termo grego. De modo geral, a τεχνη é o conjunto de procedimentos aptos a produzirem certo resultado e, neste sentido, ela é a virtude da inteligência *poiética*, de ποιησις: criação, ação operativa, fabricação, confecção e, por extensão, poema, arte da poesia e faculdade poética. A τεχνη se distingue, portanto, da επιστημη, que é a ciência da inteligência teorética, e não prática.

como exemplos os casos em que um determinado remédio foi capaz de curar Cálias, Sócrates e outros doentes diagnosticados individualmente. Estes acertos dependeram da experiência, enquanto o juízo segundo o qual o remédio foi apto a curar todos os indivíduos, cujos sintomas se enquadravam numa classe particular de morbidez, depende da arte (τεχνη). A experiência remete, portanto, a um conhecimento do indivíduo, enquanto a τεχνη se reporta ao universal, ou a geral. Daí o Estagirita poder concluir que não foi ao homem universal, tomado abstratamente, que o médico restituiu a saúde, a não ser por acidente. Quem realmente ele conseguiu curar foi, concretamente, individualmente, Cálias, Sócrates ou qualquer outro doente a quem, por acidente, coincidiu também ser Homem[25].

Nos *Segundos analíticos*, Aristóteles enfatizará a mesma ideia ao declarar que devemos conhecer as primeiras premissas por indução. E isto porque o método pelo qual os sentidos implantam em nós o universal é ele próprio indutivo[26]. Certo – pondera o filósofo –, ao emitirmos um juízo, o universal se acha presente na nossa mente, porquanto, embora o ato pelo qual os sentidos percebem os objetos remetam ao particular, o seu conteúdo é universal. Assim, trata-se do Homem em geral, e não de Cálias em particular. Sem embargo, um juízo é proferido dentre, por assim dizer, esses universais rudimentares, de sorte que o processo de indução não cessará até que os conceitos indivisíveis, isto é, os universais, não sejam finalmente estabelecidos. Pense-se, por exemplo, numa determinada espécie de animal que se apresenta como um degrau em direção ao gênero que, por sua vez, se mostrará como um

---

25. Cf. ibid., 981a, 5-20.
26. Cf. Aristóteles, *Seconds analytiques. Organon 4*, tr. J. Tricot, Paris, Vrin, 1995, 100b, 4-5.

degrau em direção a uma generalização ainda maior[27]. Convém, no entanto, sublinhar que as últimas frases dos *Segundos analíticos* são problemáticas, na medida em que o filósofo, cujo método fundamental é indutivo-empírico e, portanto, *a posteriori*, termina por assinalar ao processo cognitivo o primado da intuição mediante o intelecto (νους). Trata-se, na verdade, de uma reviravolta, porquanto ele agora se desloca, mas de maneira abrupta, para a esfera do intelecto (νους), da intuição e, em última instância, da vida teórica.

Com efeito, ao referir-se às faculdades do entendimento (διανοια), Aristóteles afirma que algumas delas são sempre verdadeiras, ao passo que outras são suscetíveis de erro, como a opinião (δοξα) e o raciocínio (λογισμος). No que tange, porém, à ciência επιστημη e ao intelecto (νους), eles são sempre verdadeiros. Contudo, como não existe, além do intelecto, outra espécie de conhecimento mais exato que o da ciência, considerando-se também que os princípios são mais evidentes que as demonstrações e, finalmente, que toda ciência é acompanhada de raciocínio, segue-se que não há um conhecimento científico dos princípios, porquanto a ciência não pode aplicar-se às primeiras premissas. Esta dedução é tanto mais cara ao filósofo quanto ele volta a enfatizar que somente o intelecto é mais verdadeiro que a ciência e que, portanto, é somente ele que pode aplicar-se à ciência ou apreender as primeiras premissas. Logo, o princípio da demonstração não pode repousar sobre outra demonstração, do contrário esta última estaria sobrepondo-se ao próprio princípio, do qual ela deriva. Assim, já que não temos acima da ciência nenhuma outra espécie de conhecimento verdadeiro, é o intelecto que é o princípio da ciência ou, em outros termos, ele é

---

27. Cf. IBID., 100b, 1-4.

a fonte de onde se origina e de onde promana todo o conhecimento científico. Por conseguinte, conclui o Estagirita, "A intuição é o princípio do próprio princípio e toda a ciência se comporta com relação ao conjunto das coisas como se comporta a intuição com relação ao princípio"[28].

Essas ponderações finais nos transportam, quase que automaticamente, para os últimos capítulos do último livro (Livro X) da *Ética a Nicômaco*, em que o Estagirita termina por adjudicar ao conhecimento a preeminência, ou a excelência, da vida teorética e, portanto, do conhecimento intuitivo. Mas em que propriamente consiste essa reviravolta: trata-se de uma simples, abrupta e inesperada ruptura ou, antes, de uma dinâmica inerente à própria experiência da escrita que, também em Aristóteles, se revela como a experiência do paradoxo?

4. O intelecto, a intuição e o primado da vida teorética

Na verdade, essa reviravolta já se introduzira – conforme avancei mais acima – nas últimas frases dos *Segundos analíticos*. Na *Ética a Nicômaco*, porém, ela será desenvolvida, ampliada e aprofundada, supondo-se que esta obra tenha sido concebida e redigida depois dos *Segundos analíticos*[29].

---

28. Ibid., 100b, 15-16.
29. Nos últimos anos, a maioria dos estudiosos – depois do criterioso trabalho efetuado, no final dos anos 1930, pelo erudito neerlandês François Nuyens, sobre a cronologia do *corpus* aristotélico – tende a considerar a *Ética a Nicômaco* como pertencente a um estágio relativamente avançado na evolução filosófica do Estagirita. Ela teria precedido, de alguns anos, somente o *De anima*, cuja concepção básica da enteléquia aponta para uma data bem tardia, marcando assim os resultados finais da noética

Como era de esperar, o Estagirita retoma no último livro da *Ética a Nicômaco* a problemática de base que ele havia introduzido no primeiro livro e que, juntamente com as derivações, os desdobramentos e os prolongamentos que esta temática comporta, permeará toda a obra. De que se trata então? Da felicidade. Mas o que é a felicidade? Aristóteles assevera – já no início do 13º capítulo do Livro I – que a felicidade (ευδαιμονια) é certa atividade (ενεργεια) da alma em conformidade com uma virtude perfeita[30]. Todavia, esta virtude, à diferença de como ela era concebida nos tempos homéricos – uma força do corpo que, juntamente com a astúcia e a habilidade, caracterizava os heróis míticos –, passa a ser definida por Aristóteles como sendo uma excelência da alma[31]. Consequentemente, a felicidade se apresenta, ela também, como sendo aquele bem além do qual não se pode mais ir, porque adquirido e exercitado a partir daquilo que a alma tem de melhor, vale dizer, a sua parte racional[32].

Ora, esta mesma intuição será retomada, desenvolvida e enfatizada no décimo e último livro da *Ética a Nicômaco*, em que Aristóteles vinculará radicalmente a felicidade

---

e da ontologia aristotélicas. Cf. NUYENS, FRANÇOIS, *Évolution de la psychologie d'Aristote*, Paris, Vrin, 1948. A primeira edição em língua neerlandesa data de 1939.

30. Cf. ARISTÓTELES, *Éthique à Nicomaque*, 1102a, 5.

31. Note-se, contudo, que, à medida que declinava a aristocracia guerreira e a *polis* se organizava segundo formas democráticas, a virtude também começou a ser deslocada para o sábio (*sophós*), ou seja, para aquele que era dotado de uma força ou de uma excelência da alma. Assim, segundo Henrique Cláudio de Lima Vaz, "Ao *ethos* da *areté* guerreira e política vem juntar-se, finalmente, o *ethos* laborioso do rude trabalho dos campos como escola de virtude, celebrado por Hesíodo em *Os trabalhos e os dias*". VAZ, HENRIQUE CLÁUDIO DE LIMA, *Antropologia filosófica I*, São Paulo, Loyola, 2000, 29.

32. Cf. ARISTÓTELES, *Éthique à Nicomaque*, 1102a, 10-15.

à vida teorética e, portanto, à atividade do intelecto (νους). Com efeito, pondera o filósofo, se a felicidade é uma atividade conforme à virtude, é razoável que ela seja uma atividade conforme à mais alta das virtudes, e esta será a virtude da nossa melhor parte. E a melhor parte é aquela que, dotada do conhecimento das realidades belas e divinas, e tendo por natureza o comando e a direção das coisas a ela relacionadas, se revela como sendo igualmente divina. Esta atividade é um apanágio do intelecto e da intuição, de sorte que, na perspectiva aristotélica, ela não poderia ter senão um caráter essencial e fundamentalmente teorético[33]. Daí também poder-se compreender por que, no Capítulo 7, Livro X, da mesma obra, Aristóteles vai aduzir oito argumentos para demonstrar e corroborar a tese fundamental que norteia esta obra: a felicidade consiste no exercício da mais elevada virtude, que é a vida teorética. Quais são, pois, os oito argumentos que desenvolve o filósofo?

O primeiro não é, propriamente falando, um argumento, porquanto Aristóteles simplesmente declara – através de uma petição de princípio – que a atividade teorética é a mais elevada. E por que estima ele que esta atividade é a mais elevada? Porque, completa o filósofo, o intelecto é a melhor parte que existe em nós. Consequentemente, os objetos para os quais se volta o intelecto são eles também os mais excelentes de todos os objetos cognoscíveis. O segundo argumento consiste em afirmar que esta atividade é a mais contínua, na medida em que a vida teorética nos proporciona uma contemplação mais durável e mais contínua do que qualquer outra ação. O terceiro argumento vai enfatizar que a atividade teorética se revela como sendo a mais agradável

---

33. Cf. IBID., 1177a, 18.

de todas as atividades, porquanto o prazer (ηδονη) que dela redunda está essencialmente ligado à felicidade (ευδαιμονια). Ora, para Aristóteles, a atividade que deriva da sabedoria (σοφια) é a mais aprazível dentre todas as atividades que estão em conformidade com a virtude. O quarto argumento diz respeito à autossuficiência (αυταρκεια), ou à independência e à autonomia. Com efeito, segundo o Estagirita, a autossuficiência é, por excelência, uma característica da atividade teorética, porquanto o sábio (σοφος), mesmo estando sozinho, conserva a sua capacidade de contemplar. Melhor ainda: ele se revelará tanto mais sábio quanto mais ele for capaz de entregar-se à contemplação sem o auxílio e o comércio de seus semelhantes. O quinto argumento consiste em mostrar que a atividade teorética repousa sobre uma *economia do inútil*, na medida em que ela é buscada e amada por ela mesma. Neste sentido, ela não visa a nada, não produz nada que não esteja dentro do ato mesmo de contemplar. Inversamente, as atividades práticas – como aquelas do estadista e do guerreiro – aspiram a finalidades que as ultrapassam, porquanto elas não são exercidas por elas mesmas, mas se desenrolam em vista de uma *utilidade* maior. Chegamos, assim, ao sexto argumento, que é o da vida *escolástica* – do grego σχολη, que corresponde mais ou menos ao termo latino *otium* – e que consiste naquele tempo livre reservado não somente ao descanso, mas também ao aprofundamento do espírito, como a leitura, a ruminação de um texto lido, a serena reflexão sobre uma questão, um conceito, uma teoria etc. Enquanto a vida ativa – pondera Aristóteles – se apresenta como um *meio* para alcançar um fim, a felicidade que propicia a vida teorética tem a sua finalidade nela própria. Esta é razão pela qual – acentua o filósofo – a atividade das virtudes práticas se exerce na esfera da política e da guerra, de sorte que "ninguém escolhe fazer a guerra pela guerra nem prepara deliberadamente uma guerra"[34]. Se o faz, é em vista do *otium*, ou da tranquilidade e da paz que o *otium* acarreta. Todavia – e aqui chegamos ao sétimo argumento –, uma vida dedicada à atividade teorética é demasiadamente elevada para a condição humana, de modo que não é simplesmente como homens que poderemos experienciar esta felicidade, mas também como possuidores de um elemento divino que não somente habita em nós, mas também nos anima, nos encoraja, nos incita e, portanto, nos leva a superar, ou extrapolar, os limites da esfera humana. "Se, pois – pondera Aristóteles –, o intelecto é algo de divino em comparação com o homem, a vida segundo o intelecto é ela também divina comparada à vida humana"[35]. Donde a conclusão problemática e desconcertante que suscitou numerosas interpretações entre os estudiosos do Estagirita: "O homem deve, na medida do possível, imortalizar-se e fazer de tudo para viver de acordo com a parte mais nobre que nele existe"[36]. Finalmente, o oitavo argumento se apresenta como uma radicalização e, por assim dizer, um coroamento dos argumentos anteriores, na medida em que Aristóteles conclui asserindo e enfatizando que cada homem se identifica, ou melhor, cada homem é este mesmo elemento (o intelecto), que é "o principal e o melhor". Para ilustrar esta conclusão, o Estagirita faz a seguinte ponderação: "Seria, pois, um absurdo se o homem desse a preferência não à vida que lhe é própria, mas à vida de algo diferente dele"[37].

---

34. IBID., 1177b, 10.
35. IBID., 177b, 30.
36. IBID. Para uma tentativa de explicação desta controversa passagem no *corpus* aristotélico, veja a longa nota de rodapé, de Jules Tricot, em ARISTÓTELES, *Éthique à Nicomaque*, 513, n. 2.
37. IBID., 1178a, 3.

Chega-se, assim, à conclusão – esteada nas explicações que fornece Jules Tricot na sua tradução francesa da *Ética a Nicômaco* – de que a vida teorética é a verdadeira vida dos seres humanos. Com efeito, dado que todo ser se define pela sua quididade e, no caso dos humanos, a quididade é a alma – cuja função é a atividade segundo o νους –, segue-se que é neste gênero de vida que reside a essência do homem[38]. Esta elucidação, ou complementação, é corroborada pelo próprio Aristóteles, que declara, no Livro IX da mesma obra: cada um de nós é, de modo precípuo, aquela parte dominante, que é a razão (λογος)[39]. Um pouco antes de fazer esta afirmação, ele se havia explicitamente referido ao intelecto (νους) e observara que um homem é considerado temperante ou intemperante na medida em que o seu intelecto é capaz, ou incapaz, de exercer o domínio sobre si mesmo. Com isto quer o filósofo significar que cada um de nós é o seu próprio intelecto, de sorte que só lhe resta completar: "As ações que nos parecem mais propriamente nossas, nossas ações realmente voluntárias, são aquelas que se acompanham de razão"[40].

5. Reinterpretações, revalorações

Soa realmente estranha esta definição que, na *Ética a Nicômaco*, Aristóteles dá acerca do homem, ao defini-lo somente pela sua forma específica e por aquelas funções que lhe são peculiares: o intelecto e a razão. Sabe-se, no entanto, que, no primeiro livro da *Metafísica* (Livro A, cap. 3), o filósofo, ao falar das causas pelas quais se conhecem as realidades

---

38. Cf. IBID., 514, n. 2.
39. Cf. IBID., 1169a, 2.
40. IBID., 1169a, 1.

singulares, evoca aquelas quatro causas principais que, posteriormente, serão denominadas: causa formal, causa material, causa eficiente e causa final. A primeira diz respeito à substância formal, ou à quididade, que é a noção mesma da coisa, ou a sua razão de ser. A segunda é a matéria, ou o substrato a partir do qual uma coisa é feita, ou constituída. A terceira se refere ao movimento ou, mais exatamente, ao princípio de onde parte ou de onde se origina o movimento; no caso de uma estátua, por exemplo, o movimento provém do escultor. Finalmente, a quarta causa remete ao bem ou àquilo em vista de que uma coisa é feita, ou gerada[41]. Como se pode deduzir, estas quatro causas estão intimamente vinculadas umas às outras, e a quarta causa – a causa final – quase que se confunde com a primeira, porquanto a quididade, isto é, a substância ou essência da coisa é a configuração visível, ou a forma, que o sujeito tem no espírito e que pode, ou não, atualizar-se.

Se, na *Metafísica*, o filósofo já tornara explícitas as lacunas que marcaram a concepção dos pré-socráticos com relação à busca das causas do ser, no *De anima* ele se mostrará não menos direto ao censurar a unilateralidade do estudioso da natureza (φυσικος), do dialético (διαλεκτικος), ou do lógico. É que o primeiro considera somente a matéria (υλη), ao passo que o dialético não leva em conta senão a forma (ειδος), ou a noção (λογος). Ora, para Aristóteles, ambas as causas são imprescindíveis, pois, sendo a noção a forma da coisa, é necessário que ela se realize, ou se *atualize*, numa determinada matéria para que a substância – composto essencial de forma e matéria – verdadeiramente exista[42].

---

41. Aristóteles, *La métaphysique*, A, 983a, 25.
42. Id., *De l'âme*, 403b, 1-3.

No entanto, na *Ética a Nicômaco* – conforme pudemos constatar no oitavo argumento do Capítulo 7, Livro X – Aristóteles afirmara que a verdadeira vida do homem consiste na atividade teorética. Efetivamente, se – na concepção básica do filósofo – todo ser se define pela sua quididade, ou substância, aquilo que define o homem é a sua própria alma. Sendo, porém, a função precípua da alma aquela atividade que se desenrola segundo o intelecto (νους), segue-se que é neste gênero de vida que se deve colocar a essência humana. Esta é a razão pela qual o Estagirita chega àquele oitavo argumento fazendo a seguinte ponderação: pode-se mesmo pensar que cada homem se identifica com a sua parte racional, na medida em que ela é a parte fundamental de seu ser, e mesmo a sua mais nobre, mais excelente e, portanto, a sua melhor parte[43].

Outra problemática que, ao longo da tradição aristotélica, tem gerado as mais variadas, discordantes e mesmo opostas interpretações é a do "pensamento que se pensa". Com base nesta doutrina – que se encontra na *Metafísica*, Livro XII (Λ), Capítulo 9 – o filósofo extrapola a esfera do humano e desloca o pensamento para o seio mesmo da divindade. De resto, é o próprio Aristóteles quem reconhece, já desde o início deste Capítulo 9, as ingentes dificuldades e aporias que subjazem à doutrina da inteligência (νους) divina. Temos, pois, a seguinte alternativa: ou essa inteligência nada pensa, vivendo, por assim dizer, num estado de torpor e letargia, e desprovida, portanto, de toda dignidade e nobreza; ou ela pensa. Neste último caso, porém, surge uma dificuldade não menos ingente, pois, se o seu ato de pensar estivesse sob a dependência de um outro princípio, então ela não poderia ser a substância suprema, visto que sua dignidade

---

43. Cf. Aristóteles, *Éthique à Nicomaque*, 1178a, 2.

consiste, justamente, no pensar. Ademais, prossegue Aristóteles, supondo-se que a sua essência seja a Inteligência ou o ato de pensar, o que finalmente ela pensa? Ou ela se pensa a si mesma ou ela pensa uma outra coisa. Mas, se ela pensa uma outra coisa, deve-se então perguntar: trata-se sempre da mesma coisa, ou se trata ora de uma, ora de outra? Todavia, seria um absurdo supor que algo diferente dela, isto é, heterogêneo à própria Inteligência divina, constituísse o objeto de seu pensamento. Por conseguinte, ela só pode pensar aquilo que há de mais nobre e de mais divino, vale dizer, ela própria, ou a sua própria essência e substância (αυτος ο νους). De resto, sendo o Princípio imóvel e, portanto, perfeito, mudar de objeto equivaleria, segundo o filósofo, a mudar para o pior. Efetivamente, dado que o movimento é a realização daquilo que se encontra em potência, ele é, pela sua própria manifestação, inferior ao Motor imóvel[44]. Se, pois, a Inteligência divina não fosse ela própria o seu ato de pensar, mas consistisse numa simples potência, é lícito deduzir que a continuidade redundaria para ela numa árdua e fatigante tarefa. Consequentemente – repita-se –, haveria algo de mais digno e de mais nobre que a própria Inteligência, e este algo seria o objeto mesmo de seu pensamento. Ajunte-se a isto, completa o Estagirita, que o ato de pensar pertence também àquele que pensa o pior. Isto, porém, implica que, se o ato de pensar o pior deve ser evitado, o ato de pensar em geral – que inclui também o pior – não poderia ser o que existe de melhor, já que ele se reporta tanto a objetos bons quanto a objetos maus. Donde a conclusão do filósofo: "A Inteligência suprema se pensa, pois, a ela mesma, dado que ela é o que há de mais excelente, e o seu pensamento é Pensamento de Pensamento"[45]. E poderíamos acrescen-

---

44. ARISTÓTELES, *La métaphysique*, Λ, 1074b, 15-25.
45. IBID., 1074b, 35.

tar: e não pensamento de objetos externos, heterogêneos e, portanto, diferentes do Pensamento que se pensa.

Todavia, nunca será demasiado insistir sobre as desmedidas dificuldades que esta conclusão de Aristóteles encerra. Uma delas consiste em que toda inteligência implica necessariamente uma potência. Tomemos, por exemplo, a inteligência humana, que é a única que realmente nos interessa. Pelo fato mesmo de manifestar-se como uma faculdade de pensar, ela necessita, para atualizar-se, sofrer a influência de algo inteligível, assim como a sensação precisa de algo sensível para passar da potência ao ato ou, mais exatamente, à percepção. Ora, sendo Deus inteligência, o inteligível ao qual ele reenvia, e graças ao qual ele pensa, é superior ao próprio Deus. "Grave questão – pondera Émile Bréhier –, já que, como consequência, vemos renascer, acima do motor dos céus, todo o mundo inteligível de Platão, que o demiurgo contempla como um modelo acima dele."[46] Neste sentido, completa Bréhier, ficaria comprometida a eterna atualidade do motor dos céus, na medida em que ele poderia cessar de pensar.

Ajunte-se – a título de precisão – que um objeto inteligível é ambíguo na medida mesma em que ele é, a um só tempo, superior e inferior ao sujeito do conhecimento. Ele lhe é superior na medida em que ainda não lhe é conhecido, ou totalmente conhecido, porquanto ainda está sendo estudado, sondado, explorado e, destarte, está fugindo e resistindo à significação enquanto tal. Todavia, pelo fato mesmo de estar sendo estudado e, portanto, delimitado, precisado e *objetivado*, ele já é, de certa forma, conhecido, particularizado, positivado ou dominado.

---

46. BRÉHIER, ÉMILE, *Histoire de la philosophie*, 3 v. I. Antiquité et Moyen Âge, Paris, PUF, 1985, 197.

Mas, para voltarmos ao autor da *Metafísica*, a solução por ele encontrada consiste em que, sendo Deus o ser supremo – os escolásticos, na esteira de Agostinho de Hipona, o chamarão de *summum ens* e *summum bonum* –, segue-se que não existe outro inteligível fora dele e acima dele, senão ele próprio. Pois ele "se pensa a si mesmo", é "Pensamento de Pensamento". Não obstante isso, a questão continua a impor-se com mais força e mais veemência ainda. Trata-se agora de saber se haveria em Deus um movimento de autorreflexão ou uma dinâmica pela qual o sujeito, sendo cognoscente, faz-se ao mesmo tempo objeto de seu próprio pensamento. De resto, o próprio Aristóteles se dá conta dessa dificuldade ao evocar a possibilidade de se objetar: a ciência, a sensação, a opinião e o pensamento discursivo têm sempre, e necessariamente, um objeto diferente deles mesmos, de sorte que só se ocupam de si próprios de maneira acessória e acidental. Ademais, se o fato de pensar e o fato de ser pensado se manifestam sob duas modalidades diferentes, qual dessas duas modalidades teria a excelência do pensamento? Há, porém, certos casos – argumenta o filósofo – em que a ciência é o seu próprio objeto, como, por exemplo, as ciências poéticas, que analisam a substância ou a quididade do objeto, abstração feita da matéria. No tocante às ciências teoréticas, é a definição e o ato do pensamento que são os verdadeiros objetos da ciência. Ora – conclui Aristóteles de maneira hábil, mas problemática –, no que diz respeito aos objetos imateriais, não há diferença entre o que é pensado e o próprio ato de pensar. Consequentemente, "O Pensamento divino e o seu objeto serão idênticos, de modo que o pensamento será uno com o objeto do pensamento"[47].

---

47. ARISTÓTELES, *La métaphysique*, Λ, 1075a, 4.

Ora, conforme observei nesta mesma seção, o filósofo extrapola a esfera do humano e desloca o pensamento para o seio mesmo da divindade. Daí ser lícito interrogar-se: seria esta uma maneira de elucidar a questão da consciência – no sentido teórico e moral do termo – ou antes um meio de, literalmente, desbordá-la do domínio do humano e, assim, projetá-la sobre um suporte divino, deslocando-a para um além[48]? O próprio conceito de projeção em Freud é ambíguo e, portanto, suscetível de desencadear novas e mutuamente entrelaçadas interrogações. No dizer de Laplanche e Pontalis, "A sua concepção deixa em suspenso uma série de questões fundamentais para as quais não se encontraria, nele, uma resposta unívoca"[49]. Consequentemente, não se resolveria o problema se se tentasse simplesmente reduzir o hilemorfismo aristotélico a uma construção paranoica, nem tampouco se se tentasse fazer da teologia do Estagirita – como, de fato, se tentou ao longo da especulação escolástica, notadamente daquela de tendência tomista – o coroamento de sua física e metafísica. Este empreendimento consistiu em tentar harmonizar e reconciliar a física e a metafísica aristotélicas com a doutrina e a dogmática cristã[50]. Segundo Alfred Edward Taylor, a combinação do teísmo aristotélico com o teísmo do pensamento cristão medieval foi de fato realizada, mas isto só foi possível graças a expedientes lógicos que se teceram de maneira cavilosa e sutilmente requintada. Todavia, observa Taylor, mesmo em Tomás de Aquino não se pode

---

48. Para uma análise desta questão, veja SUBLON, ROLAND, *L'Éthique ou la question du sujet*, Strasbourg, Éditions du Portique, 2004, 76-78.
49. LAPLANCHE, JEAN; PONTALIS, JEAN-BAPTISTE, *Vocabulaire de la psychanalyse*, Paris, PUF, 1978, art.: Projection.
50. Sobre esta última questão, veja a longa nota de rodapé, de Jules Tricot, em ARISTÓTELES, *La métaphysique*, n. 2, 701-704.

deixar de verificar os veios e as reentrâncias que essa costura deixou como rastro. Melhor ainda: no próprio Aristóteles é visível a falta de coerência entre uma tendência antiplatônica que se desenvolveu no início e, no final, uma reversão ou um retorno àquelas mesmas posições platônicas que o filósofo tanto se comprazia em impugnar[51].

A propósito de uma interpretação religiosa e cristã que se introduziu no pensamento de Aristóteles, David Ross faz uma comparação entre o *De anima* e a *Metafísica*. Com relação ao *De anima*, ele se atém mais propriamente à problemática do intelecto ativo e do intelecto passivo, ou possível, que se encontra no Livro III, e que brevemente descrevi na seção 2 (O intelecto e a alma) deste mesmo capítulo. No tocante à *Metafísica*, o seu ponto de referência é o Livro XII (Λ), que ora analisamos. Consoante à visão de Ross, a representação de Deus no *De anima* como sendo imanente ao indivíduo não estaria necessariamente em contradição com a sua representação na *Metafísica* como um Deus transcendente. Em contrapartida, a concepção de Deus como sendo dotado de todo o nosso conhecimento – que estaria nele antes de estar em nós e que ele teria implantado em nossa mente – seria inconsistente com a descrição que dele faz Aristóteles no Livro XII, segundo a qual Deus conhece somente a si mesmo ou, conforme já vimos, ele é "Pensamento de pensamento". De resto, Ross aponta para a possibilidade de que estes dois livros exprimam, na verdade, modos divergentes de Aristóteles conceber a divindade. Logo em seguida, porém, ele se retrata e admite que esta suposição não é necessária. De resto – enfatiza o estudioso –, Aristóteles não menciona

---

51. Cf. TAYLOR, ALFRED EDWARD, *Aristotle*, London, T. C. & E. C. Jack, 1919, 69.

explicitamente Deus naquela passagem do *De anima* e, embora a pura e incessante atividade do intelecto nela apresentada seja, em alguns aspectos, semelhante àquela assinalada a Deus na *Metafísica*, o Estagirita provavelmente não identifica um com o outro. Assim, deduz Ross, é mais provável que o filósofo tivesse em mente uma hierarquia continuamente se estendendo das realidades mais inferiores – aquelas que estão completamente imersas na matéria – até o homem, os corpos celestes, os seres inteligíveis e, finalmente, Deus. Neste caso, o intelecto ativo se revela, no homem, como um dos mais elevados graus da hierarquia ontológica, tendo, no entanto, outras realidades acima dele antes de culminar em Deus. Ross conclui, pois, afirmando que esta é a interpretação do *De anima* para a qual também aponta a doutrina puramente deística da *Metafísica*[52]. Esta foi também, poderíamos ajuntar, uma das tendências que mais caracterizaram as tentativas da Escolástica de cunho aristotélico: colocar o Deus cristão como o fecho, o ápice ou a finalização última da física e da metafísica aristotélicas.

Resta, no entanto – enfatize-se uma vez mais –, que aqui assistimos a um deslocamento ou a uma extrapolação da dinâmica típica do intelecto humano para o intelecto divino. Certo, é "o Pensamento que se pensa", mas considerado a partir de sua transcendência máxima, vale dizer, de sua solidão, separação e autossuficiência extremas. Por conseguinte, retorna inevitavelmente a questão: haveria em Aristóteles uma consciência propriamente filosófica? Efetivamente, conforme avancei já no início deste capítulo, para o Estagirita a consciência das percepções sensíveis deve ser atribuída aos próprios sentidos, e não a um sentido especial que, por assim

---

52. Cf. Ross, David, *Aristotle*, London/New York, Routledge, 1995, 157.

dizer, reduplicaria os sentidos que percebem os objetos sensíveis. Em outros termos, não há em Aristóteles, propriamente falando, uma consciência teorética e moral no sentido de um retorno da alma sobre si mesma, de uma interiorização ou conversação da alma consigo própria, tal como ela já se achava em Platão e recorrerá, intensa e explicitamente, no neoplatonismo e no pensamento cristão de derivação neoplatônica. No autor do *De anima*, o meio privilegiado pelo qual temos consciência das nossas percepções são os próprios sentidos, e não um sentido especial que, ao modo de um movimento de autorreflexão ou de iluminação interior, nos dotaria de um conhecimento imediato, seguro e infalível. Assim, a concepção básica que o Estagirita tem de nossas faculdades cognitivas, todavia, não tem somente uma incidência direta sobre o plano estritamente epistemológico, como encerra também implicações na esfera da moral, na medida em que o sujeito distingue e julga o bem e o mal, o verdadeiro e o falso, o bom e o ruim, o belo e o feio, o prudente e o insensato. O sábio e o ignorante. De resto, tanto em Aristóteles quanto em Platão, e apesar da diferença fundamental que recorre entre os seus respectivos métodos do conhecimento, os termos que mais recorrem nas elaborações que tecem em torno da autorreflexão ou da autoconsciência moral são aqueles de sabedoria (σοφια) e prudência (φρονησις).

Neste sentido, Linda Hogan, autora de uma obra didática e desprovida de qualquer originalidade, vai tão longe a ponto de afirmar que a palavra *syneidesis*, na sua acepção moral, está curiosamente ausente dos escritos de Platão e de Aristóteles[53]. Não obstante, a partir das observações de Philippe Delhaye,

---

53. Cf. HOGAN, LINDA, *Confronting the Truth, Conscience in the Catholic Tradition*, New York/Mahwah, Paulist Press, 2000, 40.

a própria autora reconhece que em Platão existe uma menção do termo *syneidesis* no Livro I da *República*. Contudo, não se trata propriamente do vocábulo *syneidesis*, mas do verbo συνοιδα, empregado no caso dativo. Nesta passagem, é feita primeiramente referência àqueles homens que constatam as várias injustiças que perpetraram ao longo de sua existência e, como crianças, acordam no meio de seus sonhos repletos de medo, vivendo, assim, numa constante e terrível apreensão. "Quem, ao contrário – pondera o filósofo –, está consciente (συνειδοτι) de não haver cometido nenhuma injustiça, tem sempre uma doce esperança."[54] Ora, tanto o συνοιδα quanto o "conhece-te a ti mesmo" em Platão, tanto a sabedoria quanto a prudência e a ciência (επιστημη) em Platão e em Aristóteles, não podem ser pensados senão nas suas mútuas e intrínsecas relações. Os primeiros estão continuamente a remeter às últimas, e vice-versa, pois é através da *syneidesis*, da sabedoria, da prudência e da ciência que o cidadão reconhece, discerne e explora as virtudes e, portanto, aquilo que o torna apto a desempenhar, da melhor maneira possível, as funções que lhe são assinaladas na *polis*.

É, porém, na tradição platônica e, mais exatamente, no neoplatonismo e nos seus desdobramentos espirituais que se vê realmente surgir e sobressair o diálogo da alma consigo mesma, ou a introspecção do chamado "homem interior", pela qual se julga, avalia, delibera, conhece e interpreta. Por isso, convém mais uma vez lembrar que, ao longo da tradição ocidental, a consciência filosófica e a consciência moral sempre caminharam *pari passu*, ligadas essencialmente entre si, num movimento inextrincável, indissociável e inerentemente radical. Efetivamente, no plano teórico, o homem

---

54. PLATÃO, *República*, I, 331a.

julga conhecer-se imediata e aprioristicamente, ao passo que, no plano moral, ele julga valorar-se de maneira segura e infalível.

Sem embargo, conquanto eu tenha considerado até aqui este duplo caráter da consciência, a minha ênfase tem sido dada, e continuará sendo dada, na problemática da consciência moral propriamente dita. Efetivamente, embora, do ponto de vista formal, estas duas modalidades do conhecimento se distingam uma da outra, deve-se ter presente que todo conhecimento, todo saber e toda afirmação que deles deriva implica, direta ou indiretamente, explícita ou implicitamente, juízos de valor, tábuas de valor, criações e recriações a partir de um sujeito que interpreta, deseja e quer. Esta é a razão pela qual, no próximo capítulo, me deterei mais particularmente na análise dessa questão tal como ela foi desenvolvida pela filosofia helenística e, de modo especial, por aquelas duas correntes que, mais propriamente, a caracterizaram do ponto de vista moral: o estoicismo e o epicurismo.

Capítulo IV
A CONSCIÊNCIA MORAL NA FILOSOFIA HELENÍSTICA

Do ponto de vista historiográfico, o período helenístico se estende desde a morte de Alexandre Magno (323 a.C.) até a conquista romana do Mediterrâneo oriental, marcada convencionalmente pela vitória de Otávio Augusto sobre as forças de Marco Antônio e Cleópatra na batalha de Áccio, em 31 a.C. Filosoficamente, porém, seria mais apropriado situá-lo – juntamente com os três principais movimentos filosóficos que o caracterizam (o estoicismo, o epicurismo e o ceticismo) – entre os anos 311 e 87 a.C. Esses movimentos provêm da tradição platônico-aristotélica que, por sua vez, reenvia às filosofias dos pré-socráticos. Esquematicamente, portanto, poder-se-ia resumir a filosofia antiga em cinco períodos principais: (1) *Período pré-socrático*, que compreende: (a) os cosmologistas jônicos dos séculos VI e V e as suas tentativas de encontrarem um elemento, um princípio, uma *physis* ou um substrato material apto a explicar o processo de geração e corrupção do mundo fenomênico, (b) a escola eleática, na Magna Grécia, que indagava sobre o Ser a partir de um ponto de vista lógico, e não "fisiológico", como o faziam os jônicos. (2) *Período antropológico*, iniciado por Sócrates e pelos sofistas em meados do século V, cuja característica de base é, justamente, a questão do *anthropos* e tudo aquilo que lhe diz respeito: a moral, a educação, a teoria do conhecimento etc. (3) *Período ontológico*, marcado pelas filosofias de Platão e Aristóteles, cujas indagações precípuas giram em torno do Ser, do cosmos, da alma, do conhecimento, da ética, do governo e da constituição da pólis. (4) *Período helenístico*, que, conforme afirmei mais acima, abrange o estoicismo, o epicurismo e o ceticismo. (5) *Período religioso*, que inclui o medioplatonismo e o neoplatonismo.

Ora, convém antes de tudo ter presente que duas são as características principais das filosofias helenísticas: uma evidente diminuição do caráter propriamente especulativo do conhecimento e um acentuado deslocamento das indagações sobre o Ser para a esfera da moral e da religião. Esta tendência, de caráter nitidamente religioso, far-se-á relevar-se ainda mais no quinto e último período, denominado, a propósito, *período religioso*. Este período se estende do século I ao século VI da era cristã e é dominado, conforme já antecipei, pelo medioplatonismo e, principalmente, pelo neoplatonismo.

Note-se, contudo, que do neoplatonismo e, mais precisamente, de Plotino me ocuparei no capítulo VII, e isto após haver explorado, através de dois capítulos, a questão da consciência moral tal como ela se apresenta nas Escrituras. Mais especificamente, o capítulo V examinará a consciência moral no Antigo Testamento, ao passo que o capítulo VI dará ênfase aos desdobramentos, às modificações e revalorações desta problemática no Novo Testamento. No presente capítulo, as minhas análises se concentrarão em torno da consciência moral tal como ela foi desenvolvida pela filosofia helenística e, mais precisamente, pelo estoicismo e pelo epicurismo. Primeiramente, porém, convém descrever, nas suas linhas gerais, as principais descobertas e as ideias básicas que constituíram o movimento estoico.

1. Do estoicismo em geral

Três foram os principais domínios do saber que constituíram essencialmente o estoicismo: uma lógica, uma física e uma ética. Três também foram os períodos que marcaram o seu desenvolvimento: o *período antigo* (IV–III séculos a.C.) dos primeiros fundadores: Zenão de Cítio, Cleantes de Assos e Crisipo de Solos; o *período médio* (II–I séculos a.C.), cujos principais representantes são Panécio de Rodes e Posidônio de Apameia. Estes últimos conservaram a lógica e a física do estoicismo antigo, mas atenuaram os aspectos dogmáticos da ética e, em vários pontos, assumiram posições claramente ecléticas. Há, finalmente, o *terceiro período* (I–II séculos d.C.), também denominado neoestoicismo, cujas figuras mais expressivas são o imperador Marco Aurélio, Sêneca e Epicteto. Neste terceiro período, assistimos, de um lado, a uma máxima redução dos temas da lógica e da física e, do outro, a uma ênfase dada à ética ou a uma moral de fundo religioso.

No que tange aos três principais domínios que fundamentalmente caracterizam a filosofia estoica do primeiro período – a lógica, a física e a ética –, convém sublinhar que estas esferas do saber são, na concepção básica deste estoicismo primitivo, essencialmente vinculadas entre si. No que diz respeito à lógica especificamente, ela se divide numa dialética e numa retórica. A dialética se ocupa dos modos pelos quais se constitui o conhecimento, assim como das regras formais segundo as quais se desenvolve o raciocínio. Em outros termos, a dialética é a arte do bem raciocinar. Mas como nasce e se desenvolve o conhecimento para os estoicos? Esta pergunta reenvia a outra questão mais fundamental ainda, qual seja, a da concepção da alma e de seu substrato sensível. Efetivamente, para os estoicos, a alma era considerada uma *tabula rasa*, sendo ao mesmo tempo dotada de um impulso originário para receber, através dos órgãos dos sentidos, as afecções exteriores que passavam para a mente sob a forma de impressões materiais aptas a produzirem uma representação. Não é, pois, *a priori* o conhecimento de que dispomos sobre as realidades; é, porém, *a priori*, ou inata, a predisposição que nos torna capazes de conhecê-las, porquanto as percebemos, as sentimos, as tocamos ou, para dizê-lo numa palavra, as *experienciamos*.

No que concerne à capacidade de julgar, ou de valorar, é a parte racional da alma que, para os estoicos, discerne, avalia, interpreta e, por conseguinte, julga as diferentes representações. Todavia, ela dá o seu assentimento somente àquelas representações que se impõem de maneira clara, patente, cogente ou, em suma, inconfundível. Trata-se das representações cataléticas que, por serem compreensivas e manifestas, estão na base do processo cognitivo que tem um caráter universal. Mas como se dá a passagem de uma representação singular para a universalidade das intelecções? Este processo se desenrola através de uma imediata evidência: por exemplo, do branco sensível se passa para o branco enquanto cor. Ele se dá também por intermédio da inferência de coisas distintas, mas semelhantes; assim, da imagem de Sócrates se passa para Sócrates. Existem ainda a dinâmica da composição (do cavalo e do homem se passa para o centauro) e aquela da analogia, quando, a partir do homem, se fantasia ou se fabula a figura de um gigante.

Outro conceito fundamental na lógica dos estoicos e, mais precisamente, nos pensadores Crisipo, Antípatro e Apolodoro, é o de *prolepse*, do grego προληψις, que se relaciona com o verbo προλαμβανω, o qual, por sua vez, significa: pegar e levar adiante, captar de antemão, avançar, antecipar. Sendo, pois, uma ação de tomar a dianteira e antecipar a captura e a posse de algo, a prolepse passou a significar, tanto no estoicismo quanto no epicurismo, uma noção adquirida pelos sentidos a partir das impressões e experiências que se repetiram e que, portanto, se tornaram aptas a reproduzirem ou, literalmente, a *anteciparem* o conhecimento de outros objetos semelhantes. Na verdade, trata-se de um reconhecimento de objetos e realidades que, de uma maneira ou de outra, se relacionam com os dados de experiências anteriores que foram assimilados, elaborados e sintetizados. Segundo Diógenes Laércio, Crisipo vai tão longe a ponto de declarar que a sensação e a prolepse são os únicos critérios válidos do conhecimento. No que se refere especificamente à prolepse, ela se apresenta como uma noção geral, ou uma concepção universal, que foi trabalhada ou reelaborada pela mente a partir dos dons e dos meios que a natureza nos oferece[1].

Quanto à física, ela se constitui a partir de dois princípios básicos: um ativo, que é o *logos*, e outro passivo, representado pela matéria. O *logos* é, efetivamente, o conceito fundamental do estoicismo primitivo; é ele quem determina o nascimento, o desenvolvimento, a transformação, a ordem e o governo de todas as coisas. A rigor, não existem – tanto para o estoicismo quanto para o pensamento grego em geral – um nascimento e uma morte absoluta, mas antes uma contínua e sempre renovada transformação. O *logos* se apresenta, pois, como o princípio racional que comanda não somente o curso das coisas, mas também o comportamento dos

---

1. Cf. Diógenes Laércio, *Lives of Eminent Philosophers*, Cambridge, Harvard University Press, 1958, 2 v., II, Book VII, Chapter 1, 54.

seres humanos nas suas relações intra e intersubjetivas. Ele se manifesta, ademais, sob uma dupla modalidade: é fogo ou pneuma, isto é, princípio natural vivificante do mundo, porquanto a vida é ligada ao calor; mas ele é também a forma das coisas, a partir da qual elas se tornam cognoscíveis, na medida em que são racionais ou, literalmente, *animadas* pela razão. Desta concepção de base redundam várias consequências que se entrelaçam nos seus desdobramentos e nas suas relações, mútuas, essenciais.

Primeiramente, sendo o mundo constituído e regido pelo fogo-*logos*, ele passa ciclicamente por conflagrações que o purificam e o regeneram, tornando-o sempre idêntico a si mesmo. De resto, o cosmos é assimilável a um grande organismo vivo, cujas partes são todas solidárias entre si. Esta é a razão pela qual seria inapropriado falar de "ser vivo" no universo estoico, pois tudo o que nele se encontra é, *ipso facto*, vivo. Neste sentido, Zenão de Cítio, numa citação transmitida por Cícero, teria declarado: "Não pode existir uma parte de um ser privado de sensibilidade e que seja, ela própria, dotada de sensibilidade; mas as partes do mundo têm sensibilidade, logo, o mundo não é privado de sensibilidade"[2]. Ele é, portanto, sensível; e não somente sensível, mas também racional. Ainda segundo Zenão: "Aquilo que é dotado de razão é superior ao que não o é; mas nada é superior ao mundo, logo, o mundo é dotado de razão"[3]. Ao comentar esta passagem do fundador do estoicismo, Cícero ajunta que, com a ajuda deste mesmo método, pode-se demonstrar que o mundo é inteligente, bem-aventurado, eterno e, por conseguinte, superior a tudo aquilo que é privado destes atributos.

---

2. Cícero, *La natura divina*, Milano, BUR, 2000, Libro Secondo, 22.
3. Ibid., Libro Secondo, 21.

Consequentemente, nada sendo superior ao mundo, deve-se *a fortiori* admitir que o mundo é deus, ou divino[4].

Mas, se o próprio mundo é racional, tudo o que nele existe é igualmente racional ou, para dizê-lo de outro modo, tudo o que nele se desenrola é rígida e inelutavelmente determinado, ou predeterminado, pela razão. Consequentemente, o *logos* se apresenta como um princípio divino que tudo ordena, tudo governa e a tudo provê. Esta é uma das razões pelas quais o estoicismo, ao contrário do epicurismo, encontrou tanta acolhida entre os pensadores cristãos, embora, em virtude desta mesma apropriação, ele devesse passar por não poucas transformações e adaptações. Dentre as várias doutrinas que caracterizaram o estoicismo, foi efetivamente a da providência e a da *apathia* (απαθεια) que o cristianismo – antigo e medieval – mais privilegiou e incorporou no seu pensamento e, particularmente, na sua moral. Ora, no que concerne mais especificamente à providência, deve-se relevar o seguinte: em contraste com os deuses do epicurismo – que viviam num estado de bem-aventurança e de indiferença com relação ao sofrimento e às vicissitudes humanas –, os deuses do estoicismo regiam infatigável e escrupulosamente todos os fenômenos da natureza e todas as ações que se desenrolavam entre os humanos[5]. Donde a importância das *razões*

---

4. Cf. IBID.
5. Daí se poder melhor entender a reação do apologeta cristão Lactâncio (c. 260–c. 325), que, ao voltar-se contra a doutrina do seu suposto mestre, Arnóbio, escreveu um livreto intitulado *De ira Dei*. Segundo Lactâncio, um Deus que não se encolerizasse não se deixaria também temer, e um Deus que não fosse temido não seria tampouco adorado. Sem a ira de Deus, a consciência se tornaria impotente, a religião sucumbiria e o mundo político-social se desintegraria, porquanto a ira de Deus é uma necessidade para a manutenção da ordem e do equilíbrio político. Cf. LACTÂNCIO, *Se Dio può adirarsi*, Siena, Cantagalli, 1929, cap. 8.

seminais, que são as partículas da razão divina a partir das quais todos os seres se desenvolvem na obediência a uma finalidade e às suas determinações fundamentais. Com efeito, assim como toda planta é produzida por uma semente, assim também todas as coisas, inclusive todos os animais e todo ser humano, tiram a sua origem, o seu crescimento e o seu *comportamento* das partículas da razão divina. Deus é, nesta perspectiva, a inteligência (νους) que tudo gera, tudo determina e tudo governa. De acordo com Diógenes Laércio, Zenão, Crisipo e Arquedemo teriam discorrido sobre essa doutrina nos seguintes termos:

> Deus é uno, é inteligência, destino e Zeus; ele é também chamado por muitos outros nomes. No princípio, quando estava consigo mesmo, transformava toda substância em ar e depois em água e, como na geração animal está contida a semente germinal, assim também deus, que é a razão seminal do cosmos, se mantém como é na substância úmida. Agindo como convém sobre a matéria, ele a determina a prosseguir a obra da geração[6].

Noutro fragmento, transmitido por um desconhecido doxógrafo dos séculos I–II d.C., denominado Aécio, lemos igualmente:

> Para os estoicos, deus é um ser inteligente, é fogo artífice que, com empenho, opera gradual e metodicamente a geração do mundo, e isso graças ao fato de que contém todas as razões seminais, segundo as quais todo acontecimento se realiza em conformidade com o seu destino[7].

---

6. Radice, Roberto (Ed.), *Stoici antichi. Tutti i frammenti*, Milano, Bompiani, 2002, [B.f] 580, 634-636.

7. Ibid., [B.f] 1027, 889.

Quais são, portanto, as consequências morais que decorrem destas considerações, as quais nos permitem melhor compreender a atitude do sábio em relação ao mundo, às relações interpessoais e ao conhecimento de si próprio? Ligadas a estas questões, convém também perguntar: em que consistem a noção de remorso e a questão da *syneidesis*?

a) A imperturbabilidade do sábio

Em primeiro lugar, sendo o homem essencialmente dotado de razão e inteligência, ele deverá tudo fazer para explicitar, incrementar e desenvolver a ciência, que é racional. Racional e necessária. Inversamente, ele deverá fugir a tudo aquilo que lhe traria dano ou ocasião para negligenciá-la, como a ignorância, a ociosidade e a leviandade. Nesta perspectiva, o sábio é aquele que sempre age em conformidade com o *logos* e, por conseguinte, ele será sempre infalível e irrepreensível em suas ações. Mas, para fazê-lo, ele deverá voltar-se para si mesmo, porquanto é somente através de um movimento de introspecção – semelhante ao "conhece-te a ti mesmo" socrático – que ele poderá interrogar a própria alma, a própria mente e – poder-se-ia ajuntar – o próprio desejo. Só então será ele capaz de sondar e explorar as paixões que, literalmente, o *animam*. Na verdade, trata-se de dois movimentos que, simultaneamente, se exprimem sob a modalidade de um interiorizar-se e de um conhecer-se. Mas, uma vez alcançada a tranquilidade da alma – através da medida e do equilíbrio –, o sábio estará em paz consigo mesmo, de sorte que, sem relaxar a vigilância, ele não se deixará abalar por nada que lhe sobrevenha de improviso, de imprevisto ou de desconhecido. Todavia, quanto mais excelência possua a alma – dirá Cícero nas *Discussões Tusculanas* – tanto maiores serão o cuidado e a cura que ela requererá. Por conseguinte, é para o espírito que a atenção do sábio deverá voltar-se de maneira privilegiada. Efetivamente, "No tocante ao espírito, a eficácia do remédio é ainda mais relevante do que *vis-à-vis* ao corpo, pois, ao passo que, para este último, se recorre a remédios externos, a saúde do espírito se encontra dentro do próprio espírito"[8]. Ainda segundo Cícero, na proporção mesma em que se souber exercer a razão, saber-se-á igualmente distinguir o melhor remédio para a alma, mas, se se negligenciar o cultivo da razão, ficar-se-á enredado em inúmeros erros e, consequentemente, em uma contínua e torturante inquietação[9].

b) Do arrependimento ou do remorso

Isto nos remete quase que automaticamente à problemática do arrependimento, ou do remorso (μεταμελεια), tal como a analisou o estoico Crisipo de Solos. Na verdade, o vocábulo μεταμελεια quer literalmente significar mudança de opinião, mudança de parecer e, também, arrependimento, remorso. Efetivamente, para Crisipo, aquele que é dotado de bom senso realiza bem todas as coisas, porquanto ele sabe tirar proveito das experiências da vida com sabedoria, perspicácia, harmonia e equilíbrio moral. O estulto, no entanto, em virtude mesmo de sua insegurança, leviandade e volubilidade, é malsucedido em tudo o que empreende ou tenta empreender. Por conseguinte, ele facilmente se arrepende, se autocensura e se dilacera pelas ações mal realizadas ou nunca *totalmente* realizadas. Nesta perspectiva, o remorso (μεταμελεια) é a dor que se segue ao cumprimento de uma ação que alguém considera ou, mais exatamente, representa

---

8. Cícero, *Tuscolane*, Milano, BUR, 2014, XXVII, 58.
9. Cf. ibid.

como tendo sido errada, insuficiente ou frustrada; por isso o arrependimento acarreta sofrimento, perturbação e angústia na alma daquele que o experiencia. Contudo, pouco importa que a ação tenha sido, de fato, bem ou mal realizada; o que verdadeiramente conta é que o sujeito a considere, a represente ou a experimente como não tendo sido efetivamente levada a termo. Esta é a razão pela qual – enfatiza Crisipo – aquele que se acha afligido pelo remorso alimenta raiva contra si mesmo, como se ele realmente fosse o responsável por aquilo que ocorreu, ou deixou de ocorrer[10]. Assim, com a noção de remorso, poderemos melhor entender o conceito de *syneidesis* (συνειδησις) que, no entanto, subsume essa mesma noção.

c) O termo "syneidesis" e suas ambiguidades

Efetivamente, conforme avancei no início do capítulo I desta obra, é em Demócrito (460–370) que, provavelmente pela primeira vez, se encontra o termo συνειδησις, mas sob a forma verbal. Note-se, contudo, que o pensamento de Demócrito revela mais afinidades com a filosofia de Epicuro do que com aquela dos estoicos. Não obstante isto, num fragmento transmitido por João Estobeu, lemos as supostas declarações de Demócrito, segundo as quais

Certos homens ignoram que a natureza mortal é sujeita à corrupção, mas são conscientes (συνειδησει) do mal cometido nas suas próprias vidas. Por isso, durante todo o curso de sua vida, eles vivem sofrendo entre a agitação e o temor

---

10. Cf. Radice, Roberto (Ed.), op. cit., [C.e] 563, 1267.

fantasiando cenários inexistentes acerca do tempo depois da morte[11].

Com relação a Crisipo, e de acordo com as informações de Diógenes Laércio, a *syneidesis* aparece de maneira explícita no contexto das considerações que ele tece em torno do conceito de instinto. Assim, teria dito o estoico:

> O primeiro impulso de um animal, dizem os estoicos, é o da autoconservação, porquanto a natureza o dotou desta capacidade desde o início, conforme afirma Crisipo no primeiro livro de sua obra: *Sobre os fins*. Segundo suas palavras, "é conatural, em todo animal, a própria estrutura física e a consciência (συνειδησις) que a acompanha"[12].

Note-se, contudo, que a consciência tal como ela aparece na concepção de Crisipo é característica não somente dos seres humanos em particular, mas de todos os animais em geral. Neste caso, ela significa não a consciência moral propriamente dita, na acepção clássica desta expressão, mas, antes, a percepção ou a capacidade sensorial que possui todo animal de distinguir os diferentes objetos – benéficos ou ameaçadores – e de distinguir-se de outros indivíduos. Isto se torna ainda mais intrigante quando se pensa na importância do papel que, segundo a tradição moral ocidental – principalmente a moral cristã –, teriam representado os estoicos na invenção do termo *syneidesis* e na utilização deste conceito. É bem verdade que, no estoicismo do terceiro período, constata-se uma menção explícita desta palavra, sob a forma verbal, que teria

---

11. Reale, Giovanni (Ed.), op. cit., frag. 297, 1438.
12. Diógenes Laércio, op. cit., II, Book VII, 193.

feito Epicteto (c. 50–c. 125) ao referir-se ao comportamento do adulto. Assim, teria declarado o pensador frígio:

> Quando éramos crianças, nossos pais nos confiaram a amas-secas, que nos vigiavam em toda parte, para que nenhum acidente nos sobreviesse. Mas, quando nos tornamos adultos, Deus nos confiou à consciência (συνειδησει), que está implantada em nós, para nos proteger. Portanto, não desprezemos de modo algum a sua proteção, do contrário, estaríamos desagradando a Deus e tendo a nossa própria consciência (συνειδοτι) como inimiga[13].

Ora, segundo Claude Anthony Pierce, não somente esta passagem foi erroneamente atribuída a Epicteto, mas também, e de maneira assaz curiosa, não se encontra, entre os principais pensadores do estoicismo, nenhuma menção da palavra *syneidesis* no sentido moral do termo[14]. Consequentemente, a *syneidesis*, na acepção em que a empregara Crisipo, não se vincula à natureza da *conscientia*, isto é, da *consciência moral* tal como a conceberá, por exemplo, o estoicismo romano e, mais particularmente, o pensador e escritor Lúcio Aneu Sêneca (c. 4 a.C.–65 d.C.).

2. Ainda o estoicismo: Sêneca e a *conscientia* moral

É digna de nota a precedência que tivera Sêneca, embora a partir de outra perspectiva, sobre aqueles dois pensadores dos séculos XI–XII – Anselmo de Aosta (1033–1109) e Pedro

---

13. PIERCE, CLAUDE ANTHONY, *Conscience in the New Testament*, London, SCM Press, 1955, 51.
14. Cf. IBID., 13.

Abelardo (1079-1142) – no que diz respeito aos conceitos de *retidão da vontade* e de *intencionalidade*. Certo, estas duas características essenciais do ato moral já se encontravam também, segundo Max Pohlenz, no estoicismo primitivo, ou na *Stoa*, sob a forma de χαρις, que é o ato livre de amor pelo qual se estabelece, entre o benfeitor e o beneficiado, uma íntima ligação de afeto[15]. Ainda conforme Pohlenz, Sêneca, no seu *De beneficiis* e inspirado numa obra de Hecato de Rodes, teria transportado para o estoicismo romano essa ideia genuinamente grega. Efetivamente, ele não fala somente da magnanimidade do ato de beneficiar alguém, o que seria natural para a concepção romana do benefício, mas também da *retidão* que deve caracterizar o modo como o beneficiado deve acolher a sua dádiva. Melhor ainda: quer se trate de um ato exterior, quer se trate de sua recompensa, as suas respectivas atitudes não são senão a matéria apta a revelar o espírito do benfeitor e do beneficiado, mesmo se eventualmente o ato não chegue a consumar-se. Consequentemente, quem presta um serviço a outrem por ambição, veleidade ou simplesmente por acaso não é um benfeitor. Em contrapartida, também o beneficiado deve dar provas concretas de sua gratidão. Todavia – e este é o ponto capital de seu reconhecimento –, mesmo não estando em condições de fazê-lo, basta a *boa intenção* para que se verifique o seu estado de ânimo. Com efeito, conclui Sêneca: "Quem recebe um benefício com uma grata letícia já o retribuiu a contento"[16]. Destarte, na perspectiva do autor do *De beneficiis*, a boa ação difere totalmente de um negócio, porquanto, tanto da parte do beneficiador quanto daquele que a acolhe, a importância da dádiva reside não no seu valor

---

15. Cf. POHLENZ, MAX, *La Stoa. Storia di un movimento spirituale*, Milano, Bompiani, 2005, 659.
16. IBID.

intrínseco, mas na *reta intenção* com a qual ambos realizam o ato de conceder e de receber. Isto se aplica também, na visão de Sêneca, aos próprios sacrifícios apresentados aos deuses. Assim, é mais agradável aos deuses uma pequena oferta elevada com devoção que as faustosas hecatombes imoladas por um ímpio[17].

Nas relações intersubjetivas, deve também predominar a *reta intenção*. Uma mulher, por exemplo, que permanecer fiel ao seu consorte somente por medo de uma possível punição não será considerada casta. Em contrapartida, quem não tem a intenção ou a consciência de causar dano não deverá ser passível de pena. Todavia, se aquele que tentar envenenar um outro usar por engano um meio ineficaz, é, não obstante isto, um envenenador. Nesta perspectiva, não é necessário que os delitos *intencionados* sejam efetivamente materializados, pois eles já foram realizados na mente daqueles que os planejaram, mesmo antes de sua execução material. É que, para Sêneca, a moralidade de um ato não depende apenas de sua legalidade exterior, mas também do desejo de levá-lo a termo, mesmo que este desejo permaneça apenas como virtual, ou potencial. Com isto quer Sêneca significar que o ato moral reside, em última instância, nos meandros mais esconsos do espírito humano[18].

Isto nos transporta, quase que automaticamente, para aquelas análises que Freud desenvolverá no *Mal-estar da civilização* e, mais precisamente, no capítulo VII, em que ele trata do sentimento de culpa e, consequentemente, das ambiguidades que este sentimento manifesta. Com efeito, pondera Freud, se se perguntar a alguém como ele chegou a

---

17. Cf. IBID.
18. Cf. IBID., 660. Veja também: SÊNECA, LÚCIO ANEU, *Lettere a Lucilio*, Milano, BUR, 2004, 2 v., Lettera 95, 5, 40 ss.; Lettera 118, 9-11.

experimentar um sentimento de culpa, a explicação que normalmente se ouvirá dificilmente poderá ser refutada. A pessoa responderá que tem consciência de ser culpada de algo que cometera e que, presentemente, considera esse ato como sendo digno de censura ou de condenação. Em termos religiosos, tratar-se-ia da consciência de haver cometido um pecado. Todavia, objeta o inventor da psicanálise, essa tentativa de explicação não se revela plenamente satisfatória, porquanto, após alguma hesitação, poder-se-ia deduzir: mesmo aquele que não praticou o mal, mas que reconhece ter tido a intenção de fazê-lo, pode igualmente considerar-se como culpado. Não esqueçamos, de resto, que em ambos os casos subjaz um saber inconsciente, no sentido em que o sujeito sabe, embora não saiba que sabe. Donde a sua angústia, a angústia que acompanha todo desejo, ou que se exprime em todo desejo como um dos polos de um conflito ou de uma tensão elementar e primordial entre a destruição e a construção, a morte e a vida. *Mutatis mutandis*, a intenção de cometer o ato e a sua execução se equivalem. Daí a conclusão enfática a que chegara Freud: "Os dois casos pressupõem que já se condenou o mal e que se julgou que a sua realização devia ser excluída"[19]. Como se pode constatar, em Freud também, o que antes de tudo importa considerar não é o ato enquanto tal, mas a maneira pela qual o sujeito representa e julga esse ato a partir de seu desejo, juntamente com a angústia que o acompanha. É, pois, surpreendente a intuição que tiveram tanto Sêneca quanto Freud ao equipararem a intenção de cometer um ato reprovável e a sua execução ou realização pelo sujeito que o planejara. Mas estas semelhanças se verificam não somente

---

19. FREUD, SIGMUND, Das Unbehagen in der Kultur, in: op. cit., 18 v., XIV, 483.

entre Sêneca e o inventor da psicanálise, mas também entre Sêneca e João Crisóstomo, que viveu no século IV.

3. Sêneca, João Crisóstomo e a "má intenção"

Com efeito, não menos surpreendente é descobrir que João Crisóstomo – Padre da Igreja que viveu entre c. 345 e 407 – desenvolveu uma intuição semelhante àquelas de Sêneca e de Freud. Nas análises que tece em torno do iminente sacrifício de Isaac feito pelo seu pai, Abraão, e do plano que urdiram os irmãos de José para tirar-lhe a vida, João Crisóstomo também acentua a equivalência entre a intenção e o ato ou, mais exatamente, entre o pensamento de cometer o ato e a sua consumação. Assim, na obra *Sobre a providência de Deus*, capítulo X, parágrafo 12, ele pinta através de cores vívidas a imolação de Isaac efetuada por Abraão, que não hesitou um só instante ao ouvir a ordem de Iahweh: "Toma teu filho, teu único, que amas, Isaac, e vai à terra de Moriá, e lá o oferecerás em holocausto sobre a montanha que te indicarei" (Gn 22,2). O patriarca, acrescenta João Crisóstomo, obedeceu pronta e cegamente à voz desse comando, pois cedo ele se levantou e, diligentemente, se encaminhou para o lugar do sacrifício. Em lá chegando, ensanguentou a sua própria mão, manchou de sangue a sua espada e cravou a faca na garganta do párvulo inerme. É, pois, neste ponto, que o teólogo conclui: "Se ele não fez isso de fato, pelo menos no pensamento (τη γνωμη) consumou tudo isso"[20].

---

20. Crisóstomo, João, *Sur la providence de Dieu*, Paris, CERF, 1961, 159. Note-se, contudo, que o autor não emprega o termo "intenção", que seria mais propriamente a βουλη, ou seja, a vontade, a determinação, a deliberação, o desígnio, o plano etc. Ele se serve, antes, do termo γνωμη, que

Um pouco mais abaixo, no parágrafo 18, o autor torna a enfatizar a equivalência que existe entre a intenção e a realização de um ato criminoso. Nesta perspectiva, ele insiste sobre o fato de que, ao obedecer à ordem de Iahweh, Abraão mantinha inabalável a vontade de sacrificar o seu filho, de modo que foi necessário dirigir-lhe duas vezes a mesma interpelação para que o patriarca reprimisse e retivesse o seu gesto homicida. Efetivamente, diz o relato de Gênesis: "Mas o anjo de Iahweh o chamou do céu e disse: 'Abraão! Abraão!'" (Gn 22,11). Ora, observa João Crisóstomo, somente depois de ter a voz do anjo duas vezes exclamado o nome de Abraão, pôde finalmente o patriarca desviar a atenção do plano que o ocupara desde que recebera a ordem de imolar seu filho único, Isaac. Neste ponto, o autor volta, mais uma vez, a acentuar o que já afirmara no parágrafo 12 do mesmo capítulo X: "Vês como ele consumou tudo isso no seu pensamento (τη γνωμη)"[21].

Idêntica sorte padeceu José ao ser vendido por seus irmãos aos mercadores ismaelitas, que o levaram como escravo para o Egito. Mas – torna a insistir João Crisóstomo – eles o mataram de fato, pois tinham a intenção de fazê-lo e, para isto, urdiram o plano de executá-lo quando, ainda à distância, viram-no caminhar em sua direção. Com efeito, é isto também que mostram as Escrituras ao narrarem o diálogo que entabularam entre si os irmãos de José: "Eles o viram de longe e, antes que chegasse perto, tramaram sua morte. Disseram entre si: 'Eis que chega o tal sonhador! Vinde, matemo-lo, joguemo-lo numa cisterna qualquer; diremos que

---

significa: a faculdade de conhecer e julgar, o intelecto, a inteligência, o pensamento, e também: a resolução, o desígnio, o projeto, o conhecimento de uma coisa.

21. Ibid., 163.

um animal feroz o devorou'" (Gn 37,18-20). Esta é a razão pela qual João Crisóstomo novamente conclui – desta vez no parágrafo 23 do mesmo capítulo X – que entre a premeditação do ato e o ato consumado não existe nenhuma diferença. Porquanto, pondera o teólogo, "Os irmãos de José se aprestavam para fazê-lo desaparecer. E, de fato, o fizeram morrer, pois, pelo menos intencionalmente, ensanguentaram suas mãos e, deste modo, realizaram o fratricídio"[22].

Se agora retornamos a Sêneca, veremos, mais uma vez, com que fineza de análise o estoico romano sondou a consciência moral e, mais precisamente, o conflito que reina no interior dos indivíduos entre, de um lado, a consciência do mal realizado e, do outro, o sentimento de que se deve fazer o bem. É que – observa o autor das *Cartas a Lucílio* – os homens usualmente tentam dissimular as suas ações desonestas e, ao fazê-lo, se esforçam simultaneamente por retirar delas o máximo possível de vantagens. No entanto, no que concerne a uma boa consciência, ela se faz voluntariamente avante e se oferece aos olhares daqueles que velada ou abertamente a espreitam, enquanto o vício receia até as mais espessas trevas. De nada vale, porém, tentar esquivar-se aos olhares alheios, porquanto a sentinela que encerra o homem no seu interior não cessa, um só instante, de manter-se alerta e vigilante. Não obstante isto, na *Carta 97*, o pensador admoesta o seu destinatário com as seguintes palavras: "Saiba, todavia, que até nas mais depravadas almas existe um fundo de bons sentimentos: essas almas não ignoram o que é mau, mesmo se nada fazem para combatê-lo"[23]. É também

---

22. Ibid., 165.
23. Sêneca, Lúcio Aneu, op. cit., Lettera 97, 12. Na Terceira Seção da *Fundamentação da metafísica dos costumes*, Kant dirá: "O uso prático da razão comum humana confirma a exatidão desta dedução. Não há nin-

neste ponto que ele admite estar de acordo com Epicuro, quando este declara: "O malvado pode conseguir esconder-se, mas nunca terá a certeza de permanecer escondido"[24]. A esta observação, Sêneca ajunta que, mesmo estando bem protegido, o malvado jamais poderá sentir-se seguro, porquanto "A principal e mais grave punição para quem cometeu uma culpa consiste em sentir-se culpado"[25]. Melhor ainda: este suplício é seguido e acossado por outro que se revela ainda mais terrível e premente: o de viver numa contínua ameaça, num iminente perigo e, portanto, no desespero de jamais poder encontrar, ou reencontrar, a serenidade almejada. Por isto, Sêneca realça o fato de não se achar de acordo com Epicuro quando este adverte que nada em si é honesto e que, por conseguinte, deve-se evitar a desonestidade somente com o intuito de escapar às apreensões que dela podem derivar. Todavia – conclui o estoico –, Epicuro tem razão ao asseverar que

---

guém, nem mesmo o pior facínora, desde que esteja habituado a fazer uso da razão, quando se lhe apresentam exemplos de honestidade nas intenções, de constância no observar as boas máximas, de participação e de benevolência em geral (vinculadas, ademais, a grandes sacrifícios de vantagens e de comodidade) que não deseje poder ter a mesma mentalidade e disposição. Todavia, não poderá levar isso a cabo, somente por causa de suas inclinações e de seus impulsos, embora ao mesmo tempo deseje libertar-se de tais inclinações, para ele próprio onerosas". KANT, IMMANUEL, *Grundlegung zur Metaphysik der Sitten*, Frankfurt am Main, Suhrkamp, 1974, 90-91. Esta mesma questão já fora intuída e analisada pelo apóstolo Paulo quando, na Carta aos Romanos, ele discorre sobre as relações que existem entre a Lei e o pecado, que ele considera como sendo a transgressão da Lei. Assim, diz o apóstolo: "Realmente, não consigo entender o que faço; pois não pratico o que quero, mas faço o que detesto. Ora, se faço o que não quero, eu reconheço que a Lei é boa. Na realidade, não sou mais eu que pratico a ação, mas o pecado que habita em mim" (Rm 7,15-17).

24. SÊNECA, LÚCIO ANEU, op. cit., Lettera 97, 13.
25. IBID., 14.

as ações malvadas encontram sua punição numa consciência oprimida e atormentada por um incessante remorso e pelo sentimento de não poder reconquistar a serenidade perdida[26]. E acrescenta: "O culpado, mesmo se achando escondido, jamais poderá ter a certeza de permanecer escondido, porque a sua consciência o acusa e o desvela a si mesmo: o culpado vive numa contínua trepidação"[27].

4. Sêneca, Freud e o sentimento de culpa

A partir dessas considerações, não podemos, mais uma vez, impedir-nos de fazer um cotejo entre as intuições de Sêneca e aquelas que Freud desenvolverá, no *Mal-estar da civilização*, a respeito da formação do sentimento de culpa. Experimenta-se o sentimento de culpa – conforme avançamos mais acima – independentemente do fato de se ter ou não consumado o mal planejado. É que, justamente, a intenção e a execução daquilo que se *deseja* realizar se equivalem. Esta é a razão pela qual todo desejo é acompanhado de angústia, porquanto, *inconscientemente*, o sujeito já levou a cabo o mal que *gostaria* de ver materializado. Contudo, o mais importante neste julgamento não consiste em saber se determinadas ações são boas e outras más, ou se determinados atos devem ser praticados e outros, pelo contrário, devem ser evitados. O que sobretudo importa salientar é a representação que o sujeito deles se faz e, consequentemente, o fato de ele *sentir-se*, ou *considerar-se*, culpado. Em outros termos, ele próprio se faz juiz e algoz de si mesmo. Neste sentido, apostar numa suposta objetividade

---

26. Cf. IBID., 15-16.
27. IBID., 16.

das ações seria entregar-se a uma tarefa que, desde o início, estaria fadada ao mais completo fracasso.

Com efeito, Freud explicitamente recusa acreditar na existência de um princípio segundo o qual haveria no homem uma faculdade original, natural e *a priori* apta a distinguir entre o bem e o mal. O que a experiência frequentemente nos ensina – ajunta o inventor da psicanálise – é que o mal não consiste no que é nocivo ou prejudicial ao sujeito, mas, antes, naquilo que é desejável e, portanto, no grau de prazer, ou de gozo, que dele pode ser retirado, mas que *pode também faltar*. No entanto, o homem não é capaz de orientar-se sozinho nesta discriminação. Ele necessita de uma influência heterogênea e, mais do que isto, de uma razão capaz de lhe mostrar que ele deve submeter-se a esta influência. Donde a sua dependência de outrem e, consequentemente, a sua angústia diante da possibilidade de vir a perder o amor de que ele depende. Isto redundaria igualmente na perda de sua proteção contra toda espécie de perigo, dos quais o principal resultaria em que o seu gênio tutelar pudesse manifestar-lhe a sua superioridade não somente sob a forma de custódia, mas também, e sobretudo, de ameaça e punição. Assim, o mal se revelaria como aquilo pelo qual o sujeito *se vê ameaçado* de ser privado de amor, de sorte que é pelo medo de incorrer nesta privação que ele é conduzido a não praticar o mal. Donde a conclusão de Freud: "Importa muito pouco se já se tenha cometido o mal ou se se tenha somente querido fazê-lo. Em ambos os casos, o perigo só aparece quando a autoridade o descobre, e nos dois casos ela se comportaria de modo semelhante"[28].

Chama-se a este estado – elucida o inventor da psicanálise – de "má consciência" (*schlechtes Gewissen*). Mas, segundo

---

28. Freud, Sigmund, *GW*. *Das Unbehagen in der Kultur*, XIV, 484.

ele, esta denominação é imprópria, na medida em que, neste estado, o sentimento de culpa se manifesta somente como angústia diante da possibilidade de se perder o amor; Freud a designa também pela expressão "angústia social". Note-se, contudo, que este tipo de angústia sobrevém não somente às crianças, mas também aos adultos. A diferença com relação a estes consiste em que a grande sociedade humana faz as vezes do pai, ou da instância parental, *representada* pelo pai e pela mãe. Efetivamente, de modo geral, os adultos só se permitem cometer o mal, suscetível de lhes acarretar prazer, se estiverem seguros de que a autoridade nada saberá, ou nada poderá fazer para infligir-lhes castigo ou punição. A sua angústia é causada, portanto, não pela prática do mal enquanto tal, mas somente pelo receio de serem descobertos como sendo os autores daquele ato reprovável.

No entanto, sobrevém uma reviravolta quando a autoridade – considerada até então exterior ao sujeito – é interiorizada (*verinnerlicht*), vale dizer, voltada para dentro do próprio sujeito. Este processo, Freud o chamou de instauração do superego (*Über-Ich*)[29]. Neste sentido, Freud estaria de acordo

---

29. Cf. IBID. Note-se que, no capítulo 16 da Segunda Dissertação da *Genealogia da moral*, ao analisar a gênese da "má consciência", Nietzsche empregara o termo *Verinnerlichung* (interiorização), que Freud, sob a forma verbal, usará no *Mal-estar da civilização*. Assim, diz Nietzsche: "Todos os instintos que não se descarregam para fora *voltam-se para dentro* – é isto que denomino a *interiorização* do homem". NIETZSCHE, FRIEDRICH, Zur Genealogie der Moral, Segunda Dissertação, § 16, 322, in: op. cit. Lembre-se mais uma vez que todos os destaques nas citações que faço de Nietzsche se encontram como tais no original, salvo quando se tratar de termos estrangeiros ou quando houver indicação explícita da minha parte. Freud empregará o mesmo termo (*Verinnerlichung*) em *Análise terminável e interminável* (1937), quando, ao tornar a explorar a questão das pulsões de destruição e de construção, ou de vida e de morte, ele afirmará: "Supomos, porém, que no caminho do desenvolvimento dos homens primitivos para os civiliza-

com Epicuro quando este afirma – conforme vimos na seção anterior – que nada em si é honesto e que, por conseguinte, os homens evitam a desonestidade somente com o intuito de escaparem às apreensões que dela podem derivar. Ademais, Freud concordaria também com Sêneca, como, de resto, o próprio Sêneca diz estar de acordo com Epicuro, quando este declara que as ações malvadas encontram sua punição numa consciência oprimida e atormentada por um incessante remorso e pelo sentimento de não poder reconquistar a serenidade perdida. Curiosamente, o mesmo Sêneca corrobora e elucida a ponderação de Epicuro, ajuntando-lhe ainda a observação seguinte: "O culpado, mesmo se achando escondido, jamais poderá ter a certeza de permanecer escondido, porque a sua consciência o acusa e o desvela a si mesmo: o culpado vive numa contínua trepidação"[30]. É o que também Freud dirá ao analisar a gênese ou a formação do superego.

Efetivamente, para o inventor da psicanálise, uma vez instaurada a instância vigilante ou vigiante do superego, cai por terra a angústia diante da possibilidade de o sujeito vir a ser descoberto. Cai simultaneamente por terra a diferença entre cometer o mal e somente ter a intenção de realizá-lo, porquanto nada pode escapar à censura do superego, nem mesmo os pensamentos mais esconsos ou mais cuidadosamente guardados e evitados. Esta é a razão pela qual somente agora se pode propriamente falar de sentimento de culpa. Certo, acrescenta Freud, o mais grave da situação já passou, uma vez que a nova autoridade, estando intimamente vinculada ao eu, não teria nenhuma razão para maltratá-lo.

---

dos ocorreu uma muito significativa interiorização, ou voltar-se para dentro da agressão, e os conflitos internos seriam seguramente o exato equivalente daqueles combates exteriores, que então não têm mais lugar". FREUD, SIGMUND, *GW. Die endliche und die unendliche Analyse*, XVI, 90.

30. SÊNECA, LÚCIO ANEU, op. cit., Lettera 97, 16.

Mutatis mutandis, porém, tudo permanece como antes, pois a influência da gênese, que permite a sobrevida do que passou e foi superado, continua a atormentar o eu transgressor e, por isso mesmo, a espreitar uma ocasião favorável para puni-lo[31]. É, pois, neste sentido que se pode afirmar que as intuições de Freud concernentes ao sentimento de culpa coincidem de maneira surpreendente com aquelas que desenvolvera Sêneca e, bem antes de Sêneca, o próprio Epicuro. Mas para que ponto preciso convergem as ideias de Epicuro e aquelas do inventor da psicanálise?

5. Freud e Epicuro

Certo, tudo parece indicar que não existe referência, pelo menos de maneira explícita, ao autor da *Carta a Lucílio* na obra de Freud. Quanto a Epicuro – e até onde vai o meu conhecimento –, ocorre uma única menção, de resto, incidental, no capítulo III da obra *Psicopatologia da vida quotidiana*. Este capítulo se intitula: *Esquecimento de nomes e de sequências de palavras*[32]. Mas o que antes de tudo convém explorar não é a questão de saber até que ponto Freud era ou não familiar com a literatura que o precedera. De resto, isto poderia ser aplicado a qualquer autor cujas ideias convergem para as descobertas que se fizeram antes dele e que, independentemente do fato de ele as ter conhecido ou não, se acham também repetidas, mas de maneira diferente. Trata-se, mais precisamente, do desdobramento da mesma verdade através das reinterpretações, releituras e revalorações que ela

---

31. Cf. FREUD, SIGMUND, *GW. Das Unbehagen in der Kultur*, XIV, 484-485.

32. Cf. ID., *GW. Zur Psychopathologie des Alltagslebens*, IV, 33-34.

suscita. O que, portanto, deve ser levado em consideração é o fato de pensadores de horizontes e de épocas diferentes terem tido intuições similares sobre fenômenos tais como a má consciência e o sentimento de culpa. Isto ocorreu, como tentei mostrar na seção anterior, não somente da parte de Freud com relação a Sêneca e a Nietzsche, mas também de Freud com relação a Epicuro, cujas máximas apontam claramente para aquilo que se poderia também denominar "sentimento de culpa".

Efetivamente, nos escritos de Epicuro existe um conjunto de sentenças a que se deu o título geral de *Máximas Capitais*, dentre as quais eu gostaria de destacar as de número XIII, XXIV e XXXV. Na máxima XIII, declara o pensador: "Não haveria nenhuma vantagem em tentar obter segurança entre os homens se se permanecesse no temor às realidades celestes e àquelas que existem sob a terra ou, simplesmente, às que se acham no indefinido universo (εν τω απειρω)"[33]. Como se pode deduzir, Epicuro parece referir-se, nesta passagem, àquele tipo de apreensão que, partindo do próprio homem, é transferida ou, melhor dizendo, é projetada e deslocada para o mundo exterior como se realmente dele proviesse. Neste sentido, o sujeito as vê, ou as representa, como sendo realidades objetivas, autônomas, reais. E, de fato, elas são reais, na medida em que, pela fantasia, ele as constrói, as fabrica, as *encena* e *projeta*. Consequentemente, em vão se procuraria convencê-lo de que as *suas* apreensões são meramente quiméricas.

Ora, assim como não há desejo sem certo grau de delírio, assim também não existem nem angústia nem temor totalmente desprovidos de alucinação, de sorte que Epicuro extrapola o próprio mundo circundante e fala de uma *projeção* que

---

33. RAMELLI, ILARIA (Ed.), *Epicurea*, Milano, Bompiani, 2002, 199.

se estende até os corpos celestes. É o que lemos, por exemplo, no final da *Carta a Heródoto*, em que o filósofo se detém naquilo que ele considera como sendo a maior perturbação dos seres humanos. Esta perturbação reside no conflito através do qual o homem vê, de um lado, os corpos celestes como que fruindo de uma perfeita bem-aventurança e incorruptibilidade e, do outro, como estando sujeitos a volições, ações e causalidades contrárias a estas mesmas características. Ademais, esta inquietação consiste em esperar ou suspeitar, à luz das narrativas mitológicas, que algo de terrível aconteça na eternidade e – o que é pior ainda – que a morte resulte numa falta total de sensibilidade[34]. Ora, na perspectiva de Epicuro, a morte e, portanto, a falta de sensibilidade ocorrem justamente porque os átomos se desintegram, de modo que só se pode falar de prazer e desprazer, de alegria e tristeza, de dor e fruição ou, em suma, de sensação e vida, quando os átomos estão agregados uns aos outros, ou uns pelos outros. Por conseguinte, temer uma dor que não mais se experimentará se revelaria, para o pensador do Jardim, tão insensato quanto afligir-se por algo que não se acha presente no momento. Se, de fato, aquilo que não nos perturba quando ainda estamos dotados de sensibilidade, com maior razão ainda não deverá abalar-nos quando dela estivermos completamente privados. No entanto, o sujeito se aflige, se perturba e espreita com ansiedade aquilo que ele não sabe se realmente sobreviverá. É lícito, pois, inferir que, também em Epicuro, a angústia consiste em atormentar-se por algo cuja presença não é objetivada, não é positivada, não é materializada. No entanto, este algo *parece* estar na iminência de se concretizar, de se insinuar ou, inversamente, de se dissipar e se esvanecer.

---

34. Cf. Epicuro, *Lettera a Erodoto*, 81, 115.

Não sem relação com a máxima XIII – que brevemente analisei mais acima – está a de número XXXIV, embora nesta última se assista a um deslocamento dos homens a partir dos corpos celestes para as relações intersubjetivas e, mais precisamente, para aqueles seres humanos que cometem delitos e, principalmente, para os que detêm a capacidade de julgá-los. Diz, com efeito, Epicuro: "A injustiça não é por si mesma um mal; ela se torna um mal pelo temor que nasce da suspeita de não se conseguir fugir àqueles que são encarregados de punir semelhantes atos"[35].

Como se pode deduzir, assim como Freud, Epicuro também deixa aqui pressupor que não existe uma faculdade original, natural ou *a priori* no ser humano apta a fazê-lo distinguir o bem do mal. Na verdade, frequentemente o mal não consiste no que é nocivo, prejudicial ou perigoso para o *eu*, mas antes no que é desejável e que poderia mesmo acarretar-lhe prazer e gozo. Em outros termos, o homem evita praticar o mal, não porque seria dotado de uma inclinação ou predisposição natural para o bem, mas pelo temor de ser descoberto e, consequentemente, de incorrer numa punição ou num castigo doloroso. Ora, segundo Freud, pode também acontecer – dependendo do grau de sentimento de culpa que atormenta o indivíduo – que ele perpetre um ato condenável justamente para ser punido, ou para encontrar uma razão para tal. Efetivamente, o sentimento de culpa que o sujeito carrega consigo mesmo é tanto mais intenso, pungente e dilacerante quanto, conforme vimos mais acima, não existe nenhum meio capaz de protegê-lo contra a possibilidade de vir a ser descoberto. É que, pela própria *interiorização* do sentimento de culpa – à medida que se instaura e se desenvolve o

---

35. Ramelli, Ilaria (Ed.), op. cit., 209.

superego – o algoz é, por assim dizer, transportado para dentro do próprio sujeito. É isto também que Epicuro, a partir de outra perspectiva que aquela de Freud, intuiu com uma argúcia, uma penetração e uma acuidade inolvidáveis. Com efeito, declara o pensador na máxima XXXV: "É impossível que aquele que tenha secretamente transgredido um dos pactos firmados entre os homens, segundo os quais não se deve lesar nem ser lesado, acredite poder permanecer encoberto, mesmo se, até o presente, ele o tenha conseguido muitíssimas vezes"[36].

Vê-se claramente o ponto sobre o qual recai a ênfase de Epicuro nesta ponderação: o medo que tortura o transgressor da lei é o de se ver repentinamente descoberto, desvelado e, consequentemente, punido, castigado. Todavia, é possível também defender a interpretação segundo a qual toda importância e todo destaque são atribuídos ao verbo "acreditar" (πιστευειν). De fato, além de "acreditar", πιστευειν pode significar confiar em alguém ou em alguma coisa, crer em algo, fiar-se de ou em alguém, persuadir-se de algo. O que, pois, convém aqui relevar é a dúvida que encerra este "acreditar". Certo, a fé (πιστις) não é sinônimo de dúvida, sem embargo, não existe fé sem receio, sem interrogação, sem suspeita, sem incerteza ou sem hesitação. Portanto, a questão sobre a qual urge sobremodo insistir é a de que, pelo fato mesmo de tentar acreditar ou persuadir-se de que não será descoberto, o indivíduo já levanta suspeitas, tece dúvidas e interroga-se, como que a pressentir que não poderá permanecer completa e indefinidamente protegido e oculto aos olhos dos outros. Na verdade, é ele mesmo que se desvela, se vê e se escruta com seus próprios olhos ou, para dizê-lo à maneira de Freud,

---

36. Ibid.

ele é o algoz de seus próprios atos ou, mais exatamente, de si mesmo.

Uma intuição semelhante, iremos encontrá-la no poema *Da natureza das coisas*, do filósofo epicureu latino Lucrécio. No Livro III desta obra, após descrever o Tártaro, o autor ajunta que os homens perpetram malfeitos terríveis, mesmo sendo acometidos de um extraordinário medo dos castigos que poderão sobrevir-lhes: prisão, látegos, pelourinhos, piche derretido, lâminas incandescentes, tições e o precipitar-se do alto de um rochedo. Pior ainda, conclui o poeta: "Na falta dessas penas, a mente, consciente de seus delitos, se tortura de angústia e se flagela a si mesma sem saber qual possa ser o termo de seus males e o fim de seus castigos. Ela teme que essas aflições possam agravar-se até mesmo depois da morte. Em suma, é aqui na terra que os parvos vivem o seu inferno"[37]. Ainda no Livro III, ao contestar a concepção da imortalidade da alma, o poeta acrescenta: "Não somente ela (a alma) sofre com os males do corpo, mas frequentemente também o pensar sobre o futuro a corrói, a atormenta e a sobrecarrega de cuidados, ao passo que as faltas passadas a dilaceram de remorso"[38].

Após haver tratado da consciência moral no período arcaico grego, no período clássico (Sócrates, Platão, Aristóteles) e, finalmente, na filosofia helenística (estoicismo e epicurismo), a questão que agora convém elucidar é a de saber como a consciência moral se desenvolveu no pensamento cristão – antigo e medieval – e qual é o papel que ela representa nas Escrituras. Esta questão se impõe tanto mais quanto se pensa na influência que a filosofia grega exerceu sobre a moral cristã e quanto se consideram as diferenças e a

---

37. Lucrécio, *De la nature*, Paris, GF Flammarion, 1997, III, 1018-1023.
38. Ibid., 824-827.

peculiaridade que marcaram a cultura e o modo semítico de pensar. Com efeito, apesar do influxo que teve o helenismo sobre o judaísmo tardio e sobre os primeiros séculos do pensamento cristão, resta que o fundo a partir do qual se desenvolveu a consciência moral nas Escrituras é essencialmente semítico, mormente no que diz respeito ao Antigo Testamento. É, pois, sobre a consciência moral presente no Antigo Testamento que focalizarei as minhas análises ao longo do capítulo V, com o qual se inicia a segunda parte desta obra.

SEGUNDA PARTE

AS ESCRITURAS E O PENSAMENTO CRISTÃO ANTIGO E MEDIEVAL

Capítulo V
A CONSCIÊNCIA MORAL NO ANTIGO TESTAMENTO

Antes de propriamente adentrar a questão da consciência moral no Antigo Testamento, convém ressaltar os principais traços que caracterizaram a cultura e a mentalidade semíticas, as quais diferem fundamentalmente do modo helênico de pensar. Com efeito, a sabedoria semítica era essencialmente centrada sobre a revelação e, portanto, sobre a palavra, a voz, a escuta, o nome, o dizer e, em suma, a linguagem. Com efeito, nos Atos dos Apóstolos, Lucas vai tão longe a ponto de extrapolar o discurso lógico e mesmo a própria palavra, pois, no dia de Pentecostes, a efusão do Espírito se dá sob o modo de um ruído, um som, um estrépito (ηχος), semelhante ao soprar de um vento impetuoso (πνοης βιαιας). Esta efusão se manifesta também sob a forma de línguas de fogo que, descendo do céu, vieram como que romper, por antecipação, a continuidade de um discurso que parecia estar na iminência de materializar-se ou articular-se racionalmente. Diz, efetivamente, o relato: "Tendo-se completado o dia de Pentecostes, estavam todos reunidos no mesmo lugar. De repente, veio do céu um ruído como o agitar-se de um vendaval impetuoso, que encheu toda a casa onde se encontravam. Apareceram-lhes, então, línguas como de fogo, que se repartiam e que pousaram sobre cada um deles" (At 2,1-3). O mais surpreendente, porém, ajunta o narrador, é que, não somente ficaram todos repletos do Espírito, mas também começaram a falar em outras línguas, conforme lhes concedia fazê-lo o mesmo Espírito (cf. At 2,4). Melhor ainda, cada um *ouvia* os galileus falarem como se se tratasse de sua própria língua materna: "Estupefatos e surpresos, diziam: 'Não são, acaso, galileus todos esses que estão falando? Como é, pois, que os ouvimos falar, cada um de nós, no próprio idioma em que nascemos?'" (At 2,7-8).

Quanto ao Antigo Testamento, dentre a quantidade ingente de referências e alusões que se poderiam aduzir, contentemo-nos tão somente com mencionar alguns exemplos que, no entanto, são eloquentes e elucidativos a este respeito. Assim, vem antes de tudo à mente o conjunto de livros do Pentateuco e, já de início, o livro de Gênesis, cujo primeiro capítulo se desenvolve a partir destes versículos introdutórios: "Deus disse...". No que tange ao livro do Êxodo, ele se inicia pela *denominação* da estirpe de Israel: "Eis os nomes dos filhos de Israel que entraram no Egito" (Ex 1,1). No Levítico, assistimos, na sua abertura, ao chamamento de Iahweh que, da Tenda da Reunião, ordenara a Moisés sobre como instruir o povo de Israel em marcha pelo deserto: "Fala aos filhos de Israel; tu lhes dirás..." (Lv 1,1-2). É também pela palavra que se abre o livro dos Números: "Iahweh falou a Moisés, no deserto do Sinai, na Tenda da Reunião, no primeiro dia do segundo mês, no segundo ano após a saída da terra do Egito" (Nm 1,1). No início do Deuteronômio, contudo, é o próprio Moisés que se endereça ao povo em vias de entrar na terra prometida: "São estas as palavras que Moisés dirigiu a todo Israel, no outro lado do Jordão" (Dt 1,1).

Este primado da palavra e da escuta percorre também toda a tradição profética, de sorte que, já no início do primeiro capítulo do livro de Isaías, ouvimos ecoar a voz do profeta exortando não somente o povo em particular, mas também a própria terra e, enfim, o universo todo inteiro: "Ouvi, ó céus, presta atenção, ó terra, porque Iahweh está falando" (Is 1,2). Tão formidável é, pois, é palavra de Iahweh que, segundo Isaías, ela poderá golpear a própria terra através do rebento de Jessé: "Ele ferirá a terra com o bastão da sua boca, e com o sopro dos seus lábios matará o ímpio" (Is 11,4). Mas a glória de Iahweh se manifesta também pelo poder de dar nomes, que, nas Escrituras, significa domínio, posse e senhorio sobre aquilo que é *nomeado*: "Mas agora, diz Iahweh, aquele que te criou, ó Jacó, aquele que te modelou, ó Israel: não temas, porque te resgatei, chamei-te pelo teu nome: tu és meu" (Is 43,1). É uma interpelação semelhante que ouve Jeremias, ao ser constituído profeta: "A palavra de Iahweh me foi dirigida nos seguintes termos: antes mesmo de te formar no ventre materno, te conheci; antes que saísses do seio, te consagrei" (Jr 1,5). A palavra é frequentemente acompanhada por um sopro vivificante que dá coragem e sabedoria, como, por exemplo, no profeta Ezequiel: "Ele me disse: 'Filho do homem, põe-te de pé, que vou falar contigo'. Enquanto falava, entrou em mim o espírito e me pôs de pé" (Ez 2,1-2). Melhor ainda: é não somente a palavra oral que propicia coragem e saber, mas também a palavra escrita que se revela como um alimento que gera conforto e discernimento naqueles que se dispõem a ingeri-la e, inversamente, deixa desprovidos aqueles que a recusam. Assim, prossegue Ezequiel: "Então disse-me: 'Filho do homem, come o que tens diante de ti, come este rolo e vai falar com a casa de Israel'. Abri a boca e ele me deu o rolo para comer. Em seguida, disse-me: 'Filho do homem, ingere este rolo que te estou dando e sacia-te com ele'. Eu o comi. Na boca parecia-me doce como mel" (Ez 3,1-3).

À diferença, pois, do primado da oralidade, da voz, do ouvir e – como neste texto de Ezequiel – da ingestão, incorporação e *degustação* da palavra escrita, os gregos privilegiavam sobremodo a visão e, mais do que a visão, a contemplação do invisível, que se apresentava como o verdadeiro objeto do saber e, melhor ainda, como o único saber real, seguro, fiável, correto e *bom*. Esta é, de fato, a dialética ascendente de Platão que pontilha todos os seus diálogos numa incessante e sempre recomeçada busca da essência das coisas. Mas já Heráclito – de acordo com um fragmento transmitido por Hipólito de Roma – era peremptório ao afirmar: "A harmonia invisível é superior à visível"[1]. Quanto a Aristóteles, ele abre o primeiro livro da *Metafísica* (Livro A) com a ponderação segundo a qual todos os homens aspiram naturalmente ao conhecimento, e disto dá prova o prazer que desencadeiam as sensações. De resto, este deleite não depende de nenhuma aquisição ou utilidade que, eventualmente, delas se poderia extrair. Ora, acrescenta o filósofo, mais do que todas as outras sensações, são as sensações visuais que nos proporcionam um excedente de prazer[2].

Note-se que, além da superioridade que atribuíam à visão – e em conexão essencial com esta superioridade –, os gregos enalteciam também o espírito, o inteligível e a alma em detrimento do sensível, da matéria, do corpo e do mundo sublunar. No universo cultural hebraico, porém, e mesmo no

---

1. HERÁCLITO, Frag. LIV, in: DUMONT, JEAN-PAUL (Ed.), *Les écoles présocratiques*, Paris, Gallimard, 1991, 78. Note-se, contudo, que no fragmento LV, transmitido pelo mesmo Hipólito, Heráclito teria dito: "As coisas de que há visão, audição, experiência, são estas que eu prefiro" (IBID.).

2. Cf. ARISTÓTELES, *La métaphysique*, A, 980a,21-25.

Novo Testamento – pense-se, por exemplo, na noção paulina de indivíduo ou de ser humano –, predomina a concepção de um vivente onde se achavam inextrincavelmente ligados o corpo, o espírito e a carne.

Esta ênfase dada ao sensível e, por assim dizer, ao *empírico* tinha *a fortiori* consequências para a teoria do conhecimento, que, fundamentalmente, se desenrolava a partir da *experiência*, da imaginação, da poesia, do concreto e do palpável. Ilustrativo a este respeito é, por exemplo, o Cântico de Moisés, que se encontra no capítulo 32 do Deuteronômio e que se inicia com estas palavras: "Dá ouvidos, ó céu, que vou falar; ouve, ó terra, as palavras da minha boca! Desça como chuva minha doutrina, minha palavra se espalhe como orvalho, como chuvisco sobre a relva que viceja e aguaceiro sobre a grama verdejante" (Dt 32,1-2).

No que concerne à organização e à constituição políticas, os gregos colocavam o acento sobre a hierarquização, o estabelecimento e o elitismo daqueles que governavam e protegiam a *pólis*. Segundo Platão, isto compreendia todos os cidadãos que, de modo *excelente*, e na qualidade de membros solidários de um todo harmonioso, sabiam preencher as funções que lhes eram assinaladas. Tratava-se, portanto, do papel relevante das virtudes, apanágio dos cidadãos livres que compunham a *pólis* e lhe asseguravam a prosperidade e a proteção. Ora, através do desenvolvimento da história dos hebreus, é nomeadamente a noção de povo que se faz ressaltar e, juntamente com ela, a mentalidade nômade de uma população que sempre fora tentada pela vastidão e pelos desafios do deserto. É, pois, a este plano que se vinculam os grandes eventos que marcaram a história de Israel, tais como a partida de Abrão de sua terra natal para Canaã, a descida de Jacó e de seus filhos para o Egito, o êxodo, a conquista progressiva da "terra prometida", o exílio para a Babilônia, o retorno etc.[3]

A partir dessas características básicas da mentalidade semítica que acabei de elencar, a questão que inevitavelmente se impõe é a de saber se realmente se pode falar, no Antigo Testamento, de uma consciência moral no sentido que tem o termo *syneidesis* (συνείδησις), o qual, conforme vimos no capítulo I da primeira parte, aponta para uma interiorização ou um conhecimento íntimo e reflexivo dos próprios pensamentos, das próprias intenções e dos próprios atos concernentes ao bem e ao mal.

1. A questão do uso, ou não uso, do termo *syneidesis* no Antigo Testamento

Na verdade, na tradução dos Setenta, o termo συνείδησις – que as versões em português, inglês, francês, alemão, italiano e espanhol reproduziram por "pensamento", "mente", ou "interior" – ocorre somente uma vez. A *Vulgata* traduziu-o por *cogitatio*. Trata-se do livro do Eclesiastes, escrito num hebraico tardio do final do século III a.C., por um sábio judeu da Palestina, e em que se lê: "Nem em pensamento amaldiçoes o rei, não amaldiçoes o rico, mesmo em teu quarto, pois um pássaro do céu poderia levar a voz, e um ser alado contaria o que disseste" (Ecl 10,20). A palavra em hebraico que subjaz à tradução dos Setenta é עדמ (*madda*). Ela aparece também no Segundo Livro das Crônicas (2Cr 1,10-12) através da variante grega σύνεσις, que as línguas modernas verteram por

---

3. Veja, a esse respeito, as reflexões desenvolvidas por SUBLON, ROLAND, *Fonder l'éthique en psychanalyse*, Paris, FAC, 1982, 47-48.

"inteligência", "compreensão", "conhecimento" e "ciência". É, pois, neste último sentido que, no livro do profeta Daniel, a variante grega se acha também empregada, porquanto diz o narrador: "A esses quatro jovens Deus concedeu a ciência (συνεσις) e a instrução nos domínios da literatura e da sabedoria" (Dn 1,17).

Existem ainda duas ocorrências do termo συνειδησις nos escritos deuterocanônicos: uma no livro Sirácida e outra no livro da Sabedoria. O primeiro, que fora composto em hebraico e que, a partir de 1896, foi em grande parte reconstituído na língua original, pertence atualmente à Bíblia grega e não figura no cânon judaico. Neste livro (Sr 42,18), o Codex Sinaiticus reproduz, na versão grega, a palavra συνειδησιν. O Codex Alexandrinus e o Codex Vaticanus apresentam, ao invés, o termo ειδησιν. Como, porém, não se conhece o vocábulo subjacente em hebraico, não se pode inteiramente fiar-se em nenhuma das duas leituras. Segundo Claude Anthony Pierce, seria interessante aceitar a visão – caso fosse ela verdadeira – de que o texto hebraico é tão somente uma tradução de um texto grego ainda mais primitivo. Em contrapartida, seria também almejável descobrir que palavra hebraica teria sido escolhida pelo tradutor grego para vertê-la para συνειδησις e, deste modo, poder verificar o vocábulo no original que teria servido de base para a versão grega. Todavia, não foi assim que se passaram as coisas na realidade. Por isso Pierce chega à conclusão, aparentemente desolado, de que o original grego de Sirácida 42,18 – "Porque o Altíssimo possui toda a ciência" – não encontra nenhum equivalente no texto hebraico tal como o conhecemos hoje[4].

---

4. Cf. PIERCE, CLAUDE ANTHONY, op. cit., 58.

Com relação ao outro livro deuterocanônico – o livro da Sabedoria –, entramos num nível mais importante de significação, na medida em que a consciência emerge aqui com uma conotação nitidamente moral, vale dizer, como uma testemunha que, no interior do homem, condena-o ou o acusa de seu pecado. Com efeito, assevera o texto: "A maldade é singularmente covarde e condena-se por seu próprio testemunho; pressionada pela consciência (συνειδησει), imagina sempre o pior" (Sb 17,11).

O livro da Sabedoria – que é o último do Antigo Testamento – foi todo ele redigido em grego, certamente na segunda metade do século I a.C., por um judeu helenizado pertencente à comunidade judaica da diáspora alexandrina. Nesta época, Alexandria se tornara, de fato, a capital do helenismo sob os Ptolomeus e se destacara como um centro literário e artístico do Oriente e, já desde algum tempo, como o ponto de convergência entre o pensamento grego e a cultura judaica. O livro da Sabedoria não poderia, portanto, ficar imune à influência helenística, da qual emerge o teor moral que, doravante, caracterizará o conceito de consciência. Mas por que esta conotação moral não se destacara antes, ou seja, por que ela não predominou ao longo do desenvolvimento do pensamento hebraico, mas somente sob a influência do movimento helenístico e, mais precisamente, no contexto da comunidade da diáspora de Alexandria?

2. Iahweh, a Lei e a obediência

Neste sentido, costuma-se defender a tese segundo a qual o pensamento hebraico seria fundamentalmente teocêntrico e, portanto, não inclinado à introspecção. Isto quer dizer que a ênfase recaía sobre Deus como Rei e Senhor do universo.

Quanto ao homem, ele devia colocar-se no papel de servo sempre pronto a prestar-lhe obediência, culto, louvor e submissão incondicional. Nesta perspectiva, a obediência que Deus exigia do homem era revelada não a partir de um conhecimento interior que o homem pudesse explorar em torno de suas ações, intenções e projetos, mas a partir de uma fonte heterogênea, fora do homem e, mais precisamente, mediante a Lei e os profetas. Por conseguinte, o conhecimento que convinha aprofundar não podia repousar sobre o *eu* – que incluía a consciência moral –, mas sobre o temor do Senhor, que, segundo o livro dos Provérbios, era o começo de toda sabedoria: "O temor a Iahweh é princípio de conhecimento: os estultos desprezam sabedoria e disciplina" (Pr 1,7). E ainda: "O começo da sabedoria é o temor a Iahweh, e o conhecimento dos santos é inteligência" (Pr 9,10). Se, portanto, era essa a premissa da qual se partia, não é de surpreender a ausência de uma teoria em torno da consciência moral ou daquilo que hoje se poderia denominar fenômenos psicológicos ou subjetivos. Daí também poder-se melhor entender a conclusão de Pierce, segundo a qual seria inútil ou ineficaz buscar, além do livro da Sabedoria, uma origem hebraica para o conceito de consciência moral. Efetivamente, ajunta o exegeta do Novo Testamento, "Negar o pano de fundo grego desta passagem (Sb 17,11) seria completamente ignorar toda evidência que nos é disponível"[5]. Pois, à diferença deste pano de fundo grego, a concepção do dever para a mentalidade hebraica era toda ela centrada sobre a relação Deus–homem––Deus, cujo motor principal era a Lei, dada a conhecer pela revelação e pela obediência a Iahweh.

---

5. Cf. ibid., 59.

É também neste sentido que vão as ponderações de Gerhard von Rad na sua *Teologia do Antigo Testamento*. Nesta obra, o exegeta peremptoriamente afirma que, no Deuteronômio, Israel era realmente consciente da qualidade única da vontade de Iahweh com relação à Lei que lhe fora revelada pelos profetas. Assim, através da Lei, Israel se considerava a nação predileta dentre todas as demais nações, que deviam reconhecer na Lei de Israel a prova de sua proximidade e de sua comunicação direta com Deus. Para corroborar esta visão, von Rad se baseia no próprio Deuteronômio, que diz: "Qual a grande nação cujos deuses lhe estejam tão próximos como Iahweh nosso Deus, todas as vezes que o invocamos? E qual a grande nação que tenha estatutos e normas tão justas como toda esta Lei que vos proponho hoje?" (Dt 4,7-8)[6]. Ademais, ajunta o exegeta noutra passagem, a incessante exortação que faz o Deuteronômio ao povo para que se lembre dos mandamentos e dos atos de Iahweh (Dt 5,15; 7,18; 8,2.18; 9,7; 16,3.12) corresponde a uma infatigável insistência e a um evidente incentivo para que este povo não deixe de atualizar, subjetivamente, o que lhe ordenara Iahweh na marcha pelo deserto. Segundo von Rad, não há dúvida de que este apelo e esta espiritualização em direção a uma consciência individual são os prógonos de um acirrado individualismo teológico que se concretizaria depois. Todavia – ressalta o estudioso –, a diferença entre estes sinais precursores e os esforços posteriores que se verificarão na literatura sapiencial consiste em que o Deuteronômio remetia inteiramente o pertencimento do indivíduo a Iahweh às bênçãos que garantiriam a conquista e a posse da terra[7].

---

6. Cf. Rad, Gerhard von, *Old Testament Theology*, 2 v. San Francisco, Harper & Row, 1962, v. 1, 95.

7. Cf. ibid., n. 85, 226.

Ora, seria um flagrante exagero querer explicar a ausência do termo *syneidesis* no Antigo Testamento – com exceção do livro da Sabedoria – pela falta de introspecção, interiorização e, consequentemente, autorreflexão no pensamento hebraico primitivo. Certo, a cultura hebraica girava toda ela em torno da obediência, ou desobediência, a Iahweh. E a referência principal pela qual se detectava esta dialética de "sim" e "não", de aproximação e afastamento, de fidelidade e infidelidade a Iahweh era a Lei transmitida pela revelação que receberam os profetas. Em última instância, portanto, não importa se era a expressão *consciência moral* ou outro termo que se utilizava, de maneira explícita e precisa, para se referir ao autoconhecimento e, logo, ao agir humano diante dos mandamentos de Iahweh. De qualquer modo, não parece tratar-se de um exame de si no sentido grego da sentença "conhece-te a ti mesmo", cuja dinâmica consistia em sondar e auscultar o próprio interior nas suas relações intrassubjetivas e na sua situação em face do Ser enquanto Ser. Tratava-se, em primeiro lugar, de um relembrar e de um conservar a Lei e a palavra de Iahweh reveladas através da tradição profética e dos grandes eventos históricos. Na verdade, não eram somente os portentos de Iahweh que deviam ser tomados em consideração, mas também o agir humano no seu anonimato, nas suas tarefas quotidianas e individuais, nas suas intenções, gestos, planos e atitudes que, na maioria das vezes, passavam despercebidos aos outros e ao próprio indivíduo. Tudo isto era, conforme expressa o Salmo 139, observado, vigiado e sondado ininterruptamente por Iahweh:

Iahweh, tu me sondas e me conheces:
conheces meu sentar e meu levantar,
de longe penetras o meu pensamento;
examinas meu andar e meu deitar,

meus caminhos todos são familiares a ti.
A palavra ainda não me chegou à língua,
e tu, Iahweh, já a conheces inteira.

Torna-se, pois, evidente que não se pode escapar ao olhar, à presença e ao sopro vivificante de Iahweh, porquanto o seu olhar é ubíquo, a sua mão e os seus passos se encontram interruptamente em toda parte vigiando, sondando e anotando os mais ínfimos pormenores das ações humanas:

Para onde ir, longe do teu sopro?
Para onde fugir, longe da tua presença?
Se subo aos céus, tu lá estás;
se me deito no Xeol, aí te encontro.
Se tomo as asas da alvorada
para habitar nos limites do mar,
mesmo lá é tua mão que me conduz,
e tua mão direita me sustenta.

Finalmente, é o próprio salmista que invoca Iahweh para que ele o perscrute, o examine, o conheça e o guie:

Sonda-me, ó Deus, e conhece o meu coração!
Prova-me e conhece minhas preocupações!
Vê se não ando por um caminho fatal
e conduze-me pelo caminho eterno.

Considerando-se, pois, a índole do povo hebraico e as características básicas do conhecimento que marcaram a cultura semítica antes que ela recebesse, de maneira mais direta, o influxo do pensamento helenístico, dificilmente se poderia encontrar um conceito de consciência moral no sentido de uma abstração, uma teorização ou uma autorreflexão peculiar à filosofia grega clássica. Todavia, seria também errôneo afirmar que toda a moral do Antigo Testamento consistia primariamente numa mera conformação externa à Lei de Iahweh, porquanto se verifica também uma ênfase dada à necessidade de interiorizar a Lei e, consequentemente, de cultivar a observação dos atos realizados, valorando, assim, o que está de acordo, ou em desacordo, com a vontade de Iahweh.

Emblemático a este respeito é o relato do fratricídio que perpetrara Caim no capítulo 4 de Gênesis. Curiosamente, mesmo antes de levar a cabo a sua execução, Caim já a havia, de fato, concretizado, pois ele urdira o plano de matar o seu irmão Abel ou, mais precisamente, ele *desejara* assassiná-lo, liquidá-lo, elidi-lo[8]. Efetivamente, ao perceber que Iahweh se agradara de Abel e de sua oferenda e, contrariamente, não se regozijara nem com seu irmão nem com sua oferenda, Caim – diz a narrativa – quedou sobremaneira irritado e com o rosto perturbado. Iahweh falou então a Caim: "Por que estás irritado e por que teu rosto está abatido? Se estivesses bem-disposto, não levantarias a cabeça? Mas se não estás bem-disposto, não jaz o pecado à porta, como um animal acuado que te espreita; podes acaso dominá-lo?" (Gn 4,6-7)[9]. Ora, depois de ter levado o seu intento a cabo e de ter

---

8. Sobre a relação entre o desejo ou a intenção de realizar um ato e o ato propriamente consumado, veja o que eu desenvolvi *supra*, capítulo IV, seção 3: Sêneca, João Crisóstomo e a "má intenção". Veja também, no mesmo capítulo, a seção 4: Sêneca, Freud e o sentimento de culpa e a seção 5: Freud e Epicuro.

9. Esta última pergunta, "podes acaso dominá-lo?", lembra-nos em mais de um aspecto as declarações pungentes, lancinantes, que lança Medeia antes de assassinar seus filhos: "Eu compreendo os crimes que devo realizar, mas a minha cólera (θυμος) é mais potente que as minhas decisões; é ela que causa os maiores males aos mortais". EURÍPEDES, *Médée*, 1078-1080.

ouvido a voz de Iahweh, que lhe perguntava: "Onde está teu irmão?", Caim lhe responde: "Minha culpa é muito pesada para suportá-la" (Gn 4,13).

À diferença de Caim, porém, Jó insiste em reconhecer a sua inocência, na medida em que a voz da consciência não o acusa de haver cometido nenhum dos males de que lhe reprochavam seus amigos como possíveis causas do padecimento dele. O termo que se encontra no texto hebraico corresponde a "coração", que, no entanto, a tradução grega dos Setenta verteu para συνοιδα (saber, conhecer junto, estar ao corrente, ser testemunha ou cúmplice, estar consciente) e algumas traduções nas línguas modernas, inclusive na língua portuguesa, traduziram por "consciência". Assim: "Fico firme em minha justiça e não a deixo; a consciência não me envergonha por meus dias" (Jó 27,6). A *Bíblia Vulgata*, entretanto, foi fiel à metáfora original, traduzindo-a desta forma: *Neque enim reprehendit me cor meum in omni vita mea* ("Nem, pois, me repreende meu coração durante toda a minha vida").

Dada, portanto – conforme vimos na introdução a este capítulo –, a tendência para um conhecimento empírico, em que predominam os dados sensíveis e concretos da realidade, juntamente com um constante apelo à imaginação e à poesia, não é de admirar que a mentalidade hebraica se utilize frequentemente de metáforas, de símbolos e de figuras palpáveis, tais como o ar, o hálito, o sangue, o coração e os rins. Portanto, no que concerne propriamente à consciência moral, o meu exame se voltará, na próxima seção (3), para a metáfora do coração, ao passo que na seção 4 as minhas análises recairão sobre aquela outra metáfora que, não raras vezes, é associada à do coração, isto é, a dos rins.

3. O coração como sede das emoções e do discernimento

Especialmente o coração (em hebraico *lêb*) era o órgão privilegiado para, metaforicamente, traduzir a *consciência moral*. Certo, poder-se-ia objetar que os antigos estavam longe de conhecer as descobertas realizadas pela medicina moderna referentes à circulação do sangue e às funções fisiológicas do coração. Não obstante isso, todos os seres humanos, independentemente de progresso ou de avanço técnico, são capazes de detectar ou reconhecer – em si mesmos e nos outros – as reações emocionais que os atravessam. No que tange particularmente aos hebreus, o coração era considerado o foco, ou a sede, das atividades emocionais e, portanto, era visto como o órgão apto a exprimir a alegria e a dor, o júbilo e a tristeza, o pranto e o regozijo. É o que nos descreve, por exemplo, o livro dos Provérbios: "Um coração contente alegra o semblante, o coração aflito abate o espírito" (Pr 15,13). Por isso, o profeta Isaías envia esta mensagem de encorajamento àqueles que se encontram prestes a desfalecer: "Dizei aos corações conturbados: 'Sede fortes, não temais. Eis que o vosso Deus vem para vingar-vos, trazendo a recompensa divina'" (Is 35,4). Uma exortação semelhante, vamos encontrá-la também no livro dos Provérbios, em que o estímulo está associado à sabedoria, ao discernimento e à alegria. Esta é a razão pela qual o pai endereça ao filho estas palavras: "Sê sábio, meu filho, alegra o meu coração, e poderei responder a quem me ultraja" (Pr 27,11). Efetivamente, um coração perturbado, que o sentimento de culpa, o remorso ou outras aflições fazem sofrer, é incapaz não somente de difundir ânimo e alegria àqueles que o cercam, mas também de esconder a própria dor. É o que nos confessa Neemias, o copeiro real, que, ao oferecer o vinho ao rei Artaxerxes, e tendo tido conhecimento dos infortúnios que assolavam o seu povo, não pôde dissimular a aflição que o torturava e o consumia. Antes, porém, ele previne que nunca estivera triste. "Por isso o rei me disse: 'Por que estás com a fisionomia triste? Não estás doente? Não, certamente é teu coração que está aflito'" (Ne 2,2). A esta observação, Neemias retruca: "Como meu rosto poderia não estar triste quando está em ruínas a cidade onde estão os túmulos de meus pais e suas portas são devoradas pelo fogo?" (Ne 2,3).

Quando, porém, o coração está alegre, ele manifesta reconhecimento e jubilação religiosa, como no cântico de Ana, que enumera os feitos maravilhosos de Iahweh: "O meu coração exulta em Iahweh, a minha força se exalta em meu Deus" (1Sm 2,1). É também com júbilo e com uma confiança semelhantes que se conclui o Salmo 13: "Quanto a mim, confio no teu amor! Meu coração exulte com a tua salvação. Vou cantar a Iahweh pelo bem que me fez, vou tocar ao nome de Iahweh, o Altíssimo" (Sl 13,6). No Salmo 28 recorre um cântico em que se ressaltam não somente a confiança, a fortaleza e o socorro concedido, mas também o rejuvenescimento da própria vida ou, no sentido caracteristicamente hebraico do termo, da própria carne. Assim, exclama o salmista: "Iahweh é minha força e meu escudo, é nele que meu coração confia; fui socorrido, minha carne refloresceu, de todo o coração agradeço" (Sl 28,7). No Salmo 84, há uma aspiração e um desejo intenso e, ao mesmo tempo, uma alegria que, por assim dizer, antecipa a chegada e a entrada nos perímbolos do templo de Iahweh: "Minha alma suspira e desfalece pelos átrios de Iahweh; meu coração e minha carne exultam pelo Deus vivo" (Sl 84,3). Ademais, a alegria pode também ser proporcionada pelo vinho, como no livro de Rute: "Booz comeu, bebeu, seu coração se alegrou, e ele foi deitar-se junto de um monte de cevada" (Rt 3,7). Esta relação que se estabelece entre o vinho e a alegria se faz também presente, e mais explicitamente ainda, no Salmo 104, em que o salmista descreve a generosidade e os benefícios de Iahweh relativos à criação: "Fazes brotar a relva para o rebanho e plantas úteis ao homem, para que da terra ele tire o pão e o vinho, que alegra o coração do homem" (Sl 104,14-15).

Todavia, conforme avancei mais acima, o coração exprime não somente júbilo, exultação e alegria, mas também dor, aflição e pesar. É o que se verifica, por exemplo, no Salmo 13: "Até quando terei sofrimento dentro de mim e tristeza no coração, dia e noite? Até quando vai triunfar meu inimigo?" (Sl 13,3). É o que lemos também em Provérbios 14,10: "O coração conhece sua própria amargura, e nenhum estrangeiro partilha sua alegria". E ainda, no mesmo livro dos Provérbios: "Também entre risos chora o coração, e a alegria termina em pesar" (Pr 14,13). Igualmente em Provérbios, reencontramos este mesmo contraste de sentimentos que, no entanto, coabitam no mesmo órgão e, portanto, na mesma pessoa: "Um coração contente alegra o semblante, o coração aflito abate o espírito" (Pr 15,13). Ora, no livro de Jeremias, ouvimos um candente e lancinante lamento do profeta, que exclama: "Sem remédio, a dor me invade, o meu coração está doente" (Jr 8,18).

O coração pode também revelar desejo e decepção, como em Provérbios 13,12: "A esperança que tarda deixa doente o coração; é árvore de vida o desejo que se realiza". Juntamente com os rins, ele pode também manifestar aborrecimento, azedume e enfado, como no Salmo 73,21-22: "Quando meu coração se azedava e eu espicaçava os meus rins, é porque eu era imbecil e não sabia; eu era animal junto a ti"[10]. Como se

---

10. Em hebraico, o termo aqui empregado para animal é *behemôt*, que significa, mais precisamente, "hipopótamo", como em Jó 40,15: "Vê Bee-

pode deduzir, estes sentimentos têm uma estreita ligação com aqueles outros que se expressam sob a forma de angústia e preocupação. E, de fato, diz o Salmo 25,17: "Alivia as angústias do meu coração, tira-me das minhas aflições". E, ainda, no Salmo 55,5: "Meu coração se contorce dentro de mim, e sobre mim caem terrores mortais". Neste sentido, o profeta Jeremias é prolixo e eloquente ao descrever a angústia que sobre ele se abatera: "Minhas entranhas! Minhas entranhas! Devo me contorcer! Paredes do meu coração! Meu coração se perturba em mim! Não posso calar-me, pois eu mesmo ouvi o som da trombeta, o grito de guerra" (Jr 4,19). Mais adiante, o mesmo profeta exteriorizará a sua desolação, ao bradar: "Meu coração está quebrado dentro de mim, estremeceram todos os meus ossos. Sou como um bêbado, como um homem que o vinho dominou por causa de Iahweh e por causa de suas santas palavras" (Jr 23,9).

Além da angústia – que se apresenta não somente sob a forma de um medo vago, difuso, não positivado, mas também sob a modalidade de um sentimento de culpa – o coração pode também abrigar a ira, a cólera e mesmo o ódio, conforme admoesta o Levítico: "Não terás no teu coração ódio pelo teu irmão. Deves repreender o teu compatriota, e assim não terás a culpa do pecado" (Lv 19,17). Neste sentido, o coração nutre igualmente desconfiança, inquietação e, poderíamos hoje acrescentar, paranoia. É o que lemos no Segundo Livro dos Reis com relação ao rei de Aram, ao entrar em guerra contra Israel: "O coração do rei de Aram ficou perplexo com a coisa e ele convocou seus oficiais para perguntar-lhes: 'Não me poderíeis descobrir quem é que está nos

---

mot que eu criei igual a ti! Alimenta-se de erva como o boi". O hipopótamo era considerado o símbolo da lentidão e da pachorra.

traindo junto ao rei de Israel?'" (2Rs 6,11). Mas o medo sobrevém igualmente quando o serviço que se deve tributar a Iahweh é negligenciado, ou mesmo quando ele não é executado com generosidade e alegria. Assim, em Deuteronômio 28,67: "Pela manhã dirás: 'Quem dera fosse tarde...', e pela tarde dirás: 'Quem dera fosse manhã...', por causa do pavor que se apoderará do teu coração e pelo espetáculo que os teus olhos irão ver". No Salmo 27, porém, todo medo é rechaçado para longe daquele que deposita em Iahweh sua confiança, pois nele encontra luz, salvação e fortaleza. Com efeito, desafia o salmista: "Ainda que um exército acampe contra mim, meu coração não temerá; ainda que uma guerra estoure contra mim, mesmo assim estarei confiante" (Sl 27,3). Ora, um coração forte e destemido já é um sinal da confiança que se depositou em Iahweh. Donde a segurança na exortação com a qual o salmista conclui a sua prece: "Espera em Iahweh, sê firme! Fortalece teu coração e espera em Iahweh" (Sl 27,14). É com uma admoestação semelhante, mas desta vez expressa no plural, que também se encerra o Salmo 31: "Sede firmes, fortalecei vosso coração, vós todos que esperais em Iahweh" (Sl 31,25). Curiosamente, no Salmo 51, depois de confessar sua culpa e seu pecado ("reconheço minhas transgressões e diante de mim está sempre o meu pecado"), o salmista implora não somente que todas as suas iniquidades sejam apagadas, mas também que Deus lhe dê, ou melhor, que lhe crie um coração puro e um espírito firme (Sl 51,5.12).

Um coração puro e um espírito firme são sinais de que o fiel encontrou graça diante de Deus e de que, portanto, no cumprimento de seus mandamentos, ele anda no reto caminho. Mas, para fazê-lo, ele deve também estar aberto à pedagogia que Iahweh incute no seu povo ao longo da história, como o atestam os portentos e eventos extraordinários de libertação – êxodo, volta do exílio da Babilônia, reconquistas –, assim como às advertências e exprobrações transmitidas pelos profetas. Neste sentido, o deserto se apresenta como um espaço pedagógico por excelência, através do qual Iahweh, mediante duras provas, guia, corrige, castiga, exorta, encoraja e, consequentemente, educa os israelitas em marcha para a terra prometida. É o que vemos, por exemplo, no Deuteronômio e, mais precisamente, no chamado "segundo discurso de Moisés", em que o profeta se dirige ao povo, clamando: "Reconhece no teu coração que Iahweh, teu Deus, te educava, como um homem educa seu filho, e observa os mandamentos de Iahweh teu Deus, para que andes nos seus caminhos e o temas" (Dt 8,5).

O temor a Deus, a sabedoria e o discernimento que habitam o coração do homem caminham *pari passu* na mentalidade e na cultura hebraicas. Melhor ainda: estas três dinâmicas são expressões essenciais da consciência que tem o homem da onipotência e onisciência de Iahweh, que sabe ler, penetrar e examinar os rins e o coração. Diz, com efeito, o profeta Jeremias: "Iahweh dos exércitos, que julgas com justiça, que perscrutas os rins e o coração, verei a tua vingança contra eles, porque a ti expus a minha causa" (Jr 11,20). Consequentemente, saber-se visto e auscultado por Iahweh é a marca da certeza de que à sua vigilância nada poderá escapar, inclusive os planos, as intenções e as premeditações que o homem urde e alimenta em seu coração. Efetivamente, segundo Jeremias, os homens desconhecem as ciladas e os enganos do coração, pois ele age com falsidade e volubilidade, de sorte que somente Iahweh poderá identificar as sinuosidades esconsas que ele não cessa de percorrer: "Eu, Iahweh, perscruto o coração, sondo os rins, para retribuir ao homem conforme o seu caminho, conforme o fruto de suas obras" (Jr 17,10). Esta é a razão pela qual o salmista chega mesmo a implorar, cheio de confiança: "Podes sondar-me o coração, visitar-me pela noite, provar-me com fogo" (Sl 17,3). Ouvimos ainda o eco deste versículo no Salmo 119, que confessa: "Conservei tuas promessas no meu coração para não pecar contra ti" (Sl 119,11).

Assim, a chamada "consciência tranquila" ou, na linguagem do Antigo Testamento, um "coração puro" é aquele que age com sinceridade e não comete falso juramento para ludibriar os seus semelhantes. Interroga-se, com efeito, o autor do Salmo 24: "Quem pode subir à montanha de Iahweh? Quem pode ficar de pé no seu santo lugar?" (Sl 24,3). É o mesmo Salmo 24 que responde: "Quem tem mãos inocentes e coração puro, e não se entrega à falsidade, nem faz juramento para enganar" (Sl 24,4). Compreende-se, então, por que Salomão não pediu a Deus nem riqueza, nem vida longa, nem a morte de seus inimigos, mas, antes, um coração dotado de discernimento, sabedoria e inteligência: "Dá, pois, a teu servo um coração que escuta para governar teu povo e para discernir entre o bem e o mal, pois quem poderia governar teu povo, que é tão numeroso?" (1Rs 3,9). Deus aquiesceu ao pedido do rei, dizendo-lhe: "Vou fazer como pediste". E, ainda por cima, ajuntou estas palavras de estímulo: "Dou-te um coração sábio e inteligente, como ninguém teve antes de ti e ninguém terá depois de ti" (1Rs 3,12). Esta promessa será, de fato, corroborada e realizada mais adiante, na medida em que o Primeiro Livro dos Reis afirmará: "Todo o mundo queria ser recebido por Salomão para ouvir a sabedoria que Deus lhe tinha posto no coração" (1Rs 10,24).

Vimos mais acima que a metáfora do coração é, às vezes, vinculada àquela dos rins, consoante a descrição do Salmo 73: "Quando meu coração se azedava e eu espicaçava os meus rins, é porque eu era imbecil e não sabia" (Sl 73,21-22). É também habitual verificar que Iahweh sonda ao mesmo tempo o coração e os rins, de acordo, por exemplo, com as palavras do profeta Jeremias: "Iahweh dos exércitos, que julgas com justiça, que perscrutas os rins e o coração, verei a tua vingança contra eles, porque a ti expus a minha causa" (Jr 11,20). E ainda, segundo o mesmo profeta: "Eu, Iahweh, perscruto o coração, sondo os rins, para retribuir ao homem conforme o seu caminho, conforme o fruto de suas obras" (Jr 17,10).

4. Os rins como sede do pensamento e do desejo

É bem verdade que, à diferença do coração, os rins não são usados com a mesma frequência para, metaforicamente, significar a consciência moral. Quando, porém, eles são associados ao coração, podem, de maneira vaga e não especificada, representar a sede do pensamento e do desejo.

Ora, no livro do Levítico, os rins, juntamente com a sua gordura, eram a porção escolhida do animal sacrificado para ser oferecida a Iahweh pelo sacerdote. Assim: "Oferecerá uma parte deste sacrifício de comunhão como oferenda queimada a Iahweh: a gordura que cobre as entranhas, toda a gordura que está sobre as entranhas, os dois rins, a gordura aderente a eles e junto aos lombos, e a massa gordurosa que tirará do fígado e dos rins" (Lv 3,3-4)[11]. No entanto, as iterativas menções relativas à ação de Iahweh perscrutando e examinando os rins sugerem a representação segundo a qual este órgão era a sede ou um dos "lugares" privilegiados do desejo e das intenções. Além, pois, das passagens que acima reproduzi, encontramos outras que apontam para a mesma direção, como, por exemplo, no Salmo 7: "Põe fim à maldade dos ímpios e confirma o justo, pois tu sondas os corações e os rins, Deus

---

11. Veja também: Levítico 4,8-10.

justo" (Sl 7,10). No Salmo 26, deparamo-nos mesmo com uma súplica do fiel para que Iahweh não somente "teste" os seus rins e o seu coração, mas também os renove, os purifique e os mantenha distantes de toda maldade: "Examina-me, Iahweh, coloca-me à prova, depura meus rins e meu coração: à frente dos meus olhos está o teu amor, e estou caminhando na tua verdade" (Sl 26,2-3). Em Jeremias, capítulo 20, reencontramos uma reprodução quase que literal daquelas palavras que o profeta enunciara em 11,20 e que citei mais acima. Com efeito, no capítulo 20, o profeta volta mais uma vez a confessar: "Iahweh dos Exércitos, que perscrutas os justos, que vês rins e coração, verei a tua vingança contra eles, porque a ti expus a minha causa" (Jr 20,12).

Às vezes, a metáfora dos rins é empregada sozinha, sem vinculação, portanto, com a metáfora do coração. Neste caso, ela pode querer significar a sede do desejo, do ardor, da aspiração intensa e, consequentemente, do sofrimento. É o que lemos, por exemplo, no livro de Jó: "Aquele que eu vir será para mim, aquele que meus olhos contemplarem não será um estranho. Dentro de mim consomem-se os meus rins" (Jó 19,27). Mas os rins podem também simbolizar os pensamentos que educam e mostram o reto caminho a seguir, como no Salmo 16: "Bendigo a Iahweh, que me aconselha, e, mesmo à noite, meus rins me instruem" (Sl 16,7). É o que veremos também no livro dos Provérbios, no qual, mais uma vez, os rins e o coração aparecerão juntos: "Meu filho, se o teu coração é sábio, meu coração também se alegrará, e os meus rins festejarão quando teus lábios falarem com retidão" (Pr 23,15-16). Como se pode constatar, o salmista ressalta aqui um duplo simbolismo, na medida em que ele aponta não somente para as noções de instrução, aconselhamento e prudência, mas também para a expressão de um afeto de alegria, regozijo e gratidão.

É também associados uns a outro que os rins e o coração retornarão no livro da Sabedoria. Certo, encontramo-nos aqui já numa época marcadamente influenciada pelo helenismo; todavia, ela ainda guarda, ou reproduz, uma tradição fortemente arraigada na história de Israel e na mentalidade do povo judeu. Destarte, retornam as mesmas metáforas do coração e dos rins como os órgãos que encerram e, simultaneamente, revelam o que se passa no interior do ser humano: suas emoções, seus pensamentos, seus planos e suas intenções, sejam elas boas ou más. De resto, a Sabedoria se apresenta aqui como um auxiliar dos homens e, ao mesmo tempo, como um vigia apto a punir aqueles que se afastam do reto caminho e das boas ações que eles se propuseram realizar. Mas Deus mesmo é o testemunho que, continuamente, examina os rins, o coração e, melhor ainda, que escuta as palavras que profere a boca do homem. É, pois, altamente digno de nota o fato de os rins, o coração e a linguagem aparecerem associados uns aos outros, na medida em que, conforme temos visto ao longo destas reflexões, a palavra, a voz, o som e, portanto, a linguagem ocupam um lugar privilegiado no pensamento e na mentalidade semítica. Lemos, com efeito, na Sabedoria, último livro do Antigo Testamento: "A Sabedoria é um espírito amigo dos homens, não deixa impune o blasfemo por seus propósitos; porque Deus é a testemunha de seus rins, perscruta seu coração segundo a verdade e ouve o que diz a sua língua" (Sb 1,6). No que tange particularmente aos rins, eles significam não somente a sede do desejo, do pensamento e dos propósitos, mas também – numa tradição que remonta ao Pentateuco – a disponibilidade e a prontidão diante de uma ação que está prestes a se desencadear.

De fato, no livro do Êxodo e, mais precisamente, no contexto das prescrições que dá Iahweh a Moisés e a Aarão sobre como se deve preparar e consumir a páscoa, os rins se revelam, como nos outros escritos veterotestamentários, revestidos de uma rica simbologia e de um eloquente significado bíblico. Diz efetivamente o relato: "É assim que devereis comê-lo (o cordeiro): com os rins cingidos, sandálias nos pés e vara na mão; comê-lo-ei às pressas: é uma páscoa para Iahweh" (Ex 12,11). O quadro, como se pode verificar, é de uma fuga e de uma libertação iminentes; por isto, deve-se estar alerta, disponível e pronto para a partida a qualquer hora, a qualquer momento, porquanto Iahweh passará ferindo todos os primogênitos dos egípcios. A indumentária a este respeito lembra evidentemente aquela de uma viagem: os rins cingidos, sandálias nos pés e cajado na mão. Não havia, pois, tempo a perder. Devia-se estar disponível, vigilante, preparado e atento a qualquer instante ou a qualquer sinal que desencadeasse a fuga. A libertação batia, literalmente, à porta, ou nos umbrais da porta. De fato, prossegue o relato: "O faraó, chamando Moisés e Aarão, naquela mesma noite, disse: 'Levantai-vos e saí do meio do meu povo, vós e os filhos de Israel'. (...) Os egípcios pressionavam o povo a que saísse depressa do país, dizendo: 'Morremos todos'" (Ex 12,31.33).

A metáfora dos rins, conforme se pôde deduzir através desta última seção, apresenta ela também um leque de significações, dentre as quais se destacam a dinâmica do desejo, do pensamento e, de acordo com o livro do Êxodo, a atitude fundamental de disponibilidade e prontidão diante de um comando de Iahweh. É bem verdade que, no que tange especificamente à consciência moral, o coração é considerado como aquele órgão que, de modo mais frequente e eloquente, aponta não somente para as emoções, mas também para o discernimento, as ponderações, os propósitos, o arrependimento e, portanto, a capacidade de distinguir entre o bem e o mal. É também verdade que no Antigo Testamento e, mais precisamente, na tradução dos Setenta, o termo συνειδησις (consciência moral) ocorre somente uma vez. Trata-se – conforme mostrei no início da seção 1 deste mesmo capítulo – do livro do Eclesiastes, escrito num hebraico tardio do final do século III a.C., e em que se lê: "Nem em pensamento (συνειδησει) amaldiçoes o rei, não amaldiçoes o rico, mesmo em teu quarto, pois um pássaro do céu poderia levar a voz, e um ser alado contaria o que disseste" (Ecl 10,20). Com o livro da Sabedoria – que está no rol dos escritos deuterocanônicos e que foi redigido em grego por um judeu helenizado pertencente à comunidade judaica da diáspora alexandrina – já entramos, por assim dizer, num nível mais explícito de reflexão e penetração psicológica. Por conseguinte, a consciência emerge neste período com uma conotação nitidamente moral, vale dizer, como uma testemunha que, no interior do homem, condena-o ou o acusa de seu pecado, ou de sua falta. Com efeito, declara o texto: "A maldade é singularmente covarde e condena-se por seu próprio testemunho; pressionada pela consciência (συνειδησει), imagina sempre o pior" (Sb 17,11).

Nesse estágio de desenvolvimento do pensamento judaico, que está para tocar o limiar da era cristã, pode-se afirmar – com base nas observações de C. A. Pierce – que a consciência moral (συνειδησις) entra no Novo Testamento diretamente através da linguagem e do modo de pensar grego, ou helenístico. Trata-se doravante do pensamento do homem consigo mesmo, cuja ênfase é colocada num plano ético, ou moral. Consequentemente, este conceito adquire sua conotação própria, que se exprime fundamentalmente pela dor sofrida pelo homem como homem e – na concepção judaico-cristã – como criatura e, portanto, como um ser finito, desejante, lacunoso, faltante. Isto ocorre, evidentemente, na medida em que o homem se vê envolvido na ordem dos acontecimentos e, mais particularmente, na malha de seus atos consumados ou iniciados, pelos quais ele transgride os limites de sua própria natureza. É neste sentido que, segundo Pierce, pode-se licitamente falar de uma compreensão grega da consciência que se manifesta sempre, ou quase sempre, por um sentimento de culpa[12]. Por conseguinte, esta consciência, que se traduz pela capacidade de distinguir entre o bem e o mal, será revalorada e reinterpretada de diferentes maneiras pelo ambiente, pelas circunstâncias e pelo modo de pensar característico do Novo Testamento.

---

12. Cf. PIERCE, CLAUDE ANTHONY, op. cit., 54.

Capítulo VI
A CONSCIÊNCIA MORAL NO NOVO TESTAMENTO

O Novo Testamento, ao empregar várias vezes, e de maneira explícita, o termo συνείδησις, está revelando não somente um evidente influxo da cultura helenística, mas também uma afinidade com a moral e o modo de pensar característico dessa cultura. Chama-nos, porém, a atenção o fato de os quatro evangelhos jamais fazerem um uso expresso do termo συνείδησις. Certo, os evangelhos como, de resto, os outros escritos neotestamentários, conquanto se achem marcados pela influência helenística, se exprimem também, ou principalmente, pelo modo de pensar típico da mentalidade, da religião e da cultura hebraica e palestina. E não poderia ser diferente.

Ademais, com o judaísmo, assiste-se a outra inflexão no universo simbólico e na história de Israel que, durante este período, se distingue por dois eventos de capital importância: (1) a reforma religiosa e social de Esdras, que, segundo as Escrituras, organizou e liderou o segundo grupo de retorno dos exilados da Babilônia para Jerusalém (meados do século V a.C.); (2) a revolta dos Macabeus, que, depois de revezes e vitórias, fundaram a dinastia dos asmoneus, cuja duração se estendeu de 164 a 37 a.C.

Ora, se, por um lado, o termo συνειδησις está ausente dos evangelhos, por outro, ele se faz presente trinta vezes nos outros escritos do Novo Testamento. Destas trinta ocorrências, quatorze se encontram nos escritos do apóstolo Paulo, seis nas Cartas Pastorais, cinco na Carta aos Hebreus, três na Primeira Carta de Pedro e duas nos Atos dos Apóstolos. A questão, portanto, que se deve levantar é a de saber de que palavras, além do termo συνειδησις, se servem os evangelhos para significarem a *consciência moral*. A este respeito, eles se utilizam de circunlocuções e perífrases, fazendo, assim, ressaltar o pano de fundo semítico que os caracteriza fundamentalmente. Recorrem também, a exemplo do Antigo Testamento, à metáfora do coração (καρδια) que, de resto, retorna com frequência não somente nos evangelhos, mas também nos outros escritos neotestamentários, conforme veremos mais abaixo.

No que tange ao uso que fazem os evangelistas de circunlocuções para significarem a *consciência moral*, encontramos no Evangelho segundo Mateus uma passagem em que entram em jogo as imagens da lâmpada, do olho, da escuridão e, consequentemente, a dialética de luz e trevas. Com efeito, "A lâmpada do corpo é o olho. Portanto, se o teu olho estiver são, todo o teu corpo ficará iluminado; mas, se o teu olho estiver doente, todo o teu corpo ficará escuro" (Mt 6,22-23). Esta mesma ideia, com algumas modificações e alguns acréscimos, se faz também presente no Evangelho segundo Lucas, que diz: "A lâmpada do corpo é o teu olho. Se o teu olho estiver são, todo o teu corpo ficará também iluminado; mas, se estiver em mau estado, teu corpo também ficará escuro. Por isso, vê bem se a luz que há em ti não é treva. Portanto, se todo o teu corpo está iluminado, sem parte alguma tenebrosa, estará todo iluminado como a lâmpada, quando te ilumina com o seu fulgor" (Lc 11,34-36).

No mesmo Evangelho segundo Lucas, temos também uma circunlocução para, muito provavelmente, referir-se à consciência moral. Aqui, porém, em vez de servir-se de figuras sensíveis – a lâmpada, a luz, as trevas, o corpo –, o evangelista dará ênfase à própria faculdade racional do homem e, mais precisamente, à sua capacidade de julgar: "Por que não julgais por vós mesmos o que é justo? Com efeito, enquanto te diriges com teu adversário em busca do magistrado, esforça-te por entrar em acordo com ele no caminho, para que ele não te arraste perante o juiz, o juiz te entregue ao executor, e o executor te ponha na prisão" (Lc 12,57-58). Neste sentido, Lucas e Mateus devem ter haurido da mesma fonte, contudo, este último insere esta ideia num contexto mais amplo, que é aquele do Sermão da Montanha. Ademais, Mateus se distingue de Lucas ao efetuar uma descrição mais pormenorizada e ao se referir a uma situação e a uma atitude específicas, que são aquelas da oferenda que está para ser apresentada diante do altar: "Portanto, se estiveres para trazer a tua oferta ao altar e ali te lembrares de que o teu irmão tem alguma coisa contra ti, deixa a tua oferta ali diante do altar e vai primeiro reconciliar-te com o teu irmão; e depois virás apresentar a tua oferta" (Mt 5,23-24). Note-se que, aqui, a ênfase é dada não na consciência do ofertante de ter agido mal com o irmão, mas na simples possibilidade de que o irmão tenha alguma coisa contra aquele que está para depositar sua oferenda sobre o altar.

Outra circunlocução para significar a consciência moral pode ser verificada no Evangelho segundo Marcos. Desta vez, porém, não se trata do movimento daquele que está para apresentar a sua oferta, mas do fiel que se encontra recolhido em oração. São, pois, estas as palavras que o evangelista coloca na boca de Cristo: "E quando estiverdes orando, se tiverdes alguma coisa contra alguém, perdoai-lhe, para que também o vosso Pai que está nos céus vos perdoe as vossas ofensas" (Mc 11,25). Como se pode verificar, nesta passagem de Marcos a atitude e o movimento são diferentes daqueles que ocorrem na passagem de Mateus que acabamos de ler logo acima. Em Mateus, é dito ao que está para apresentar a sua oferenda: "se te lembrares de que o teu irmão tem alguma coisa contra ti", ao passo que em Marcos o orante é advertido nestes termos: "se tiverdes alguma coisa contra alguém, perdoai-lhe". Em ambos os casos, porém, se pressupõe que é a própria consciência dos respectivos fiéis que deve acusá-los ou sugerir-lhes que algo anda errado com relação ao próximo, pois um pode lembrar-se de que o irmão tem algo contra ele, enquanto o outro pode constatar, em meio à oração, que é ele próprio que tem alguma coisa contra alguém.

Se, portanto, o emprego de perífrases ou circunlocuções se revela como um recurso que encontraram os evangelistas para exprimirem, a seu modo, a consciência moral, cabe agora elucidar como esta mesma consciência é particularmente significada pela metáfora do coração. Efetivamente, de acordo com o que avancei no início da introdução a este capítulo, a metáfora do coração, a exemplo do que ocorre com relação ao Antigo Testamento, é frequente não somente sob a pena dos evangelistas, mas ela é também recorrente nos outros escritos do Novo Testamento, conforme tentarei mostrar nas próximas seções: 1 e 2.

1. A metáfora do coração nos Evangelhos

Deve, de fato, lembrar-se o leitor – consoante ao que desenvolvi no capítulo anterior desta obra – que o coração no

Antigo Testamento era considerado como sendo o foco, ou a sede, das atividades emocionais. Consequentemente, ele era concebido como o órgão apto a exprimir a alegria e a dor, o júbilo e a tristeza, o pranto e o regozijo. Ora, é a partir deste pano de fundo que a metáfora do coração será retomada, e reinterpretada, pelos escritos do Novo Testamento em geral. No Evangelho segundo Mateus, por exemplo, essa metáfora é tanto mais proeminente quanto ela reverbera, por assim dizer, o emprego que dela faziam os escritores veterotestamentários. A partir dos exemplos que tentei sublinhar no capítulo anterior, o coração era visto na literatura hebraica não somente como a sede do pensamento e do discernimento, mas também como a fonte das emoções, dos propósitos e das intenções, fossem elas boas ou más. Neste último sentido especificamente, Mateus se utiliza da metáfora do coração para significar o lugar dos planos perversos e das ações iníquas, porquanto "É do coração que procedem más intenções, assassínios, adultérios, prostituições, roubos, falsos testemunhos e difamações" (Mt 15,19). Quanto a Marcos, ele se revela ainda mais prolixo ao arrolar os maus propósitos que brotam do coração do homem: "Com efeito, é de dentro, do coração dos homens que saem as intenções malignas: prostituições, roubos, assassínios, adultérios, ambições desmedidas, maldades, malícia, devassidão, inveja, difamação, arrogância, insensatez" (Mc 7,21-22). Em Lucas, esta mesma ideia retorna, mas ele a faz preceder pela metáfora da árvore, que produz frutos bons quando ela é boa e, inversamente, faz nascer frutos maus quando ela é má. Do mesmo modo, prossegue o evangelista, "O homem bom, do bom tesouro do coração tira o que é bom, mas o mau, de seu mal tira o que é mau; porque a boca fala daquilo de que está cheio o coração" (Lc 6,45)[1]. Também

---

1. Veja também Mateus 12,33-35.

no Evangelho segundo Mateus se encontra a metáfora da árvore, porém, de maneira ainda mais incisiva e contundente: "É pelo fruto que se conhece a árvore. Raça de víboras, como podeis falar coisas boas, se sois maus? Porque a boca fala daquilo de que o coração está cheio" (Mt 12,33-34).

Se retomarmos o Evangelho segundo Marcos e, mais precisamente, o contexto da cura que, numa sinagoga e num dia de sábado, Cristo realiza sobre um homem cuja mão estava atrofiada, veremos que o coração pode também manifestar dureza, resistência, recalcitrância e má-fé. Com efeito, diz o relato: "E o observavam para ver se o curaria no sábado, para o acusarem" (Mc 3,2). Tratava-se dos fariseus e dos herodianos, que depois se retiraram para urdirem a melhor maneira de apreender e destruir Cristo. Antes, porém, conhecendo visivelmente o que alimentavam no coração, Cristo lhes pergunta: "É permitido, no sábado, fazer o bem ou fazer o mal? Salvar a vida ou matar?" (Mc 3,4). Eles, contudo – ajunta o relato –, se calavam. Em seguida: "Repassando, então, sobre eles um olhar de indignação, e entristecido pela dureza do coração deles, disse ao homem: 'Estende a mão'. Ele a estendeu, e sua mão estava curada" (Mc 3,5). Ainda segundo Marcos, depois da primeira multiplicação dos pães, achando-se Jesus a caminhar sobre as águas e tendo seus discípulos gritado apavorados por julgarem tratar-se de um fantasma, o Mestre lhes dirigiu a palavra assegurando-lhes que era ele próprio que lhes ia ao encontro: "'Tende confiança. Sou eu. Não tenhais medo'. E subiu para junto deles no barco" (Mc 6,50-51). Ora, tendo o vento amainado, continuavam eles ainda repletos de espanto, "pois não tinham entendido nada a respeito dos pães, mas o seu coração estava endurecido" (Mc 6,52). Neste último caso, trata-se, evidentemente, da incapacidade ou da resistência para compreender, o que nos leva a deduzir que o coração pode também simbolizar abertura, habilidade e, inversamente, fechamento e inabilidade para distinguir, apreender ou reconhecer algo. Isto se tornará ainda mais explícito se considerarmos, no capítulo 8 do mesmo Evangelho segundo Marcos, a polêmica em torno do fermento dos fariseus e de Herodes. É que os discípulos de Cristo se haviam esquecido de levar pães e dispunham apenas de um pão no barco. Então, ao admoestá-los o Mestre com estas palavras: "Cuidado! Guardai-vos do fermento dos fariseus e do fermento de Herodes", eles julgaram referir-se esta advertência ao fato de não terem trazido consigo pães suficientes. Mas Cristo, percebendo o que verdadeiramente suscitava a sua preocupação, retrucou-lhes dizendo: "Por que pensais que é por não terdes pães? Ainda não entendeis nem compreendeis? Tendes o coração endurecido?" (Mc 8,17).

É curioso ressaltar que, no Evangelho segundo João, a metáfora do endurecimento do coração faz-se acompanhar da cegueira dos próprios olhos. Assim, ao aproximar-se o fim de seu ministério público e estando o mestre na iminência de comer a última páscoa, dirigiu ele aos judeus estas palavras que, modificadas na perspectiva do evangelista, se encontram também em Isaías 6,9 s.: "Cegou-lhes os olhos e endureceu-lhes o coração, para que seus olhos não vejam, seu coração não compreenda e não se convertam e eu não os cure" (Jo 12,40). É também no contexto do ministério de Cristo em Jerusalém e, mais precisamente, após terem seus discípulos constatado que a figueira que ele havia amaldiçoado efetivamente secara que Marcos coloca na sua boca a metáfora do coração numa relação essencial com a fé. Assim: "Em verdade vos digo, se alguém disser a esta montanha: ergue-te e lança-te ao mar, e não duvidar no coração, mas crer que o que diz se realiza, assim lhe acontecerá" (Mc 11,23). É, todavia, em virtude do endurecimento do coração e, consequentemente, da falta de fé que o mesmo Cristo recrimina seus discípulos por não haverem crido no testemunho daqueles a quem ele aparecera depois da ressurreição: "Finalmente, ele se manifestou aos Onze, quando estavam à mesa, e censurou-lhes a incredulidade e a dureza de coração, porque não haviam dado crédito aos que o tinham visto ressuscitado" (Mc 16,14).

A partir das citações que acabei de elencar – e de outros exemplos que poderão ser detectados nos evangelhos – é lícito afirmar que a metáfora do coração lembra em mais de um aspecto os significados básicos que ela adquirira ao longo do Antigo Testamento e que tanto caracterizam o pano de fundo semítico de onde ela nasceu, se desenvolveu e se transformou. De igual modo, pudemos verificar no Novo Testamento e, mais especificamente, nos quatro evangelhos que o coração expressa e simboliza, ora a sede das emoções e dos afetos, ora a faculdade de pensar, discernir, ponderar, crer e julgar. Deve-se, no entanto, relevar que é sobretudo pela faculdade de julgar – julgar as próprias intenções, as próprias ações e os próprios atos cometidos – que se pode propriamente falar de uma consciência moral no sentido estrito do conceito. Nesta perspectiva, a metáfora do coração recorre não somente nos Evangelhos, mas também nos outros escritos do Novo Testamento, mesmo se, eventual e simultaneamente, ela aponta para outras significações e outros desdobramentos que delas derivam.

2. A metáfora do coração nos outros escritos neotestamentários

Efetivamente, na Primeira Carta de João, o coração parece claramente identificar-se com a consciência moral no sentido daquela voz interior que acusa quando o sujeito pratica, está para praticar ou deseja praticar uma má ação; inversamente, fala-se de uma consciência tranquila com relação a todo aquele que se crê agir de acordo com o bem e, neste caso, com a vontade de Deus. Esta é a razão pela qual o autor da epístola pondera de maneira tão enfática: "Nisto reconheceremos que somos da verdade, e diante dele tranquilizaremos o nosso coração, se o nosso coração não nos acusa, porque Deus é maior que o nosso coração e conhece todas as coisas. Caríssimos, se o nosso coração não nos acusa, temos confiança diante de Deus; e tudo o que lhe pedimos recebemos dele, porque guardamos os seus mandamentos e fazemos o que lhe é agradável" (1Jo 3,19-22). Como se pode deduzir a partir desta passagem, a Primeira Carta de João reproduz e epitoma, embora se utilizando de outros termos, toda uma tradição que remonta ao Antigo Testamento, segundo a qual é Deus quem sonda os corações e os rins.

Ressalte-se, mais uma vez, que a metáfora do coração como sede das intenções que Deus penetra, examina e explora é um tema frequente não somente no Antigo Testamento, mas também no Novo Testamento. Vamos encontrá-la, por exemplo, no apóstolo Paulo e, mais precisamente, na Carta aos Romanos, que diz: "Não sabemos o que pedir como convém; mas o próprio Espírito intercede por nós com gemidos inefáveis, e aquele que perscruta os corações sabe qual é o desejo do Espírito" (Rm 8,26-27)[2]. Nesta perspectiva, Deus não somente sonda os corações, mas também experimenta, prova e confirma todos aqueles que ele designou para anunciarem a Boa-Nova. Esta é a razão pela qual o apóstolo pode estar seguro de que a sua exortação nada possui

---

2. Veja também o Evangelho segundo Lucas, em que Cristo reprocha aos fariseus o seu apego ao dinheiro: "Jesus lhes disse: 'Vós sois os que querem passar por justos diante dos homens, mas Deus conhece os corações; o que é elevado para os homens, é abominável diante de Deus'" (Lc 16,15).

de caviloso, de astucioso ou mal-intencionado. Pelo contrário, "Uma vez que Deus nos achou dignos de confiar-nos o evangelho, falamos não para agradar aos homens, mas, sim, a Deus, que perscruta o nosso coração" (1Ts 2,4). Por conseguinte – admoesta Paulo na Primeira Carta aos Coríntios –, de nada adiantaria querer fugir ou velar suas más intenções antes e durante a vinda do Senhor, pois "Ele porá às claras o que está oculto nas trevas e manifestará os desígnios dos corações" (1Cor 4,5).

Ora, no início do capítulo nono da Carta aos Romanos, a metáfora do coração se fará de novo presente, mas sob outra modalidade, ou outra forma. Aqui, o apóstolo coloca lado a lado, e de maneira explícita, os termos συνειδησις e καρδια. Assim fazendo, ele se refere primeiramente à consciência moral no sentido de uma testemunha interior que acusa ou aprova, repreende ou conforta em Cristo e no Espírito Santo. Efetivamente, declara o apóstolo: "Digo a verdade em Cristo, não minto e disto me dá testemunho a minha consciência no Espírito Santo" (Rm 9,1). Logo em seguida, porém, ele vincula esta ideia a um conflito interno, cuja sede e expressão é o próprio coração: "Tenho uma grande tristeza e uma dor incessante em meu coração" (Rm 9,2)[3]. Na

---

3. Note-se que na Primeira Carta aos Coríntios, à qual eu me referi imediatamente antes de citar esta passagem da Carta aos Romanos, Paulo também emprega os termos "consciência moral" e "coração" simultaneamente. Todavia, ele escreve o primeiro sob a forma de um verbo substantivado (συνοιδα), que significa: saber ou conhecer juntamente, estar ao corrente de algo, ser testemunha ou cúmplice de alguém ou de alguma coisa. A perícope, composta dos dois versículos, se exprime, portanto, deste modo: "Verdade é que a minha consciência de nada me acusa, mas nem por isto estou justificado; meu juiz é o Senhor. Por conseguinte, não julgueis prematuramente, antes que venha o Senhor. Ele porá às claras o que está oculto nas trevas e manifestará os desígnios dos corações. Então cada um receberá de Deus o louvor que lhe for devido" (1Cor 4,4-5).

Segunda Carta aos Coríntios, o apóstolo se mostrará ainda mais enfático ao descrever a luta interior que trava consigo mesmo e que revela um sentimento ambivalente de angústia, tristeza e júbilo: "Por isto, foi em grande tribulação e com o coração angustiado que vos escrevi em meio a muitas lágrimas, não para vos entristecer, mas para que conheçais o amor transbordante que tenho para convosco" (2Cor 2,4).

Todavia, o coração pode também apresentar-se na teologia paulina, através de uma circunlocução, como a sede da consciência moral propriamente dita. Neste sentido, ele se manifesta como uma faculdade deliberativa que discerne, decide e, consequentemente, dispõe. É, pois, nesta acepção que o apóstolo exorta os fiéis a concederem sua ajuda aos necessitados com generosidade e grandeza de alma: "Cada um dê como dispôs em seu coração, sem pena nem constrangimento, pois Deus ama a quem dá com alegria" (2Cor 9,7). No início do capítulo sétimo da mesma Segunda Carta aos Coríntios, Paulo descreve a consciência moral sob uma dupla modalidade, porquanto ele se serve da metáfora do coração e, além do mais, desenvolve uma circunlocução pela qual ele se refere não somente a si próprio, mas também aos fiéis. Assim, "Acolhei-nos em vossos corações. A ninguém causamos injúria, a ninguém pervertemos, a ninguém exploramos. Não é para vos condenar que o digo, pois já o afirmei: estais em nossos corações para a vida e para a morte" (2Cor 7,2-3).

Mas o coração pode também significar o lugar da memória, conforme podemos constatar nos Atos dos Apóstolos e, mais precisamente, no discurso que fez Estêvão ao narrar a história de Israel e, neste caso específico, ao destacar o papel redentor de Moisés: "Ao completar quarenta anos, veio-lhe ao coração a ideia de visitar seus irmãos, os filhos de Israel" (At 7,23). No mesmo livro dos Atos dos Apóstolos, o coração se apresenta ainda como a sede da decisão, da disponibilidade e fidelidade ao Senhor. Assim, no contexto da difusão do querigma e, consequentemente, da fundação de novas comunidades e novas igrejas, lemos as palavras entusiásticas com as quais o narrador saúda a vinda de Barnabé para Antioquia: "Ora, a notícia chegou aos ouvidos da Igreja que está em Jerusalém, pelo que enviaram Barnabé até Antioquia. Quando ele chegou e viu a graça que vinha de Deus, alegrou-se. E exortava a todos a permanecerem fiéis ao Senhor, com prontidão de coração" (At 11,22-23).

Contudo, no discurso de Pedro à multidão reunida no dia de Pentecostes, o coração lembra em mais de um aspecto a consciência moral propriamente dita e, particularmente, o arrependimento que ela revela por terem os judeus cometido um ato abominável. Com efeito, Pedro exprobra primeiramente à multidão a ação perpetrada contra o Redentor: "Saiba, portanto, com certeza, toda a casa de Israel: Deus o constituiu Senhor e Cristo, este Jesus a quem vós crucificastes" (At 2,36). Logo em seguida, ajunta o relato: "Ouvindo isto, eles sentiram o coração traspassado e perguntaram a Pedro e aos demais apóstolos: 'Irmãos, que devemos fazer?'" (At 2,37).

Se agora retornarmos ao Apóstolo dos Gentios, encontraremos na Segunda Carta aos Coríntios uma referência ao coração que remete a uma antiga tradição, presente nos profetas Jeremias e Ezequiel, segundo a qual Iahweh renova a casa de Israel ao substituir-lhe o coração de pedra por um coração de carne. Ademais, é sobre este coração de carne que Iahweh escreve a sua nova aliança[4]. Na perspectiva de Paulo,

---

4. Em Jeremias, lemos: "Porque esta é a aliança que selarei com a casa de Israel depois desses dias, oráculo de Iahweh. Eu porei minha lei no seu seio e a escreverei em seu coração" (Jr 31,33). O profeta Ezequiel dirá: "Dar-lhes-ei um só coração, porei no seu íntimo um espírito novo: remo-

o coração se apresenta como tábuas vivas sobre as quais se redige uma carta. Melhor ainda, esta carta é a própria comunidade à qual se dirige o apóstolo: "Nossa carta sois vós, carta escrita em vossos corações, reconhecida e lida por todos os homens. Evidentemente, sois uma carta de Cristo, entregue ao nosso ministério, escrita não com tinta, mas com o Espírito de Deus vivo, não em tábuas de pedra, mas em tábuas de carne, nos corações" (2Cor 3,2-3)[5]. Segundo Rudolf Bultmann, esta é uma carta que todos podem ver e ler, na medida em que ela é percebida, vista e, consequentemente, patente aos olhos de toda a comunidade. Todavia, querendo contrapor esta carta aos documentos reais e legais de recomendação, Paulo faz a ressalva segundo a qual esta carta é "escrita em vossos corações". Deste modo, de visível que era, ela passa a ser uma carta invisível, porquanto ela fora "escrita não com tinta, mas com o Espírito de Deus vivo". Ajunte-se a isto que esta carta de recomendação, que Deus preparou e endereçou a Paulo, não foi redigida "em tábuas de pedra, mas em tábuas de carne, nos corações". Daí poder-se afirmar que se trata, com toda a probabilidade, de uma comparação e, mais do que uma comparação, de uma oposição à Lei mosaica, expressa no livro do Êxodo: "Iahweh disse a Moisés: 'Sobe a mim na montanha e fica lá; dar-te-ei tábuas de pedra – a lei e o mandamento – que escrevi para ensinares a eles'" (Ex 24,12). A conclusão de Bultmann não poderia ser outra, senão esta: o coração aparece aqui como a esfera da

---

verei do seu corpo o coração de pedra, dar-lhes-ei um coração de carne" (Ez 11,19). Veja também Ezequiel 36,26.

5. Outra variante do texto diz: "Carta escrita em nossos corações", em vez de: "Carta escrita em vossos corações". Esta última, no entanto, parece ser, segundo alguns exegetas, mais de acordo com o sentido original do texto. Cf. BULTMANN, RUDOLF, *Theologie des Neuen Testaments*, Tübingen, J.C.B. Mohr, 1984, 223.

interioridade, vale dizer, como a sede, a camada, o lugar da vida ou da vivência do homem (*Sitz des Lebens*)[6].

Ora, conforme vimos mais acima, ocorre ao apóstolo Paulo colocar lado a lado a metáfora do coração (καρδια) e o conceito de consciência moral (συνειδησις, συνοιδα) propriamente dito. Isto se verifica, por exemplo, em Romanos 9,1-2 e 1 Coríntios 4,4-5. Certo, o Apóstolo dos Gentios escreve em grego e, mais precisamente, no chamado grego da *koiné distinta*, que, como o nome já o indica, era mais elaborado que o simples grego da *koiné diálectos*. Não esqueçamos, porém, que ele pensa também, ou melhor, ele pensa principalmente a partir de um pano de fundo semítico e/ou judaico, do qual ele vem, no qual ele se move e do qual ele se exclui, mas *a partir de dentro*. Esta autoexclusão a partir e através de um universo simbólico ao qual o sujeito pertence, a designo – inspirado em Jacques Lacan e no meu mestre, Roland Sublon – pela expressão o *paradoxo de uma exclusão interna*. Não é, pois, de admirar que o apóstolo Paulo, para se referir à consciência moral, se utilize ora da metáfora do coração (καρδια), ora do termo συνειδησις, ora de ambos simultaneamente. Mas em que propriamente consiste a questão da συνειδησις na concepção e no universo moral do apóstolo Paulo?

3. Paulo e a questão da συνειδησις

Segundo Bultmann, na época de Paulo, o conceito de συνειδησις adquirira, já havia algum tempo, o significado básico de um saber do homem consigo mesmo, cuja ênfase, porém, era colocada sobre o plano moral. De resto, foi nesta

---

6. Cf. Ibid., 222-223.

acepção que dela já se utilizara o judaísmo tardio, que fora afetado, filosófica e culturalmente, pelo movimento helenístico. Ainda de acordo com Bultmann, foi Paulo que, com toda a probabilidade, introduziu este conceito na linguagem cristã[7].

Urge, porém, fazer aqui um cotejo entre a συνειδησις e outros conceitos da antropologia paulina, tais como σωμα e νους. Enquanto, pelo σωμα, o apóstolo procura marcar um distanciamento entre o eu interior e o eu tornado, pela representação, um objeto de si mesmo que age e simultaneamente manifesta um poder estranho fora do sujeito, a συνειδησις se exprime como um conhecimento que o homem tem de seu próprio comportamento ou de suas próprias ações, intenções e atitudes. À diferença também do νους, que significa um ser voltado para ou que tende para um determinado objeto, a συνειδησις apreende reflexivamente, *julgando*-a, esta mesma dinâmica do voltar-se para si mesmo. E ela o faz porque considera o próprio comportamento à luz de uma exigência que lhe diz essencialmente respeito. Resumindo, poder-se-ia definir a συνειδησις nestes termos: a συνειδησις é o conhecimento do bem *e* do mal e, ao mesmo tempo, da própria conduta a eles relacionada. De resto, este conhecimento inclui, ou pressupõe, três momentos principais: (1) um comportamento a ser adotado; (2) um dever que deve ser cumprido; (3) um valorar ou julgar criticamente a atitude ou a ação já realizada[8]. Neste último sentido, temos a consciência que acusa pelo fato de se ter perpetrado uma má ação e, inversamente, a consciência que se rejubila ao constatar o cumprimento de um dever ou de uma ação louvável. Note-se, ademais – conforme veremos no último capítulo desta obra –, que estes três momentos

---

7. Cf. ɪʙɪᴅ., 217.
8. Cf. ɪʙɪᴅ.

serão considerados e analisados por Tomás de Aquino nas reflexões que o filósofo efetuará em torno da consciência moral e, mais precisamente, do *habitus* ou da *synderesis*.

Com relação ao apóstolo Paulo, tomemos como exemplo o que ele sustenta na Segunda Carta aos Coríntios e, mais precisamente, quando ele evoca a própria consciência como testemunha do dever cumprido. Assim: "O nosso motivo de ufania é este testemunho da nossa consciência; comportamo-nos no mundo, e mais particularmente com relação a vós, com a santidade e a pureza que vêm de Deus" (2Cor 1,12). Isto nos transporta, quase que automaticamente, para esta passagem da Carta aos Romanos, em que, mais uma vez, o apóstolo faz apelo à sua própria consciência: "Digo a verdade em Cristo, não minto, e disto me dá testemunho a minha consciência no Espírito Santo" (Rm 9,1). Como se pode verificar, na primeira passagem Paulo sanciona o seu comportamento a partir e através de sua própria ação e de sua pregação diante do mundo e, particularmente, diante dos habitantes de Corinto. Disto lhe dá garantia a sua consciência. Mas a esta chancela ele acrescenta a santidade, a simplicidade e a pureza que "vêm de Deus". É, no entanto, digno de nota o fato de, aqui, a consciência pressupor também um confronto com a consciência de outrem, ou de outros, a partir da qual e através da qual o próprio sujeito julga, ou valora, os seus próprios atos. Com relação à segunda passagem, o apóstolo evoca, já de início, o próprio Cristo como, por assim dizer, o fiador ou garantidor da verdade que ele, Paulo, anuncia aos romanos. Em seguida, ele se vale mais uma vez da própria consciência, colocando-a, porém, sob os auspícios, ou a guarda, do Espírito Santo.

Não dessemelhante dessas duas últimas passagens, é esta outra, que se encontra também na Segunda Carta aos Coríntios e na qual o apóstolo volta a afirmar: "Por isto, já que por misericórdia fomos revestidos de tal ministério, não perdemos a coragem. Dissemos 'não' aos procedimentos secretos e vergonhosos; procedemos sem astúcia e não falsificamos a palavra de Deus. Muito ao contrário, pela manifestação da verdade recomendamo-nos à consciência de cada homem diante de Deus" (2Cor 4,1-2). Como se pode constatar, Paulo não somente pressupõe o julgamento dos outros em face da maneira pela qual ele procede – sem astúcia e sem falsificar a palavra de Deus –, mas, de maneira explícita, ele se recomenda "à consciência de cada homem diante de Deus". Temos, portanto, não somente a consciência dos outros como instância, tribunal e ponto de referência para estabelecer o julgamento e a vigilância sobre a consciência do apóstolo, mas também o próprio olhar de Deus que, conforme a tradição do Antigo e do Novo Testamento, "sonda os rins e o coração". Esta atitude de Paulo se tornará ainda mais patente, insistente e categórica no capítulo seguinte desta mesma Segunda Carta aos Coríntios. Com efeito, ao evocar o "temor ao Senhor" e a consciência de seus ouvintes como as condições para que ele prossiga no anúncio da palavra, o apóstolo enfatiza: "Compenetrados, pois, do temor ao Senhor, procuramos convencer os homens. Quanto a Deus, somos-lhe plenamente manifestos; espero que sejamos também plenamente conhecidos por vós em vossas consciências" (2Cor 5,11).

Todavia, Paulo se mostra meticuloso não somente com relação à manifestação de sua própria consciência – quando ele se confronta com aqueles que poderão julgar o seu comportamento e as suas intenções –, mas também com relação à consciência daqueles aos quais ele anuncia a boa nova. São, pois, eles mesmos que deverão indagar-se a respeito de suas próprias atitudes e ações. Dentre estes, existem os que são dotados de ciência (γνωσις) e outros que, pelo contrário, infringem a lei por ignorância e/ou debilidade da consciência. O apóstolo que, no tocante a estes últimos, se mostra de certa forma condescendente, exige, ao invés, um comportamento coerente daqueles que têm a mente esclarecida e que, portanto, deveriam dar o exemplo diante dos que comem carne imolada aos ídolos. Com efeito, observa Paulo: "Nem todos têm esta ciência. Alguns, habituados, até há pouco, ao culto dos ídolos, comem a carne dos sacrifícios como se fosse realmente oferecida aos ídolos, e a sua consciência, que é fraca, fica manchada" (1Cor 8,7). Em seguida, porém, ele admoesta aos que, supostamente, passaram pelo crivo da ciência e que, portanto, deveriam dar o exemplo diante de uma prática a ser evitada e/ou censurada. Assim, diz o apóstolo: "Se alguém te vê assentado à mesa em um templo de ídolo, a ti que tens a ciência (γνωσις), porventura a consciência dele, que é fraco, não será induzida a comer carnes imoladas aos ídolos? E, assim, por causa da tua ciência perecerá o fraco, esse irmão pelo qual Cristo morreu! Pecando assim contra vossos irmãos e ferindo a sua consciência, que é fraca, é contra Cristo que pecais" (1Cor 8,10-12)[9]. Urge, no entanto, observar que, a despeito da ressalva e, até certo ponto, da compreensão que demonstra Paulo perante os que, sendo carentes de ciência, têm a consciência fraca e que, portanto, comem carnes imoladas aos ídolos, ele não os escusa pura e simplesmente. Pelo contrário, o apóstolo se mostra categórico ao deduzir: "e a sua consciência, que é fraca, fica manchada" (1Cor 8,7).

Não obstante isso, deve-se levar em conta a seguinte interrogação: o julgamento da συνειδησις, como expressão da voz interior que se refere ao comportamento do homem,

---

9. Veja também: 1 Coríntios 10,25-30.

pode errar, ou deve ser afirmado como válido? Se nos ativermos à segunda alternativa, forçoso é reconhecer que aqueles coríntios – de acordo com a perspectiva de Paulo – estão seguindo a voz da própria consciência e que, portanto, não são obrigados a abraçarem uma atitude que ela mesma reprovaria. A este respeito, poder-se-ia reevocar a segurança com a qual o apóstolo se vale do testemunho da própria consciência como garantia de seu comportamento no tocante à comunidade: "O nosso motivo de ufania é este testemunho da nossa consciência; comportamo-nos no mundo, e mais particularmente com relação a vós, com a santidade e a pureza que vêm de Deus" (2Cor 1,12). De igual modo: "Digo a verdade em Cristo, não minto, e disto me dá testemunho a minha consciência no Espírito Santo" (Rm 9,1). Ora, conforme se pode deduzir, isto é suscetível de desencadear as mais polêmicas consequências e as mais diversas interpretações, no sentido, por exemplo, de que o indivíduo é irredutivelmente único e, portanto, livre para obedecer, ou não, à voz de sua própria consciência. E isto poderia aplicar-se mesmo quando se tratasse de um poder transcendente que ultrapassa a própria esfera individual. Por conseguinte, com relação ao pensamento e ao juízo dos outros, a sua liberdade – justamente por se tratar de *sua* liberdade – é inalienável, independente, autônoma, de sorte que o juízo de sua consciência se verifica válido de maneira única e absoluta. É o próprio apóstolo quem o deixa pressupor, quando se interroga: "Digo: a consciência dele, não a vossa. Por que a minha liberdade (ελευτερια) haveria de ser julgada por outra consciência?" (1Cor 10,29).

Na Epístola aos Romanos temos, ademais, uma ampliação da concepção paulina da συνειδησις, na medida em que, no segundo capítulo, entra também em jogo a obediência à Lei como uma prova de que, por esta obediência, os gentios a interiorizaram, ou melhor, a trazem *inscrita em seus corações*, mesmo não possuindo a lei escrita. Com efeito, pondera o apóstolo: "Quando então os gentios, não tendo Lei, fazem naturalmente o que é prescrito pela Lei, eles, não tendo Lei, para si mesmos são Lei; eles mostram a obra da Lei gravada em seus corações, dando disto testemunho sua consciência e seus pensamentos que alternadamente se acusam ou defendem" (Rm 2,14-15).

A este propósito, Wolfhart Pannenberg enfatiza a ligação que, na tradição teológica, veio se fazendo entre Romanos 2,15 e Romanos 1,18ss. Efetivamente, no primeiro capítulo, Paulo repreende todos aqueles que se recusam a reconhecer a verdade ou a admitir o conhecimento de Deus que, no entanto, se impõe pela visibilidade das obras da criação. Pondera, de fato, o apóstolo em Romanos 1,19-20: "Porque o que se pode conhecer de Deus é manifesto entre eles, pois Deus lho revelou. Sua realidade invisível – seu eterno poder e sua divindade – tornou-se inteligível, desde a criação do mundo, através das criaturas, de sorte que não têm desculpa". A conclusão, pois, a que se devia chegar não podia ser outra, senão esta: o conhecimento inato da lei pressupõe o conhecimento inato de Deus.

Convém notar que a ideia de um conhecimento da Verdade, ou de Deus, inato nos seres humanos pode ser verificada na reflexão teológica já desde os tempos de Justino Mártir (c. 100–c. 165), que se baseia no conceito estoico de *razões seminais*. Ela se encontra também em Tertuliano (c. 155–c. 222), para quem a alma herdou não somente o pecado original – que ele denomina *vitium originis* –, mas também a semelhança com Deus. Trata-se, portanto, da doutrina do *testimonium animae*, o qual remonta até Adão através de uma transmissão ininterrupta, graças à qual todas as almas, ao conservarem a semelhança com Deus, revelam-se *naturalmente* cristãs. Colhendo, pois, os testemunhos da alma, pode-se finalmente chegar ao conhecimento da Verdade ou, o que equivale ao mesmo, de Deus[10].

Ao longo da Idade Média, a concepção de um conhecimento inato de Deus pontilhará a tradição teológica agostiniana e se fará também presente no próprio Tomás de Aquino, que, apesar da ênfase dada ao estofo do mundo perceptível e à mediação dos sentidos, admite certo tipo de conhecimento da existência de Deus implantado *naturalmente* em nós[11]. Convém ainda lembrar que, segundo Pannenberg, alguns teólogos medievais assinalavam a este conhecimento congênito de Deus uma significação ainda mais ampla, situando-a na *synderesis*[12]. Ademais, esta significação abrangeria, além do direito natural, os fundamentos da religião e, consequentemente, o conhecimento do próprio Deus. Dentre estes pensadores, salienta-se Alberto Magno, que, na *Summa de bono*, e apoiando-se no apóstolo Paulo e em Basílio Magno, ministrou um conhecimento do direito natural que estaria localizado na *synderesis* e que, por isto mesmo, implicaria o dever da adoração a Deus[13]. Ainda de acordo com Pannenberg, esta posição parecia preferir-se às demais, porquanto o conhecimento inato que, segundo Romanos 2,15, o homem possuía da lei divina era também atribuído por Abelardo à consciência moral. De resto, esta consciência encerrava também os mandamentos da primeira tábua do Decálogo,

---

10. Cf. Tertuliano, Témoignage de l'âme, in: *Oeuvres complètes de Tertullien* (tr. Genoude), Louis Vives, 1852. MPL 1, 681-692.

11. Cf. Tomás de Aquino, *Summa Theologica*, q. 2, a. 1.

12. A *synderesis*, conforme veremos no final deste estudo (capítulo XII), era outro nome que alguns escolásticos, inclusive Tomás de Aquino, empregavam para se referirem à *consciência moral* e, mais precisamente, ao *habitus*, que é uma disposição estável da qual provém a retidão da vontade.

13. Cf. Pannenberg, Wolfhart, *Teologia sistematica*, 3 v., Brescia, Queriniana, 1990, v. 1, 126.

mormente aquele referente à adoração a Deus. Por conseguinte, ele devia igualmente compreender o conhecimento da própria existência de Deus[14].

Na teologia dos reformadores sobressai igualmente um esforço para estabelecer um vínculo entre Romanos 1,19-20 e Romanos 2,15. Assim, Lutero, nas *Preleções sobre a Carta aos Romanos* (1515/16), tentou combinar estas duas passagens, a saber, o que diz o apóstolo em Romanos 1,19-20 a respeito do conhecimento geral que temos de Deus baseados na criação e o que afirma o mesmo apóstolo em Romanos 2,15 sobre os gentios: eles "mostram a obra da lei gravada em seus corações". De modo semelhante pensa Filipe Melanchthon nos *Loci communes* de 1521. Contudo, à diferença de Lutero, Melanchthon dá ênfase ao mandamento da adoração que se deve prestar a Deus, porquanto ele declara expressamente que o conhecimento inato que dele possuímos constitui, de fato, a base das afirmações que Paulo desenvolve no primeiro capítulo da Carta aos Romanos[15]. Mas como se apresentam as elaborações mais recentes sobre a relação existente entre a consciência moral e o conhecimento que tem o homem a respeito de Deus?

A propósito, Gerhard Ebeling publicou um artigo em 1960 sob o título *Ponderações teológicas sobre a consciência moral*, em que ele estabelece uma estreita ligação entre Deus, o mundo e a consciência que o homem desenvolve através de sua própria experiência. Para Ebeling, a consciência moral se manifesta como um todo na medida em que ela aponta para o definitivamente último, de modo que o problema do mundo como realidade no seu conjunto se exprime, ele também,

---
14. Cf. IBID.
15. Cf. IBID., 128-129.

como uma questão de consciência. Nesta perspectiva, o homem, a sociedade, a natureza, o mundo e, finalmente, todo o universo apontam para uma questão mais radical ainda; trata-se da questão por excelência, ou da questão das questões: Deus como o Primeiro e o Último, o Alfa e o Ômega.

Estas reflexões estão mais ou menos na linha daquilo que Paul Tillich designa pela expressão *ultimate concern*, vale dizer, a *ultimidade*, ou a realidade suma, derradeira, que nos diz respeito incondicional, universal e infinitamente. Trata-se, em última análise, do próprio Deus, Deus considerado como a interrogação e a resposta última, total e definitiva[16]. Quanto a Ebeling, as suas análises não podiam conduzi-lo senão para esta constatação: somente onde Deus pode ser encontrado como um problema de consciência podem também o homem e o mundo ser considerados como um problema de consciência[17].

Mas, se as coisas se apresentam assim, somos induzidos a perguntar-nos se o conceito de consciência moral realmente extrapola a esfera daquilo que diz estritamente respeito ao bem e ao mal e, portanto, à capacidade que têm os homens de julgar seus atos e suas intenções no plano intrassubjetivo e na esfera das relações sociais. Para perguntá-lo de outro modo, poderíamos dizer: é a consciência um conceito meramente unívoco ou se desdobra ele – como venho tentando sustentar ao longo destas reflexões – através de uma dupla modalidade: a epistemológica e a moral? Esta é a razão pela qual a mesma pergunta pode ser reformulada nestes termos: a

---

16. Veja a este respeito TILLICH, PAUL, *Systematic Theology*, 3 v. Chicago, The University of Chicago Press, 1951, 1957, 1963, volume one (1951), 12-14.

17. Cf. EBELING, GERHARD, Theologische Erwägungen über das Gewissen, in: *Wort und Glaube*, I, Tübingen, Mohr Siebeck, 1960, 434.

dinâmica da interiorização que caracteriza os seres humanos na sua capacidade de identificar o certo e o errado está ou não intrinsecamente ligada à sua capacidade de discernir entre o bem e o mal? É esta problemática que tentarei examinar no capítulo seguinte, em que serão apresentadas e enfatizadas as reinterpretações que recebeu a consciência na filosofia de Plotino, cujo método fundamental privilegia, justamente, o movimento de autorreflexão, de interiorização ou de diálogo da alma consigo mesma.

Capítulo VII
PLOTINO E A CONSCIÊNCIA COMO MOVIMENTO DE RETORNO A SI MESMO

Uma das passagens mais evocadas de Plotino (205–270) para corroborar a sua teoria e o seu método fundamentais do conhecimento é aquela que se encontra na terceira *Enéada*, que diz: "O sábio, já compenetrado de razão, descobre para os outros o que ele retira de si próprio: para si mesmo se voltou o seu olhar. Ele tende para a unidade e para a calma, não somente com relação às coisas exteriores, mas também a si próprio; em si mesmo ele reencontra todas as coisas"[1]. Note-se o peso, a importância e a ambiguidade que tem esta última afirmação: "em si ele reencontra todas as coisas". Se se trata, portanto, de todas as coisas, segue-se que Plotino pressupõe que este movimento de diálogo da alma consigo mesma é capaz de suscitar não somente a paz à qual aspira o sábio, mas também a apreensão e intelecção de tudo aquilo que se manifesta nos planos epistemológico, ético, estético etc. Consequentemente, essa passagem como um todo faz ressaltar, de maneira

---

1. Plotino, *Enneadi*, III, 8, 6.

explícita e patente, a dinâmica básica da interiorização que radicalmente marcou, pontilhou e determinou não somente a própria filosofia de Plotino, mas também toda a tradição neoplatônica que a partir dela se desenvolveu e se prolongou até o pensamento medieval. Na vertente cristã, a sua influência foi sentida e alimentada principalmente através dos escritos e da doutrina da "iluminação interior" de Agostinho de Hipona. Certo, Plotino é considerado um pensador "pagão" ou "profano". Não se deve, porém, esquecer que o desenvolvimento do pensamento cristão, a partir da Idade Antiga Tardia, não pode ser concebido, nem mesmo imaginado, sem a sua filosofia e os desdobramentos que ela suscitou. O mesmo se pode também dizer – e com mais razão ainda – com relação a Platão e, no que diz respeito à Alta Escolástica, com relação a Aristóteles. Esta é, pois, a razão pela qual este capítulo dedicado a Plotino pertence essencialmente à Segunda Parte desta obra, que inclui: As Escrituras e o Pensamento Cristão Antigo e Medieval.

Ajunte-se ainda que, sem Platão e sem o platonismo, não teria havido nem o médio nem o neoplatonismo. O medioplatonismo, que dominou os dois primeiros séculos da era cristã, se caracteriza por: (1) uma redescoberta da transcendência em chave teológica; (2) uma tentativa de mediação entre Platão e Aristóteles, no sentido de se distinguirem os inteligíveis primeiros (as Ideias na mente de Deus) e os inteligíveis segundos (as formas imanentes às próprias coisas); (3) uma estruturação da cadeia ontológica em forma hierárquica (Plutarco) que, de certo modo, antecipa a teoria neoplatônica das hipóstases; (4) uma cosmologia centrada no *Timeu* e construída, de maneira geral, em perspectiva alegórica; (5) uma antropologia e uma ética atravessadas por uma tensão espiritual e dominadas, no plano místico-teológico, por uma dinâmica de união com Deus, a qual se denominou *doutrina da participação*.

Quanto ao neoplatonismo, os seus principais temas e elementos teóricos se deixam exprimir, e provavelmente resumir, através dos seguintes pontos: (1) uma ênfase e uma valoração dadas ao mundo suprassensível em detrimento do mundo sensível; (2) o caráter absoluto e transcendente do Uno, considerado como o Bem (Plotino) e, no pensamento cristão, como Deus; (3) a doutrina das processões de todas as coisas existentes a partir do Uno, as quais se tornam menos perfeitas à medida que se aproximam do mundo sensível, da matéria e, finalmente, do nada, ou do mal (Plotino); (4) uma ênfase dada não somente às processões, mas também à hierarquização das hipóstases, que se pressupõem umas às outras através de nexos lógicos, metafísicos e necessários (Plotino); (5) a produção, ou processão, de todas as coisas a partir do Uno e o seu retorno ao seio deste mesmo Uno através de um processo ou de uma dialética que se desdobra em três momentos (Proclo); (6) o retorno do homem a si mesmo mediante a dinâmica de interiorização que, eventualmente, culmina num estado de êxtase e, possivelmente, na união com o Uno (Plotino) ou, na concepção cristã, com Deus; (7) uma revaloração da moral com uma acentuada depreciação do corpo, da sensibilidade, e, inversamente, uma supremacia assinalada ao espírito ou à alma; (8) uma reestruturação das virtudes, subdivididas em níveis que correspondem à hierarquia das hipóstases (Porfírio) e que, frequentemente, culminam nas virtudes teúrgicas (Jâmblico, Proclo).

Com relação a Plotino especificamente, o meu objetivo aqui não é adentrar os fundamentais e *intricados* conceitos que permeiam as *Enéadas*[2]. Tenciono tão somente verificar se,

---

2. Para uma tentativa de explicação ou descrição sucinta das principais questões que constituem as *Enéadas*, veja: ALMEIDA, ROGÉRIO MI-

neste filósofo, a dinâmica da interiorização permite, ou não, afirmar a existência de uma dupla valência da consciência: a consciência no plano epistemológico e a consciência na sua acepção moral propriamente dita. Comecemos, então, pela problemática da contemplação.

1. O Uno, a natureza e a contemplação

Ao examinar o pano de fundo da filosofia grega, da qual Plotino é tributário, Émile Bréhier chama a atenção para o conceito de unidade tal como ele fora explorado pelo estoicismo primitivo. Nesta perspectiva, o ser é sempre subordinado ao Uno, de sorte que o Uno é o princípio mesmo do ser, desde, porém, que esta unidade não seja meramente abstrata, formal ou, em outros termos, vazia. Ela deve, em primeiro lugar, conter toda a realidade que está presente, desdobrando-se e determinando-se em toda a sua extensão. Consequentemente, a alma de um vivente – lembre-se que todo ser, na concepção do estoicismo primitivo, se apresenta como um ser vivo – encerra, sob a forma de razões seminais inseparáveis umas das outras, todos os detalhes que compõem um corpo. Destarte, nada existe que não seja, por assim dizer, um prolongamento ou uma determinação da alma como unidade, mas uma unidade viva ou, literalmente, *animada*. Partindo-se, pois, deste pressuposto – conclui Bréhier –, pode-se inferir a dimensão e o modo de inteligibilidade peculiares a Plotino: estes consistem em fazer compreender que toda e qualquer realidade tem como ponto de partida uma unidade

---

RANDA DE, *A fragmentação da cultura...*, 85-98.

mais perfeita³. E, de fato, no tratado VI das *Enéadas* o filósofo é peremptório ao afirmar: "Todos os entes são entes pelo Uno, quer se trate daqueles que são tais num primeiro grau, quer se trate daqueles que, de algum modo, participam do Ser. O que, efetivamente, seriam estes entes se não fossem uno? Pois nenhum deles, privados de sua unidade, seria aquilo que é"⁴. Mas o que é o Uno para Plotino? Ele é a potência de todas as coisas, de sorte que, se o Uno não existisse, nada existiria: nem a inteligência (νους), nem a Vida primeira (ζωη η πρωτη), nem a Vida universal (ζωη πασα). Melhor ainda: o que está acima da vida é a causa da vida, porquanto a atividade ou a energia que *anima* todas as coisas não é a primeira causa, mas se desencadeia da primeira causa, ou do Princípio, como a partir de uma fonte, de uma nascente, de um manancial (πηγη)⁵.

Convém, no entanto, destacar que Plotino – segundo constata Bréhier – abandona completamente as fórmulas da teoria estoica das quais, por vezes, ele se havia servido. É que, para os estoicos, a unificação era devida a uma atividade própria do sujeito cognoscente que, penetrando na matéria, retinha, através de sua tensão, as partes que a constituíam. Para Plotino, em vez, toda unidade se refere, de uma maneira ou de outra, a um gênero de ciência que a qualifica e a determina. Assim, numa dada ciência, o espírito é uno porque, e somente porque, ele contempla um único e mesmo objeto. Consequentemente, o que introduz a unidade na realidade inferior é a contemplação mesma do princípio superior, como declara o próprio filósofo: "Se te dirigires para este Princípio

---

3. Cf. Bréhier, Emile, op. cit., I, 399.
4. Plotino, op. cit., VI, 9, 1.
5. Cf. ibid., III, 8, 10.

e, alcançando-o, nele repousares, poderás melhor concebê-lo com o teu olhar e, assim, contemplar a sua grandeza através dos seres que vêm depois dele e mediante ele"[6]. Dizer, portanto – conclui Bréhier –, que o Uno é o princípio de todo ser significa afirmar que a única realidade verdadeira é a contemplação que dele e nele se faz. Neste sentido, não somente a inteligência se desdobra como a *teoria* ou a contemplação de seu objeto, mas também a própria natureza se apresenta como uma contínua e eterna contemplação. Certo, trata-se de uma contemplação silenciosa, tácita, *discreta* e inconsciente do modelo inteligível que a própria natureza se esforça por imitar. Assim, um animal, uma planta ou qualquer outro objeto só possuem sua forma – no sentido aristotélico do termo – na medida em que eles contemplam o modelo ideal que neles se reflete, ou que através deles se manifesta. Verdade é também que o Princípio permanece eternamente em si mesmo, vale dizer, como uma imutável e inalterável perfeição e unidade, porquanto, a rigor e absolutamente falando, nada de sua atividade se transmite às realidades inferiores. Na verdade, seria mais exato afirmar que o princípio, enquanto princípio, nada perde de si mesmo. Numa linguagem metafórica, pode-se, contudo, deduzir que o Princípio age como tudo aquilo que é belo, isto é, inundando e transformando com a sua luz e o seu reflexo as coisas aptas a receberem o Bem que ele dispensa[7].

Nesta linha de raciocínio, interroga-se Plotino: como pode a natureza atingir a contemplação, dado que, à diferença da razão, ela é móvel e, portanto, mutável, efêmera e variegada nas suas faces e expressões? Ora, responde o

---

6. IBID.
7. Cf. BRÉHIER, EMILE, op. cit., I, 399-400.

próprio filósofo: a contemplação da natureza ocorre porque, ao agir e operar, ela permanece ao mesmo tempo – e *paradoxalmente* – imóvel. Neste sentido, pode-se dizer que ela é também razão ou, mais exatamente, ela age como a razão. Com efeito, as ações práticas, conquanto sejam conformes à razão, dela diferem na sua variedade, pois a razão, estando presente nas ações e a elas presidindo, não é *ipso facto* ação. Ela é antes contemplação, melhor ainda, para cada razão existe uma razão última que deriva da contemplação e que é ao mesmo tempo contemplação, no sentido do objeto contemplado[8].

A interrogação, pois, que inevitavelmente retorna consiste em saber se a própria natureza deriva também de uma contemplação. A esta interrogação Plotino responde peremptoriamente: sim! Também a natureza é semelhante a um ser que se contempla ou, mais precisamente, ela é o resultado de uma contemplação e, enquanto ser, ela contempla. Certo – elucida o filósofo –, a natureza não possui a contemplação que deriva do pensamento discursivo, que é um pensamento que examina o que ele próprio contém. Ela é, antes, vida. Mas, sendo vida, é também, e *a fortiori*, uma razão e uma potência operante. Ora, procurar significa não possuir ou, mais exatamente, ainda não possuir totalmente aquilo que se procura. Mas a natureza possui e, enquanto possui, também age. Consequentemente, para ela, ser o que se é equivale a agir, logo, a natureza é contemplação e, simultaneamente, objeto de contemplação, admitindo-se que ela seja razão. Plotino vai mais longe ainda: enquanto contemplação, a natureza é também objeto de contemplação e razão, e somente por isto ela produz[9]. Trata-se, porém, segundo Plotino, de uma

---
8. Cf. Plotino, op. cit., III, 8, 3.
9. Cf. ibid.

contemplação silenciosa e obscura, porquanto, ao contemplar o seu objeto, a natureza permanece em repouso. Todavia, ela o produz nela mesma, na medida em que, permanecendo em si e consigo mesma, ela é objeto de contemplação. Neste sentido, a inteligência e a consciência que se quisesse atribuir à natureza seriam comparáveis não àquelas que se encontram em outros seres, mas àquelas que se verificam no estado de sono[10]. Ora, à diferença da natureza que, consoante Plotino, é posterior à alma, a contemplação que nesta última se desenrola se manifesta, ela também, de maneira eminente e privilegiada.

2. A alma, a contemplação e o bem

De fato, sublinha o filósofo, o amor que tem a alma (ψυχη) pela ciência e pela indagação, a sua plenitude e a sua aspiração à geração – proveniente daquilo que ela conhece – fazem com que, tornada inteiramente objeto de contemplação, ela produza um outro objeto de contemplação. Evidentemente, Plotino está se referindo aqui à parte superior da alma, isto é, ao elemento racional, pelo qual ela prescinde de toda atividade, de toda visibilidade e de tudo aquilo que produz o mundo exterior. "Tudo isto – enfatiza o filósofo – se desenrola no silêncio, porque a alma não necessita nem de coisa visível, nem de contemplação que provenha de fora, nem de ação (πραξις)"[11]. Efetivamente, nem a contemplação nem o seu objeto possuem um limite, ou uma fronteira, porquanto eles se fundem um no outro ou, literalmente, se *con-fundem*

---

10. Cf. IBID., III, 8, 4.
11. Cf. IBID., III, 8, 5.

um com o outro. Isto equivale a dizer que a contemplação se encontra em toda parte e, consequentemente, em parte alguma. Para fundamentar esta asserção, Plotino recorre à sua concepção básica da contemplação que, segundo ele, se encontra em toda alma, sendo sempre a mesma, porquanto ela não é limitada a nenhum espaço. Mas, fato capital, ela não se manifesta do mesmo modo em todas as coisas, pois, a exemplo da carruagem de Platão, no *Fedro*, o cocheiro transmite aos cavalos aquilo que ele viu, e estes, por sua vez, acolhem e desejam somente aquilo que puderam perceber, pois não foram capazes de tudo abraçar. Assim, eles agem somente em vista do objeto desejado, que é objeto de contemplação e, ao mesmo tempo, é contemplação[12]. Por conseguinte, a ação se faz por causa da contemplação e, simultaneamente, do objeto contemplado. Certo, para aqueles que agem, a contemplação se apresenta como o fim, mas aquilo que não podem atingir diretamente tentam apreender girando constantemente ao seu redor. Quando, finalmente, conseguem alcançá-lo, chegam à conclusão de que contemplaram, não para ignorar, mas para conhecer e ver o objeto do desejo presente na alma. Nesta justamente se encontrava o objeto, pois ele era contemplado a partir de seu próprio interior[13].

Neste ponto, o autor das *Enéadas* procede a uma reviravolta, na medida em que introduz a questão do bem (αγαθον). Peremptoriamente, o filósofo assevera – dentro da tradição platônico-aristotélica – que os homens agem em vista de um bem. Todavia, a partir especificamente de sua própria perspectiva, Plotino ajunta que os homens buscam o bem, não

---
12. Cf. IBID.
13. Cf. IBID., III, 8, 6.

para que ele permaneça fora deles, ou para que eles não o possuam, mas justamente para possuí-lo, dado que o bem deriva da ação (πραξις). Mas onde propriamente reside este bem? A sua resposta não poderia ser mais categórica: dentro da própria alma. É que a ação retornou, se voltou mais uma vez, para a contemplação (θεωρια). Daí poder o filósofo elucidar, sob a forma de interrogação: aquilo que se acolhe na alma – que é razão (λογος) –, que outra coisa poderia ser senão uma razão silenciosa? E ela é tanto mais silenciosa quanto é razão. É, portanto, através desta dinâmica que a razão, ou a alma, se aplaca e nada mais exige, podendo, assim, a contemplação permanecer no seu íntimo, porque está doravante certa de ter obtido a fruição a que aspirava. De resto, quanto maior for aquela certeza, tanto mais tranquila será a contemplação, porque ela tenderá cada vez mais à unidade[14]. Munido, pois, desta intuição, Plotino volta mais uma vez a acentuar a indissociabilidade fundamental – e radical – que predomina entre o sujeito do conhecimento e o objeto conhecido, ou em via de ser conhecido. Com efeito, assere o filósofo: "Quanto mais a parte cognoscente conhece, tanto mais ela se torna uma coisa só com o objeto conhecido"[15]. Inversamente, se permanecessem duas realidades diferentes – uma agindo independentemente da outra –, o sujeito seria heterogêneo ao seu próprio objeto, e, consequentemente, a alma ainda não teria superado a duplicidade ou a justaposição de várias razões que, por assim dizer, reinariam no seu próprio seio. É, portanto, necessário – urge o filósofo – que a razão não permaneça fora, mas antes unida à alma do sujeito cognoscente, até que ele a reencontre e a descubra como

---

14. Cf. Ibid.
15. Ibid.

similar e afim ao movimento da razão ou à própria razão. Todavia, ajunta Plotino, nos homens de ação a dinâmica do conhecimento se volta para fora do sujeito, de modo que, ao não saberem distinguir a esfera interna da externa, são levados a atribuir ao mundo exterior o que, na verdade, se desenrola no próprio interior da alma[16].

Por conseguinte, quanto mais intensamente possui a alma a capacidade de dialogar ou *con-versar* consigo mesma, tanto mais demonstra ela possuir uma calma, uma placidez e uma serenidade superiores àquelas que se encontram na natureza. Em outros termos, quanto mais possuir suas próprias razões, tanto mais será ela apta a contemplar. Não obstante, dado que essa posse não é completa, ela aspira a aumentar sempre mais, através da busca e da indagação, o conhecimento e a contemplação do objeto desejado. Pode ela, contudo, abandonar-se a si mesma e errar indefinidamente entre um objeto e outro e, nessas múltiplas deambulações, retornar fatigada a si mesma para, finalmente, contemplar com aquela parte superior que antes havia abandonado. A alma, porém, que permanece em si mesma, procede de maneira diferente, porquanto ela será sempre capaz de efetuar o movimento de introspecção e, consequentemente, de conversação dela com ela mesma. Donde a conclusão – de forma lapidar – que apresenta Plotino na *Enéada* III e que eu havia antecipado ao iniciar este mesmo capítulo VII: "O sábio, já compenetrado de razão, descobre para os outros o que ele retira de si próprio: para si mesmo se voltou o seu olhar. Ele tende para a unidade e para a calma, não somente com relação às coisas exteriores, mas também a si próprio; em si mesmo ele reencontra todas as coisas"[17].

---

16. Cf. IBID.
17. IBID.

Intrigante é, pois, a última constatação que faz o filósofo: "em si mesmo ele reencontra todas as coisas". Trata-se, aparentemente, não somente dos objetos contemplados na sua essência e, portanto, compreendidos noética e epistemologicamente, mas também dos próprios objetos – ou de objetos diferentes – colimados, distinguidos e julgados pelo crivo da moral, vale dizer, por aquilo que eles encerram de bom e de mau, de belo e de feio, de odioso e de amável, de censurável e de louvável, de digno e de indigno. De condenável e de louvável. Em outros termos – e retomando o que eu havia igualmente avançado na introdução a este capítulo –, convém mais uma vez perguntar-se se, em Plotino, a dinâmica da interiorização permite, ou não, afirmar a existência de uma dupla valência da consciência: a consciência no plano estritamente epistemológico e a consciência na sua acepção moral propriamente dita. Na verdade, seria mais exato perguntar qual dessas duas modalidades predomina: se a do conhecimento da essência das coisas ou se a do conhecimento da moral. Certo, Plotino insiste, ao longo das *Enéadas*, sobre a contemplação como condição para atingir o conhecimento da essência dos objetos. Todavia, ele também não cessa de enfatizar a busca do conhecimento do bem. É o que ele afirma, por exemplo, na mesma *Enéada* III: "Os homens agem em vista de um bem; não para que ele permaneça fora deles, ou para não o possuir, mas para possuir o bem que deriva da ação"[18].

O papel que exerce a contemplação no universo plotiniano do conhecimento é deveras uma questão que não se pode elidir. Mas a que propriamente visa Plotino quando se refere, o mais das vezes concomitantemente, à contemplação, à alma, à razão e à inteligência? É evidente que não se trata

---

18. Ibid.

de meros sinônimos, no sentido de poderem ser pura e simplesmente permutáveis entre si. Trata-se, ao invés, de conceitos que não podem ser pensados separadamente, pois um evoca necessária e essencialmente o outro. Todavia, impõe-se de maneira mais premente ainda a questão de saber em que consiste a ênfase que, visível e marcadamente, Plotino coloca sobre a dinâmica da contemplação. Com efeito, na mesma *Enéada* III o filósofo é peremptório ao afirmar: "Tudo, pois, deriva da contemplação e é contemplação, tanto as verdadeiras realidades, quanto o que deriva de sua contemplação, que é também objeto de contemplação"[19]. Dentro desta mesma linha de raciocínio, o filósofo acrescenta que as ações têm o seu fim no conhecimento, ou aspiram ao conhecimento. De resto, as gerações (αι γεννησεις), que partem de uma contemplação, culminam numa forma (ειδος) ou num outro objeto de contemplação (θεωρημα). Consequentemente, todas as coisas geradas ou produzidas, na medida em que se manifestam como imagens das realidades primeiras, são, por isto mesmo, formas e objetos de contemplação. Melhor ainda: as substâncias geradas – imagens das verdadeiras realidades – mostram que a sua causa não tem como finalidade a produção nem a ação propriamente dita, mas a contemplação das obras realizadas[20].

Convém acentuar que, neste ponto, Plotino introduz mais uma vez uma inflexão no seu pensamento, na medida em que estabelece uma hierarquia do conhecimento que, em mais de um aspecto, lembra-nos aquela estrutura que costumo denominar a *pirâmide epistemológica* que Aristóteles descreve no início da *Metafísica*, Livro A, 1. De modo mais ou

---

19. Ibid., III, 8, 7.
20. Cf. ibid.

menos semelhante, para Plotino o pensamento quer *ver* suas obras geradas ou produzidas, mas, antes do pensamento, ele introduz a sensação, ou as sensações (αι αισθησεις), cuja finalidade é justamente o conhecimento. Antes, porém, de introduzir as sensações, ele ressalta o papel da natureza (φυσις), que faz ou produz um objeto de contemplação (θεωρημα) e uma razão (λογος); em seguida, ou simultaneamente, a natureza produz uma outra razão.

A dedução que apresenta Plotino se dá, portanto, da seguinte maneira: visto que as realidades primeiras consistem na contemplação, segue-se que as demais coisas aspiram também – e necessariamente – à contemplação, pois para todas as realidades o princípio é o fim. Isto está presente, segundo o filósofo, até mesmo na geração dos animais, pois, quando um animal gera, ele o faz porque as razões que lhe são imanentes o movem a realizar aquela determinada ação. Consequentemente, a geração é um ato de contemplação, ou seja, uma energia (ενεργεια) ou um esforço para produzir múltiplas formas, variados objetos de contemplação e, em última análise, para contemplar perenemente a realidade. A conclusão, portanto, a que devia chegar o filósofo só podia, necessariamente, ser esta: "Produzir (ποιειν) é produzir uma forma (ειδος), isto é, preencher todas as coisas de contemplação"[21].

A partir dessas considerações, não se pode negar que verdadeiramente existe uma finalidade perpassando todo o universo plotiniano do ser, e isto das mais elevadas até as mais ínfimas realidades. De resto, essa finalidade se verifica não somente no âmbito ontológico, mas também nas esferas da epistemologia e da moral. Expressa na contemplação e pela contemplação, ela se manifesta de maneira racional

---

21. Ibid.

e necessária na própria natureza, isto é, na geração dos animais, assim como nas ações dos homens em geral. Tão inerente é, pois, esta finalidade no seio das realidades contempladas, que os defeitos que por acaso a elas sobrevêm são devidos não aos objetos contemplados enquanto tais, mas a um desvio, ou a uma aberração, do próprio sujeito que os contempla[22]. Certo, de um lado, isto está claramente a indicar a margem de liberdade que Plotino assinala ao sujeito da contemplação. Do outro lado, porém, é evidente o pano de fundo moral do qual essa *liberdade* provém, fundo este que será ampliado, enriquecido e intensificado ao longo de toda a história da moral cristã, que, direta ou indiretamente, é tributária da filosofia platônica e, particularmente, da tradição neoplatônica. Parodiando Nietzsche, é lícito, portanto, afirmar que as *Enéadas* de Plotino nasceram, se nutriram e se afirmaram sob a égide da moral platônica.

Em conexão com este pano de fundo moral, o leitor deve lembrar-se de que, no início e ao longo deste capítulo, evoquei a questão da dupla valência da consciência em Plotino: uma consciência propriamente filosófica – no sentido de um diálogo da alma consigo mesma – e uma consciência de cunho patentemente moral, em que entra em jogo toda uma gama de juízos e de tábuas de valores que radicalmente pontilharam a moral ocidental em geral e a moral cristã em particular. Neste sentido, é eminentemente elucidativa a maneira pela qual o filósofo termina o capítulo 7 da *Enéada* III, sobre a qual tenho focalizado mais especificamente estas últimas reflexões. Pondera, de fato, o autor: é um mau artista (τεχνιτης) aquele que, não sabendo contemplar a beleza e, consequentemente, o bem que se encontra nas coisas, não é

---

22. Cf. IBID.

capaz de produzir senão coisas feias, disformes e desagradáveis ao olhar. Inversamente, conclui: "São, de fato, amantes (ερωντες) aqueles que veem uma forma e a ela tendem"[23]. Ora, a partir de tais afirmações, não podemos senão levantar novamente a questão: a que finalmente visa Plotino com o conceito de contemplação?

3. A contemplação, o Belo e o Bem

Em estreita ligação com esta problemática, encontramos já na *Enéada* I, 6, 9 – a que se ajuntou o título: *A luz da beleza resplende no interior da alma* – uma das mais densas, ricas e significativas passagens que desenvolveu Plotino sobre o movimento de interiorização ou de retorno da alma sobre si mesma. O filósofo começa suas reflexões perguntando-se sobre o que realmente vê essa vida interior. Logo em seguida, porém, ele alude à *República* de Platão e, mais precisamente, à alegoria da caverna. Ora, como se sabe, aquele que acabou de se libertar do reino das sombras ainda não é capaz de distinguir corretamente os objetos banhados de luz[24]. Ofuscado como está pelo repentino e intenso clarão no qual se acha agora mergulhado, ele necessita exercitar os olhos para que divisem com exatidão os objetos que o circundam. Mas, quando se pensava que o filósofo iria referir-se aos objetos sensíveis e palpáveis da natureza, eis que, surpreendentemente, ele enaltece as ações morais que caracterizam o comportamento humano. Com efeito, adverte Plotino, o antigo prisioneiro deve habituar-se a ver, sobretudo, as belas

---

23. IBID.
24. Cf. PLATÃO, *República*, 515e-516a.

ocupações dos indivíduos, em seguida, as suas belas ações. Sobre estas últimas, no entanto, ele lança a seguinte admoestação: não se trata de aprender a ver aquelas ações que executam as artes, mas aquelas outras praticadas pelos homens, homens considerados bons, honrados, dignos e nobres (αγαθοι). Por fim, o antigo prisioneiro deve habituar-se a contemplar a alma daqueles que realizam estas belas ações[25].

Sem embargo, interroga-se o próprio filósofo: como se pode ver a beleza de uma alma nobre, virtuosa e moralmente irreprochável? Em outros termos, que método e que dinâmica se devem empregar para atingir tal finalidade? A resposta não poderia ser outra, senão esta: este método consiste no retorno da alma sobre si mesma, na interiorização e no diálogo que a alma deve entabular consigo própria para que, no segredo e no silêncio de sua mente, ela possa com segurança apreender a essência das coisas. São estes, portanto, os meios privilegiados de que ela deve servir-se para enxergar, alcançar, contemplar e fruir a beleza que encerra o seu interior. "Retorna a ti mesmo e olha", admoesta enfaticamente o filósofo. Não é também por acaso que, ao descrever este processo, ele se utiliza de uma eloquente e elucidativa figura, qual seja, a metáfora do escultor: "Se ainda não te vês interiormente belo, faze como o escultor que está para embelezar uma estátua. Primeiramente, ele deve tirar, raspar, aplainar e de novo polir para que finalmente assome no mármore a bela imagem"[26]. Assim também, ajunta Plotino, deve o homem remover tudo aquilo que é supérfluo, endireitar o que é oblíquo, lustrar o que é fosco e, deste modo, torná-lo límpido e luzente. O mais importante, porém, é que este trabalho de plasmar, modelar e

---

25. Cf. PLOTINO, op. cit., I, 6, 9.
26. IBID.

remodelar jamais conhece um fim, pois ele não cessa de recomeçar, ou melhor, ele não cessa de recomeçar e de terminar, ou de terminar de recomeçar. Com efeito, adverte o filósofo: "Não pares de esculpir a tua própria estátua, até que não se manifeste a ti o esplendor divino da virtude e não vejas a temperança sentar-se sobre um trono sagrado"[27].

Não esqueçamos, contudo, que o pano de fundo que anima e inspira este ideal plotiniano é, com toda a probabilidade, aquele proveniente do mito que apresenta Platão no *Fedro* e, mais precisamente, na viagem ao *hyperouranion* que realiza o auriga no "carro alado". O próprio Platão – para ajudar o leitor a seguir o seu raciocínio – relembra a composição da carruagem. Em cada alma – diz ele – se distinguem três elementos: dois que têm a forma de um cavalo e um terceiro, que tem o aspecto de um cocheiro. Dos dois cavalos – acentua o filósofo –, um é bom, e o outro não. Assim, após ter descrito o comportamento dos dois cavalos e de ter chamado a atenção para a visão que teve o cocheiro do efebo – objeto de seu desejo e de seu amor –, Platão acrescenta: "Ei-los, pois, bem próximos dele: eles contemplam o físico do jovem, que resplandece como um astro. Diante desta visão, a memória do auriga deslocou-se para a natureza do Belo. Ele a reviu, colocada ao lado da temperança sobre o seu pedestal sagrado"[28].

Mais acima ressaltei que o pano de fundo que anima e inspira o ideal plotiniano da beleza da alma é muito provavelmente aquele no qual também se inspirou Platão ao descrever o mito da viagem ao *hyperouranion*. É que, em ambos os casos, se trata de um ideal. A este propósito, chama-nos a atenção o fato de Plotino – logo após ter empregado a metáfora da arte

---

27. Ibid.
28. Platão, *Fedro*, 254b.

escultural – enumerar uma série de possibilidades, iniciando-as pelas conjunções condicionais "ει" e "εαν", ou seja, se, no caso que, se é que etc. Assim, após ter lançado esta advertência: "Não pares de esculpir a tua própria estátua, até que não se manifeste a ti o esplendor divino da virtude", o filósofo continua acautelando o "escultor" para que não considere esta conquista como sendo absolutamente certa ou assegurada de uma vez por todas. Deve, pois, o próprio indivíduo averiguar se realmente ele se tornou aquilo a que aspirava, ou seja, se efetivamente adquiriu a visão interior das coisas, se a sua interioridade se tornou verdadeiramente pura, se não há nenhum empeço no caminho de sua unificação e se ele se transformou completamente em luz para si mesmo, não uma luz de certa grandeza ou de forma mensurável – que pode diminuir ou aumentar indefinidamente –, mas uma luz sem medida e sem tamanho, que seja superior a qualquer dimensão, extensão ou qualidade imaginável. Se realmente o sábio se compenetrou dessas certezas – conclui Plotino –, ele poderá, mesmo ainda estando neste mundo da sensibilidade, fixar o olhar para dentro de si mesmo e contemplar a beleza e o bem que no seu interior habitam. "Porque somente este é o olho que vê a grande beleza."[29]

Inversamente, admoesta o filósofo: se o indivíduo se puser a contemplar carregado de maldade ou ainda não purificado dos vícios que o repletam de ressentimento e rancor, ele jamais poderá suportar a visão dos objetos banhados de luz. Melhor ainda: ele não poderá ver nem mesmo aqueles objetos colocados à sua frente e que podem ser naturalmente percebidos. É, pois, necessário – pondera o filósofo, numa tradição que também remonta a Platão – que o olho se faça

---

29. Plotino, op. cit., I, 6, 9.

semelhante ao objeto para que ele possa dele avizinhar-se e contemplá-lo. Numa clara alusão à *República*, Plotino deduz que o olho jamais poderia ver o sol se não fosse semelhante a ele, conforme deixa pressupor o próprio Platão[30]. Assim também, conclui o autor das *Enéadas*, nenhuma alma poderia divisar o belo se ela não fosse igualmente bela[31].

Depois de haver desenvolvido essas considerações, é-nos forçoso mais uma vez perguntar: aonde finalmente visa Plotino chegar com a reivindicação de um retorno da alma sobre si mesma? O que, em última análise, quer ele alcançar: o conhecimento de si mesmo, o conhecimento da verdadeira essência das coisas, a visão do Belo enquanto Belo, ou a contemplação e fruição do Bem? Para perguntá-lo de outro modo: a consciência tal como Plotino a apresenta é uma consciência estritamente filosófica, epistemológica, ou encerra ela também uma finalidade moral, no sentido de o voltar-se da alma sobre si mesma implicar essencial e necessariamente a capacidade de distinguir entre o bem e o mal? É possível que seja esta última que prevaleça no universo plotiniano da especulação filosófica. Mas é também provável que sejam ambas as dinâmicas que, simultaneamente, predominam.

Efetivamente, o movimento de interiorização parece apontar não para um objetivo apenas, mas para várias finalidades ao mesmo tempo. O mais curioso, porém, é que estas finalidades podem também equivaler a diferentes modalidades, cuja expressão máxima seria, no entanto, o próprio Bem (Deus) e cuja *explicação* última seria o Ser enquanto Ser[32].

---

30. Cf. PLATÃO, *República*, 508b; 509a.
31. Cf. PLOTINO, op. cit., I, 6, 9.
32. Pelo conceito de *explicação* entendo, entre outras acepções, aquela que nos apresenta Nicolau de Cusa relativamente a Deus: "Deus é complicação e explicação de todas as coisas. Enquanto complicação, todas as

Neste sentido, Plotino termina o capítulo 6, parágrafo 9, da *Enéada* I, com uma espécie de síntese sobre o escopo que ele parecia querer atingir. E ele o faz, mais uma vez, sob a forma de admoestação: "Cada um, portanto, se torne antes de tudo deiforme e belo, se quiser contemplar Deus e a Beleza"[33]. Para alcançar este objetivo, o filósofo se vale daquela dinâmica que poderíamos designar pelo nome de uma *dialética ascendente*. Nesta ascensão, o sábio alcançará primeiramente a Inteligência (νους) e, ao fazê-lo, ele descobrirá que, nesta esfera, todas as Ideias são belas, aliás, elas são a própria beleza, pois se revelam simultaneamente como a *produção* (γεννημασι) e o *ser* (ουσιας) da Inteligência. O que, porém, se encontra além da beleza é designado como sendo a natureza (φυσιν) do Bem (του αγαθου). De resto, ajunta Plotino, "a Beleza lhe está, antes de tudo, em torno", de sorte que se poderia atribuir-lhe uma posição de primeira ordem na escala, ou na pirâmide, do ser. Todavia – e mais uma vez na esteira de Platão –, o filósofo introduz uma ambiguidade fundamental no seu raciocínio, na medida em que ele acrescenta: quem quiser distinguir os inteligíveis dirá que o Belo inteligível é o lugar das ideias, enquanto o Bem, "que está além, será chamado de fonte (πηγην) e princípio (αρχην) do Belo"[34]. Plotino termina estas reflexões reproduzindo, quase que literalmente, a concepção que desenvolve Platão no *Alcibíades*, segundo a qual o belo e o bem se equivalem, ou melhor, são iguais. Diz, com efeito, Sócrates-Platão: "Então, manifestou-se de novo a nós que o belo e o

---

coisas nele estão e, enquanto explicação, ele está em todas as coisas, como a verdade está na imagem". Cusa, Nicolau de, *La dotta ignoranza*, Roma, Città Nuova, 1998, Libro II, cap. III.

33. Plotino, op. cit., I, 6, 9.
34. Ibid.

bom (καλον τε και αγαθον) são a mesma coisa"³⁵. Quanto ao autor das *Enéadas*, nele lemos, sob a forma de conclusão e sob a modalidade de um ideal: "Dever-se-ia identificar, antes de tudo, o bem e o belo (ταγαθον και καλον). De qualquer modo, o Belo está lá em cima, no inteligível"³⁶. Pierre Courcelle descreveu de maneira clara e concisa o itinerário da alma nesta ascensão dialética que construiu Plotino. Afirma ele primeiramente que, para o filósofo, a verdadeira essência do homem reside na Inteligência (νους). Deste modo, munida da visão daquilo que a precede e lhe é superior, a alma humana, purificada, se torna consciente da ordem que ocupa ante o Ser que a gerou. Consequentemente, ela retorna à essência inteligível e compreende que esta essência lhe pertence, de sorte que, transcendendo-se a si mesma, ela permanece na presença de Deus, que está em nós. Donde a conclusão de Courcelle: "Conhecendo a sua verdadeira essência, a alma pode então descobrir a natureza verdadeira das coisas e chegar ao Bem, fonte única de sua felicidade"³⁷.

Parece, pois, ser esta dupla dinâmica – epistemológica e moral – que marcará, de maneira intensa, explícita e profunda, a consciência tal como ela se desenvolverá no pensamento cristão, mormente entre aqueles autores que, direta ou indiretamente, se movem dentro da tradição platônica e, particularmente, neoplatônica. Deve-se também, e principalmente, levar em conta a outra fonte da qual beberam e na qual se inspiraram os pensadores cristãos ao elaborarem, ou reelaborarem, o conceito de consciência: as Escrituras e, nomeadamente, a moral e a antropologia paulinas. É o que veremos nos capítulos seguintes.

---

35. Platão, *Alcibíades*, 116c.
36. Plotino, op. cit., I, 6, 9.
37. Courcelle, Pierre, op. cit., 83.

Capítulo VIII

A CONSCIÊNCIA NA TRADIÇÃO PATRÍSTICA: DE ORÍGENES AOS PADRES CAPADÓCIOS

Na sua *Carta aos Efésios*, Inácio de Antioquia, cuja viagem e morte ocorreram entre os anos 105 e 135, escreve: "Nada está escondido do Senhor, mas até os nossos segredos estão junto dele. Façamos, pois, tudo como se ele estivesse habitando dentro de nós, para que sejamos seus templos e ele possa ser o nosso Deus em nós"[1].

Na chamada *Segunda Carta de Clemente*, que a tradição atribuía ao bispo Clemente de Roma, mas que, na verdade, se trata da mais antiga homilia cristã que se conhece, é dito no capítulo XVI: "Dar esmolas é, portanto, bom como penitência pelos pecados; jejuar é melhor que a oração, mas o dar esmolas é melhor que ambos. A caridade (αγαπη) 'cobre uma multidão de pecados', mas a oração que procede de uma boa consciência (εκ καλης συνειδησεως) liberta da morte"[2].

---

1. INÁCIO DE ANTIOQUIA, Ignatius to the Ephesians, v. I, XV, 2, in: *The Apostolic Fathers*, 2 v., Cambridge: Harvard University Press, 1945.
2. CLEMENTE DE ROMA, II Clement, v. I, XVI,4, in: *The Apostolic Fathers*, op. cit.

Na sua *Primeira Apologia*, Justino Mártir (c. 100–c. 165), ao falar da liberdade com a qual fomos todos criados, adverte com ênfase: "Em princípio, Deus criou o gênero humano dotado de razão e capaz de livremente escolher a verdade e comportar-se com dignidade. Portanto, não há escusa para nenhum homem diante de Deus: todos, de fato, nasceram como seres racionais e dotados de reflexão"[3].

João Crisóstomo (c. 345–407), na sua obra intitulada *Discursos sobre o pobre Lázaro*, tece, através de uma linguagem vívida, crua e, em certos pontos, dramática, aquilo que ele entende por *consciência moral* e que, em mais de um aspecto, nos lembra a concepção freudiana do superego. Este texto se desenrola segundo uma concatenação de ideias que, à medida que vão ascendendo, revelam uma intensidade de figuras que são características do estilo retórico de João Crisóstomo. Dado, porém, que a citação resultaria por demais longa, achei por bem reproduzir somente a parte que mais corresponde ao meu propósito neste estudo. Diz, com efeito, o teólogo:

> Por que motivo Deus estabeleceu na mente de cada um de nós um juiz sempre vigilante e lúcido? Estou falando da consciência. De fato, entre os juízes humanos, não existe propriamente um que seja tão diligente como a nossa consciência. Efetivamente, os juízes externos são corrompidos pelo dinheiro, amansados pelas lisonjas, induzidos pelo medo a proferirem sentenças injustas, prejudicando assim, em muitos casos, o seu correto julgamento. Ao contrário, o tribunal da consciência não recua diante de nada: mesmo se lhe ofereça dinheiro, mesmo se lhe façam bajulações, ameaças ou outra coisa qualquer, ele formulará a justa sentença contra os teus

---

3. Justino Mártir, Prima apologia, 28, 3, in: *Apologie*, Milano, Rusconi, 1995.

pensamentos pecaminosos. E quem comete pecado será o primeiro a acusar-se, mesmo se ninguém o acuse. E isto não somente uma ou duas vezes, mas frequentemente, e durante toda a vida continuará ele a fazê-lo. Assim, mesmo com o passar do tempo, jamais esquecerá os pecados cometidos, mas, ao cometer um, isto é, ao concebê-lo e levá-lo a cabo, levantar-se-á como um acusador implacável, sobretudo depois do ato consumado[4].

Ora, bem diferentes do quadro sombrio que traça João Crisóstomo sobre a consciência moral são as cores, as tonalidades e a atmosfera de leveza com as quais o bispo de Milão, Ambrósio (339–397), retrata uma consciência tranquila. Assevera, pois, o autor de *Sobre o ofício dos ministros*:

Tão grande é o esplendor de uma vida virtuosa quanto é o trabalho que uma consciência pacífica e uma calma inocência realizam numa vida feliz. Assim como o sol nascente esconde o globo da lua e a luz das estrelas, assim também a claridade de uma vida virtuosa – que refulge numa glória verdadeiramente pura – afugenta para a sombra todas as outras coisas que, seguindo os desejos do corpo, são consideradas boas ou vistas pelo mundo como grandes e nobres[5].

Não é difícil deduzir, a partir destes cinco exemplos que acabei de aduzir, a polivalência que encerra o conceito de *consciência moral* entre os Padres da Igreja. Efetivamente, vimos, com Inácio de Antioquia, o vínculo que se estabelece

---

4. Crisóstomo, João, *Discorsi sul povero Lazzaro*, Roma, Città Nuova, 2009, 112-113.
5. Ambrósio, Aurélio, On the Duties of the Clergy, Book II, Chapter 1, § 1, in: *Selected Works and Letters*, Woodstock, Devoted Publishing, 2017.

entre o foro íntimo do homem e o olhar de Deus como vigia atento, exigente e zeloso. Na chamada *Segunda Carta de Clemente*, a "boa consciência" exerce o papel de libertadora da morte. Ela se apresenta, portanto, como um meio ou uma condição para obter a vida eterna. Na *Primeira Apologia* de Justino Mártir, a consciência ou a capacidade de distinguir entre o bem e o mal – juntamente com as consequências que desta capacidade decorrem – é considerada a partir de um plano fundamentalmente racional. Com efeito, ela está de acordo com a concepção básica de Justino que remonta – no que diz respeito à moral em geral e à consciência moral em particular – ao conceito estoico de *razões seminais*. Nesta perspectiva, o homem não é escusado por escolher o mal, pois ele já tem de antemão, *a priori*, a capacidade de racionalmente distinguir entre o bem e o mal; consequentemente, ele age livremente de acordo com a escolha que fizera. Em outros termos, ele traz consigo as *razões seminais* que, na concepção estoica, existem desde toda a eternidade e, no pensamento cristão, foram *disseminadas* nos seres humanos no momento da criação. Assim, Deus se apresenta, sob a pena de Justino, como criador, guia e, ao mesmo tempo, como um vigilante incansável da consciência moral. Em João Crisóstomo, a consciência moral se manifesta como uma instância inexorável que – assim como o superego de Freud – constata, acusa, condena, tortura e pune com toda a severidade as más ações que o indivíduo realizou ou, simplesmente, teve o desejo de realizar, pouco importa. Em Ambrósio de Milão vimos, pelo contrário, uma consciência pacificada e harmonizada consigo mesma pela prática e pelo exercício das virtudes. Como, pois, se apresenta a consciência moral em outros Padres da Igreja e, mais especificamente, em Orígenes e nos três Padres Capadócios: Basílio Magno, Gregório Nazianzeno e Gregório de Nissa?

1. Orígenes: a consciência como interioridade e faculdade de discernimento ético

Quando se pensa na consciência moral em Orígenes (c. 185–c. 255), o texto que primeiramente vem à mente é o do seu comentário ao livro do Cântico dos Cânticos e, mais especificamente, a reflexão em torno do capítulo 1, versículo 8: "Se não o sabes, ó mais bela das mulheres, segue o rastro das ovelhas, leva as cabras a pastar junto à tenda dos pastores". Na verdade, este versículo depende de uma passagem controversa do texto massorético que, à diferença da tradução dos Setenta, não o verteu para: "Se não conheces a ti mesma" (εαν μη γνως σεαυτην), mas para: "Se não o sabes".

De resto, sobre o Cântico dos Cânticos dispomos de dois escritos de Orígenes: o *Comentário ao Cântico dos Cânticos*, que Rufino traduziu para o latim, e as *Homilias sobre o Cântico dos Cânticos*, vertidas para o latim por São Jerônimo. Na interpretação de Pierre Courcelle, estes dois escritos giram em torno da seguinte alegoria: as diversas personagens femininas do Cântico dos Cânticos simbolizam as almas dos crentes, das quais se compõe a Igreja, esposa de Cristo. Quando, pois, a esposa pergunta ao esposo onde ele se propõe apascentar suas ovelhas, ele lhe teria respondido com estas ásperas palavras: "Se não conheces a ti mesma, ó mais bela das mulheres, segue o rastro das ovelhas, leva as cabras a pastar junto à tenda dos pastores"[6]. De fato, se nos ativermos à primeira das duas *Homilias*, parágrafo 9, aqueles versículos deveriam ser lidos, segundo Orígenes, nesta perspectiva: "Minha esposa, ou te reconheces como a mulher do rei, bela em virtude de eu ter apresentado a mim mesmo *uma Igreja gloriosa*,

---

6. Cf. COURCELLE, PIERRE, op. cit., 93.

sem mancha nem ruga, ou entende que, se não conheceste a ti mesma, nem compreendeste a tua dignidade. Deves, pois, suportar as coisas que seguem. E que coisas são essas?"[7]. É o que Orígenes mencionará imediatamente após. Trata-se, na verdade, da mesma admoestação e da mesma ideia que o teólogo já havia avançado no seu *Comentário*, mas com palavras levemente modificadas: "Se não conheces a ti mesma, ó mais bela das mulheres, segue o rastro dos rebanhos e apascenta, não os rebanhos de ovelhas, nem de cordeiros, mas as tuas cabras"[8].

Se agora voltarmos ao *Comentário*, parágrafo 5, veremos que, curiosamente, Orígenes não atribui a originalidade da sentença – "conhece-te a ti mesmo" – a Quílon de Esparta, um dos Sete Sábios gregos que nasceram em cerca de 600 a.C., mas ao rei Salomão. Certo, o título do poema, Cântico dos Cânticos, exibe o nome do rei Salomão como o seu autor (Ct 1,1), mas, já no século I da era cristã e, significativamente, nos meios judaicos, surgiram várias dúvidas a respeito de sua canonicidade. Finalmente, apelando para a tradição, os autores cristãos decidiram arrolá-lo entre os livros canônicos das Escrituras. É, todavia, difícil fixar uma data exata para a sua composição. Dados, porém, os aramaísmos que marcam a sua expressão em hebraico, a influência da língua persa em 4,13 ("Teus brotos são pomar de romãs com frutos preciosos") e, possivelmente, o empréstimo de um termo grego, φορειον, em 3,9 ("O rei Salomão fez para si um liteira"), os estudiosos tendem a situar esse poema numa data posterior ao exílio da Babilônia, isto é, no século V ou IV a.C.

---

7. Orígenes, *The Song of Songs. Commentary and Homilies*, Westminster/London, The Newman Press, 1957, 281.
8. Ibid.

Orígenes, porém, não somente não questiona a autoria do poema, mas também, sem explicitamente mencionar o nome de Quílon, é categórico ao afirmar que Salomão antecipou todos aqueles sábios gregos em sabedoria e em conhecimento das coisas criadas. Sabe-se, no entanto, a partir de testemunhas da Antiguidade, que o preceito "conhece-te a ti mesmo" já se encontrava, desde remotíssima data, sobre a fachada do templo de Delfos. Tão antiga é, pois, a proveniência deste preceito que alguns julgaram ter sido Homero o seu inspirador e, muito provavelmente, o seu autor. De resto, dão-lhe também como autores a Pitonisa Femonoe ou Fanotea, os Sete Sábios tomados conjunta ou individualmente, dentre os quais se situaria Quílon, ou Tales de Mileto, ou Sólon, ou Biante. Ora, na tentativa de encontrar e identificar a verdadeira autoria do "conhece-te a ti mesmo", chegou-se a remontar, além de a Homero, até mesmo a Apolo. Em todo caso, consoante a informação que nos transmitiu o orador Demétrio de Faleros (c. 350–280 a.C.), a expressão como tal já se achava explicitamente atestada em Quílon e também, de maneira modificada, em Tales de Mileto (c. 624–560 a.C.), que teria dito: "É difícil conhecer-se a si mesmo" (χαλεπον το εαυτον γνωναι)[9].

Baseado, pois, no preceito délfico, cuja autoria ele categoricamente atribui a Salomão, e interpretando-o a partir de uma perspectiva essencialmente cristã – no sentido em que é o próprio Cristo quem admoesta a Igreja –, Orígenes acentua ao mesmo tempo a dificuldade de explicar como a alma pode conhecer-se a si mesma. Não obstante, pondera o teólogo, parece que a alma é capaz de adquirir um autoconhecimento

---

9. Cf. I Sette Sapienti. *Vite e opinioni*, Milano, Bompiani, 2005, 135. Para uma análise mais detalhada deste preceito, veja o que desenvolvi *supra*: capítulo 2, seção 2: O "conhece-te a ti mesmo" do templo de Delfos.

através de uma dupla modalidade: ela pode conhecer o que ela mesma é e, concomitantemente, descobrir a maneira pela qual ela age ou atua. Em outros termos, ela pode ou deve conhecer em que consiste a sua essência ou natureza e, simultaneamente, compreender as disposições pelas quais a sua essência se manifesta no agir humano. Este conhecimento pode, por exemplo, indicar se ela tem, ou não, uma boa disposição, se ela é dotada de uma reta intenção e, caso ela realmente o seja, se possui, tanto no pensamento quanto na ação, o mesmo zelo diante de todas as virtudes, e não apenas daquilo que é estritamente necessário e de fácil consecução. Ademais, pode este autoconhecimento também revelar se a alma está progredindo no entendimento e discernimento das coisas e, portanto, crescendo no conhecimento e na prática das virtudes. Mas, inversamente, poderá ele também mostrar se permanece numa atitude de comodismo, satisfazendo-se deste modo com o que realizara até então. Poderá também indicar se ela se empenha em incentivar tão somente o próprio progresso ou se, ao contrário, age também em benefício dos outros dando-lhes a oportunidade de crescerem, tanto pela sua instrução, quanto pelo exemplo de seus atos[10]. Digna de atenção é também a ênfase que põe Orígenes na noção de intencionalidade, na medida em que outro meio de que pode valer-se o indivíduo para conhecer-se a si mesmo é o de examinar e perguntar se os seus atos repreensíveis são intencionalmente urdidos e, portanto, conscientemente praticados, ou se se trata de uma impotência ou fraqueza da alma[11]. Sabe-se, de resto, o quanto a noção de intencionalidade vai marcar

---

10. Cf. Orígenes, *The Song of Songs*..., 130.
11. Cf. ibid., 130-131.

a ética medieval, mormente no pensamento de Anselmo de Aosta e de Pedro Abelardo.

Da noção de intencionalidade e das indicações que acima aduzi, pode-se ter uma ideia do quanto o conhecer-se a si mesmo – tal como Orígenes o desenvolveu e o reinterpretou – está intrinsecamente ligado à sua ética. E, de fato, no discurso de ação de graças que o seu discípulo, Gregório Taumaturgo, pronunciou em honra do antigo mestre, sobressai um estreito vínculo associando o ensino da filosofia ao comportamento coerente exigido por esta ciência. Assim, pois, segundo os próprios termos do Taumaturgo, Orígenes teria sido o primeiro a exortá-lo a abraçar a filosofia grega persuadindo-o com seus próprios exemplos e com a sua palavra. Com relação às virtudes cardeais, completa o orador, o teólogo procurava inculcar nos pupilos sobretudo a justiça e a prudência. Pois era esta última que, de modo especial, propiciava a concentração e introspecção da alma, nela despertando e estimulando a vontade e o empenho de examinar-se e "conhecer-se a si mesma". Consequentemente, acentua o orador, "Esta era a obra por excelência da filosofia, a qual se atribui, como imperativo sapientíssimo, ao mais adivinho dos *dáimones*, isto é, o *conhece-te a ti mesmo*. Que ela realmente é a obra da prudência, e que se trata da prudência divina, afirmam-no acertadamente os antigos"[12]. Neste sentido, não é de admirar a influência – tanto no plano teológico em geral quanto na esfera da ética em particular – que tivera Orígenes sobre os três Padres Capadócios: Basílio Magno, ou de Cesareia, Gregório Nazianzeno e Gregório de Nissa. Comecemos, então, por Basílio de Cesareia.

---

12. GREGÓRIO TAUMATURGO, Discurso de San Gregorio Taumaturgo, in: ORÍGENES, *Contra Celso*, Madrid: BAC, 1967 (*Apéndices*), 605-606. "*Conhece-te a ti mesmo*", em destaque no texto.

2. Basílio de Cesareia e o preceito: "Fica atento a ti mesmo"

O preceito "fica atento a ti mesmo", que a tradução da *Septuaginta* apresenta sob a forma Προσεχε σεαυτω, se encontra tanto no livro do Êxodo (34,11), quanto no Deuteronômio (15,9). No primeiro, trata-se de uma advertência diante da iminência da conquista da terra prometida: "Fica atento para observar o que hoje te ordeno: expulsarei diante de ti os amorreus, os cananeus, os heteus, os ferezeus, os heveus e os jebuseus". No Deuteronômio, ele se exprime sob a modalidade de uma paráfrase podendo, pois, significar a consciência moral tal como ela se encontra, em suas variadas acepções, no Antigo Testamento. Temos, portanto: "Fica atento a ti mesmo, para que não surja em teu coração um pensamento vil". O imperativo "προσεχε", do verbo "προσεχω", quer dizer: ter, dirigir, conduzir, aportar e, por extensão, dirigir o espírito, atender, velar, preocupar-se por alguém ou por alguma coisa, olhar por si, precaver-se, aplicar-se a.

Foi, pois, neste sentido que Basílio Magno, ou de Cesareia (329–379), proferiu uma homilia, que depois Rufino traduziu para o latim, sob o título: *In illud "Attende tibi ipsi"*. Nesta homilia e, mais precisamente, ao final do primeiro parágrafo, Basílio afirma que todo ser animado é dotado de uma força interior que o induz a manter ou a perseverar na sua própria constituição. Nos brutos, é o instinto que lhes indica o que deve ser evitado e o que deve ser perseguido; nos seres providos de razão, porém, foi a própria divindade que lhes inculcou o preceito Προσεχε σεαυτω para que, pautando-se pela voz da razão e, também, valendo-se das faculdades naturais com as quais Deus os dotou, pudessem viver em harmonia consigo mesmos, com os outros seres e, principalmente, com Deus. Urge, pois, ficarmos atentos a nós mesmos para sabermos distinguir o que nos é benéfico e o que, ao contrário, nos seria nocivo ou danoso. Mas de que modo podemos manter esta atenção? A este propósito existem, na perspectiva de Basílio, duas maneiras básicas pelas quais somos capazes de nos vigiar: uma delas é percebendo e observando os objetos corpóreos com os quais nos defrontamos, a outra – peculiar à própria inteligência, ou ao νοῦς – diz respeito à contemplação das realidades inteligíveis. Porém, considerando-se o primeiro caso, ninguém é capaz de ver-se por completo em virtude dos limites impostos ao próprio alcance ou ao próprio campo da visão. Em outros termos, ninguém poderá voltar o olhar para si mesmo e observar a própria fronte, o próprio dorso, as próprias vísceras etc. Esta é a razão pela qual a ênfase de Basílio necessariamente recairá sobre o segundo caso, ou seja, sobre o cuidado que a alma, dotada de razão, poderá, e deverá, ter sobre a sua própria salvaguarda.

Consequentemente, o preceito "fica atento a ti mesmo" tem como objeto a nós próprios, na medida em que a inteligência (νοῦς) é, consoante Basílio, um indicativo de que fomos criados à imagem e semelhança de Deus. Quanto às realidades físicas e sensíveis que nos circundam, elas são suscetíveis de serem manipuladas, *domesticadas* e, no caso dos objetos materiais, transformadas em obras de arte. Assim, o preceito "fica atento a ti mesmo" se exprime por esta outra fórmula, de uma tonalidade eminentemente platônica, que Basílio reinterpretou: "Cuida da tua alma" e torna-a bela pela prática e pelo exercício das virtudes. Mas ele pode também manifestar-se – e completar-se – por esta outra admoestação, que também revela um pano de fundo inquestionavelmente platônico: "Conhece a tua natureza", que é dupla, vale dizer: mortal pelo corpo e imortal pela alma[13]. O que, pois, real-

---

13. Cf. BASÍLIO DE CESAREIA, *In illud "Attende tibi ipsi"*, Upsala, S. Y. Rudberg, 1962, 3, 26, 15.

mente conta para Basílio é saber auscultar e examinar a própria alma para detectar o que ela tem de enfermidade (νοσος) e, também, para captar e conhecer o que ela possui de salutar, como a força e o vigor (ευρωστια)[14]. Se, portanto, ela está enferma, compete ao homem administrar-lhe uma cura eficaz; se, ao contrário, ela se encontra em condições incontestavelmente saudáveis, deve ele também esforçar-se por fazê-la chegar ao nível máximo de perfeição.

Neste sentido, convém também ressaltar que, além das metáforas médicas de que se serve Basílio para se referir à capacidade que tem o ser humano de sondar, diagnosticar e curar a própria alma, ele emprega também, no que concerne à memória, as imagens dos compartimentos e dos arquivos. Nesta perspectiva, a alma é, por assim dizer, dotada de vários compartimentos que lhe permitem registrar e armazenar os diferentes conhecimentos adquiridos tendo, portanto, o cuidado de não confundir uns com os outros. É como se ela gravasse sobre uma estela de bronze (χαλκη τινι στηλη) as impressões de que, mais tarde, necessitará recordar-se[15]. De resto, assim como a alma poderá perder a sua beleza, poderá ela também recuperar a pureza de antanho. A este propósito, ao homem compete meditar não somente sobre a natureza de sua alma, mas também sobre aquela de seu corpo, porquanto Deus – assevera Basílio –, ao distinguir o ser humano dos brutos, assinalou àquele uma posição ereta e uma finalidade específica a cada uma de suas partes físicas[16]. Não obstante – sublinhe-se uma vez mais –, a ênfase de Basílio termina por deslocar-se para a superioridade da alma e, mais precisamente, para o νους, faculdade privilegiada que, ao propiciar

---

14. Cf. IBID., 4, 28, 23.
15. Cf. IBID., 7, 35, 18.
16. Cf. IBID., 8, 36, 8.

o movimento de introspecção da alma, acarreta ao mesmo tempo a sua *auscultação*, o seu conhecimento e a sua cura. E não poderia ser de outro modo, porquanto Basílio, como os outros Padres Capadócios, se move numa tradição essencialmente platônica, escriturística e cristã. Com efeito, numa carta endereçada a Gregório Nazianzeno, o teólogo afirma que, ao voltar-se para o seu interior, ele se aparta do mundo sensível e simultaneamente – com a ajuda do νους – se eleva até o pensamento de Deus[17].

Todavia, no seu comentário à Obra dos Seis Dias (*Hexaemeron*) e, mais exatamente, na IX Homilia, Basílio põe em destaque as dificuldades que encerra o método da introspecção, e isto ele o faz a partir de uma analogia com a capacidade e os limites que revela a própria faculdade visual do homem. Assim como os olhos não podem voltar-se para si mesmos e contemplar-se a si próprios, assim também – conclui o teólogo – ocorre com o νους, pois, transportando-nos para o plano moral, ele prefere reportar-se às culpas dos outros em vez de encarar os próprios erros. Esta é a razão pela qual Basílio declara sem rodeios: parece que, de todas as coisas, a mais difícil é "conhecer-se a si próprio" (εαυτον επιγνωναι). Efetivamente, assevera o teólogo, "Não somente o olho, que vê o exterior, não goza da própria visão, mas também, de modo semelhante, o nosso espírito (νους), sempre pronto a perceber o pecado de outrem, é lento em reconhecer suas próprias imperfeições"[18]. No entanto, tudo leva a supor que não se trata propriamente de uma imperfeição peculiar ao νους,

---

17. Cf. COURCELLE, PIERRE, op. cit., 96.
18. BASÍLIO DE CESAREIA, *Homélies sur l'Hexaéméron*, Paris, CERF (Sources Chrétiennes), 1968, Neuvième Homélie, 87 A. Note-se que o verbo que emprega Basílio para "conhecer" é επιγνωναι, que, mais precisamente, significa: reconhecer, compreender, descobrir, determinar e, também, conhecer.

mas de um vício pelo qual a alma, resistindo a reconhecer as próprias faltas, se põe à procura de algo, ou de alguém, que possa justificá-las. É este, de resto, o *leitmotiv* que caracteriza a moral dos Padres Capadócios em geral: o sujeito, dotado de razão e de νους, é livre para perpetrar o mal ou para dele fugir, para exercer e fomentar o bem ou para dele eximir-se. Tudo, porém, repousa sobre o conhecimento de si mesmo. Mas como se desenrola este conhecimento na perspectiva de Gregório Nazianzeno?

3. Gregório Nazianzeno: o Logos e o conhecimento de si mesmo

Curiosamente, Gregório Nazianzeno (c. 330–390) admoestanos – através de uma metáfora que, inevitavelmente, nos conduz àquela mesma figura que empregara Plotino na Primeira *Enéada*, segundo a qual devemos olhar para dentro de nós e plasmar, à maneira de um escultor, aquela estátua que deve ser perfeitamente *atualizada*[19]. Mas, enquanto para Gregório Nazianzeno é o verdadeiro teólogo que deve emergir como uma obra de arte consumada, em Plotino – conforme vimos *supra* (capítulo VII, seção 3) – trata-se da formação do sábio, ou seja, do filósofo. Nesta perspectiva, ao enunciar o seu próprio preceito – sob a fórmula do "retorna a ti mesmo e olha" –, Plotino também adverte, de maneira enfática: "Se ainda não te vês interiormente belo, faze como o escultor que está para embelezar uma estátua. Primeiramente, ele deve tirar, raspar, aplainar e de novo polir para que finalmente

---

19. Cf. Gregório Nazianzeno, *I cinque discorsi teologici*, Roma, Città Nuova, 2006, Orazione 27 (1), 7.

assome no mármore a bela imagem"²⁰. Como se pode verificar, Plotino deixa pressupor que este trabalho de cinzelar, burilar, plasmar e remodelar não deve cessar de recomeçar, porquanto ele encoraja o *artista* a sempre perseguir a sua meta: "Não pares de esculpir a tua própria estátua, até que não se manifeste a ti o esplendor divino da virtude e não vejas a temperança sentar-se sobre um trono sagrado"²¹.

De modo semelhante, Gregório Nazianzeno associa o trabalho do escultor àquele do verdadeiro teólogo, para quem falar de Deus de maneira filosófica não é uma tarefa facilmente exequível. Pelo contrário, esta empresa requer atenção, empenho e perseverança, porquanto ela compete somente àqueles que se exercitaram – e continuam a exercitar-se – no refinamento e aprofundamento dos problemas e das nuanças teológicas. Trata-se, consequentemente, daqueles que habituaram suas vidas à contemplação e – enfatiza Gregório – à purificação da alma e do corpo. Isto ocorre sobretudo, ajunta o teólogo, quando a "nossa parte dominante", isto é, o elemento racional e, mais precisamente, o intelecto não se perturbam com as impressões defletoras que nos chegam do mundo externo, porquanto estas impressões são "como letras malfeitas que confundem as letras bem escritas, ou como a lama que estraga o perfume dos unguentos"²².

Mas a que objetivo visa finalmente Gregório Nazianzeno: ao conhecimento de si mesmo ou ao conhecimento de Deus? Na verdade, é lícito afirmar que, sob a sua pena, estas duas dinâmicas se pressupõem, porquanto elas caminham *pari passu*, condicionando-se mutuamente, ou alimentando-se

---

20. PLOTINO, op. cit., I, 6, 9.
21. IBID.
22. GREGÓRIO NAZIANZENO, op. cit., Orazione 27 (1), 3.

reciprocamente. Efetivamente, para Gregório Nazianzeno, quanto mais o homem se conhece e se purifica através das virtudes, tanto mais estará ele apto a elevar-se ao conhecimento de Deus. Inversamente, o conhecimento de Deus conduzirá o homem a refletir sobre os seus limites e sobre a sua capacidade de sondar os mistérios divinos. Esta é a razão pela qual, no *Segundo discurso*, Gregório Nazianzeno interroga todo aquele que se propõe a percorrer os intricados caminhos da teologia: "O que, de fato, pensas que seja o ser divino, se é verdade que confias em todos os recursos do teu pensamento?". Melhor ainda: "Para onde te fará subir o discurso, quando este for posto à prova, tu que és o mais hábil na filosofia e na teologia e te ufanas de maneira ilimitada?"[23]. A rigor, o homem só aspira ao conhecimento de Deus porque, mediante o intelecto, ou a luz da inteligência, ele *participa* da própria natureza divina. Sabe-se, de resto, que a doutrina da participação – característica do medioplatonismo e, nas suas reinterpretações e reelaborações, do neoplatonismo – teve uma profunda influência sobre os Padres da Igreja, nomeadamente Clemente de Alexandria, Orígenes, Atanásio, Hilário de Poitiers, Gregório de Nissa, Gregório Nazianzeno e Agostinho de Hipona[24]. É, pois, neste sentido que se pode melhor entender a situação e a atuação do intelecto tal como o autor dos *Cinco discursos teológicos* o concebeu.

Com efeito, numa série de reflexões, às quais os editores apensaram o título geral de O *mistério cristão – poesias* (*Carmina Arcana*), Gregório Nazianzeno descreve no capítulo IV

---

23. IBID., Orazione 28 (2), 7.
24. Veja, a este respeito, ALMEIDA, ROGÉRIO MIRANDA DE, O conceito do belo em Agostinho de Hipona, *Basilíade – Revista de Filosofia*, v. 1, n. 1, 2019.

– sob uma inspiração patentemente medioplatônica – a gênese do mundo a partir dos paradigmas que já se encontravam na mente do Criador. De resto, este capítulo se intitula, significativamente, O *mundo*. Avancemos desde já que um dos temas-chave do medioplatonismo consistia em mediar as posições aristotélicas com aquelas platônicas, na medida em que se fazia uma distinção entre os inteligíveis primeiros, ou seja, as Ideias na mente de Deus, e os inteligíveis segundos, que são as formas imanentes às próprias coisas. À diferença, porém, da concepção dos medioplatônicos chamados "pagãos", os pensadores cristãos consideravam os modelos na mente de Deus não como sendo eternos, mas como tendo sido criados por Deus, e isto independentemente do fato de eles se *atualizarem* ou permanecerem em potência.

Segundo Gregório Nazianzeno, nos séculos ainda totalmente vazios, o supremo soberano se movia contemplando o esplendor de sua própria beleza, vale dizer, o conjunto de todas as coisas que eram semelhantes ao lampejar da tripla luz divina. Ele se movia considerando igualmente as *formas* do mundo que a inteligência criadora já havia estabelecido nos seus nobres pensamentos. Tratava-se, portanto, do mundo que já se achava *potencialmente* junto a Deus, mas que depois seria efetivamente criado, ou *atualizado*. Com efeito, acentua o teólogo, "Está presente em Deus tudo aquilo que depois será, tudo aquilo que já foi e tudo aquilo que existe no presente"[25]. É, pois, somente para nós que o tempo se divide em passado, presente e futuro, de sorte que algumas coisas já existiam antes, outras existem agora e outras existirão somente depois. Para Deus, no entanto, todas as realidades

---

25. Gregório Nazianzeno, Il mondo, in: *I cinque discorsi teologici*, 231.

convergem simultaneamente, porquanto elas já se encontram "no seio da grande natureza divina"[26].

Ora, é neste ponto de suas reflexões que o teólogo – utilizando-se de metáforas repletas de vivacidade, erotismo e sedução – introduz a questão do intelecto na sua dupla acepção: o intelecto divino e o intelecto humano. Assim, segundo Gregório, o intelecto de Deus estava prenhe de todas as coisas até que, enfim, no momento oportuno, o parto chegou à procriação ou à revelação do Logos de Deus. Portanto, ao revelar-se pela criação, quis ele que subsistisse a natureza intelectual, tanto a celeste quanto a terrestre, de sorte que a natureza intelectual terrestre se manifestou como um claro espelho da primeira luz que, ela também, se expressa sob uma dupla modalidade: "Uma, como ministra do soberano supremo, resplendecia no alto, na plenitude do seu fulgor, a outra teria, em vez, a sua glória aqui na terra, fazendo, assim, jorrar a fonte da natureza divina para que Deus reinasse sobre um maior número de seres celestes e para que a um maior número de seres felizes pertencesse à sua luz"[27]. Se esta é, pois, a gênese e a função do intelecto tal como a apresentou Gregório Nazianzeno, a questão que agora se impõe é a de saber como este outro Padre Capadócio, Gregório de Nissa, o situou a partir de sua concepção filosófico-teológica, que gira essencialmente em torno de Deus e do homem.

---

26. IBID. Convém ressaltar que Gregório Nazianzeno é aqui influenciado não somente por aqueles elementos medioplatônicos que marcaram os dois primeiros séculos da era cristã, mas também pelo pensamento neoplatônico. Com efeito, segundo Plotino, no seio do Uno não existe nem intervalo, nem processo, nem desenvolvimento, nem extensão, porquanto tudo converge ou tudo se dá de maneira simultânea, tautócrona. Cf. PLOTINO, op. cit., III, 7, 6.

27. GREGÓRIO NAZIANZENO, Il mondo, in: *I cinque discorsi teologici*, 231.

4. Gregório de Nissa e o νους como mediação

Gregório de Nissa (335–c. 394), semelhantemente a Gregório Nazianzeno, centra as suas análises sobre o intelecto a partir de sua dupla expressão, ou modalidade: existem o intelecto divino e o intelecto terrestre, ou humano, que aspira a participar da vida e do conhecimento de Deus. Todavia, diferentemente do autor dos *Cinco discursos teológicos*, Gregório de Nissa desloca a ênfase para o papel de mediação, ou de *entredois*, que exerce o intelecto humano (νους), na medida em que este se situa no topo da criação sensível, isto é, acima dos brutos e logo abaixo das criaturas inteligíveis. Efetivamente, na sua obra *A criação do homem*, ao comentar o relato de Gênesis 1,26-27 – "Façamos o homem à nossa imagem, como nossa semelhança... homem e mulher ele os criou" –, o teólogo acentua o abismo intransponível ou a distância incomensurável que existe entre a criatura e o Criador. Esta é a razão pela qual, pondera Gregório, "Sendo duas coisas extremamente distantes uma da outra, o homem se apresenta como um *meio-termo* (μεσος) entre a natureza divina e incorpórea e a vida desprovida de razão dos animais"[28]. Ele ajunta em seguida que, no composto humano, devem ainda considerar-se duas ordens distintas: aquela proveniente do divino, ou seja, a razão e a inteligência – que não admitem nenhuma diferença entre macho e fêmea –, e a irracional, da qual participa a constituição somática caracterizada pelo macho e pela fêmea[29]. Em apoio ao que afirma com relação à primeira ordem, ele evoca a autoridade do apóstolo Paulo, que assevera na Carta aos Gálatas: "Não há judeu nem grego, não

---

28. GREGÓRIO DE NISSA, *L'uomo*, Roma, Città Nuova, 2000, 16, 76.
29. Cf. IBID.

há escravo nem livre, não há homem nem mulher, pois todos vós sois um só em Cristo Jesus" (Gl 3,28). Resta, porém, que, na ordem da criação do homem, Gregório assinala o primado à inteligência, à qual seguem sua união e familiaridade com o irracional. E isto é tanto mais verdadeiro – elucida o teólogo – quanto o relato de Gênesis afirma em primeiro lugar: "Façamos o homem à nossa imagem, como nossa semelhança" (Gn 1,26) e, somente depois, acrescenta a particularidade da natureza humana: "Homem e mulher ele os criou" (Gn 1,27).

A ideia de o homem apresentar-se como o último elo da criação sensível já se encontra no capítulo 2 da mesma obra, *A criação do homem*. Assim como o bom anfitrião, diz Gregório, não faz entrar os convivas antes de haver fartamente provido a mesa e exornado a casa com os atavios adaptados à ocasião, assim também, por analogia, o Criador da nossa natureza, tendo de antemão preparado um variado e magnífico banquete, nele introduziu o homem para que pudesse plenamente gozar das iguarias e da decoração a ele destinadas. Por isso o homem, na criação, se apresenta não somente como o topo ou o último elo dos seres sensíveis, mas também como o *entre-dois* ou o vínculo ligando o mundo sensível ao mundo das realidades inteligíveis. Nele – enfatiza o teólogo – se encontram os dois princípios da criação, na medida em que o terreno e o divino *se entrelaçam* e, consequentemente, usufruem os bens um do outro: "os bens de Deus através da sua natureza mais divina, os bens terrenos através da homogênea sensação"[30].

Nesta perspectiva, o homem subsume – retendo, condensando e, por assim dizer, sintetizando – os elementos das

---

30. Ibid., 2, 34.

realidades que se acham nos graus inferiores a ele e cuja base final é o reino inanimado ou inorgânico. Não esqueçamos, todavia, que este ínfimo grau é tão importante quanto os demais, pois ele é o substrato no qual se acham os minerais e os demais elementos indispensáveis à vida. Para Gregório de Nissa, todos estes graus estão, literalmente, *inter-conectados*, escalonando-se uns sobre os outros e culminando, justamente, no homem. Assim, após as realidades inanimadas, vêm as plantas, que respiram e contêm os elementos nutritivos para o homem e para os demais seres vivos. Esta última forma de vida, que encerra em si os graus inferiores, ajunta àqueles a sensação, de sorte que os animais não somente se nutrem, se movem e crescem, mas também possuem a faculdade da percepção. No que diz respeito à natureza humana em particular, esta não somente se nutre, se move e percebe, mas também participa da racionalidade, porquanto ela é dotada de inteligência. Por isto, na perspectiva de Gregório, a criação do ser humano é narrada por último, como se ele subsumisse em si toda forma de vida, inclusive aquelas que se observam respectivamente nos vegetais e nos animais irracionais. Urge, porém, repetir que, à diferença dos outros animais, o ser humano é governado pela inteligência, porquanto nele se acha o elemento intelectivo e racional (διανοητικον τε και λογικον), que é autônomo, peculiar somente ao ser humano e que, portanto, está isento de toda mistura e de toda imiscuição[31]. Não obstante isto, acrescenta o teólogo: a natureza humana possui também uma espécie de faculdade pela qual ela atrai para si as coisas necessárias à vida material; esta faculdade se denomina, como em Aristóteles, apetite (ορεξις)[32].

---

31. Cf. Gregório de Nissa, *Sull'anima e la resurrezione*, Milano, Bompiani, 2007, 60, 401.
32. Cf. ibid.

Como se pode deduzir, por mais autônoma, elevada e independente que ela seja, a faculdade racional ainda se encontra, paradoxalmente, vinculada, relacionada e, de certo modo, *entrelaçada* aos graus inferiores do mundo sensível. E é esta relação que Gregório não cessa de acentuar na *Criação do homem*, inclusive naquela passagem em que, depois de descrever os diferentes graus pelos quais os diversos seres se escalonam, ele conclui reafirmando, sob a forma de resumo:

> Este animal racional, o homem, se forma através da *mistura* de todas as formas da alma. Nutre-se, de fato, mediante a sua parte física. A esta potência do crescimento, ele ajunta a parte sensível, que detém o *meio* entre a natureza da substância inteligível e da substância material. Seguem o *parentesco* e a *mistura* da substância inteligível com aquilo que é luminoso da natureza sensível: é nestas substâncias que está a origem do homem[33].

Ora, com relação à parte racional da alma e, mais especificamente, ao νους, a pergunta que também se impõe a Gregório de Nissa – como também a que fora colocada a Basílio de Cesareia e a Gregório Nazianzeno – consiste em saber a que tipo de conhecimento visa finalmente o teólogo ao analisar a criação do homem. Como nos outros dois Padres Capadócios, pode-se afirmar que aqui também se trata de um duplo conhecimento ou, mais exatamente, de um conhecer a natureza de Deus e a essência do homem. Em outros termos, este conhecimento remete tanto a um plano teológico quanto a um plano antropológico, devendo este último ser considerado a partir de um ponto de vista epistemológico e moral. Consequentemente, aquilo que está implicado no conceito de

---

33. Gregório de Nissa, *L'uomo*, 8, 45-46. Destaques meus.

νους é a relação do homem com Deus, consigo próprio e com os seus semelhantes. Neste sentido, a doutrina da *participação* é essencial para compreender a concepção básica de Gregório de Nissa no que concerne à origem do homem. Particularmente no que diz respeito ao relato da criação em Gênesis 1,27 – "Deus criou o homem à sua imagem, à imagem de Deus ele o criou" –, o teólogo argumenta que não se trata de uma imagem pensada somente como uma parte da natureza humana, nem tampouco como uma das qualidades que nela se detectam. É notadamente sobre todo o gênero humano que se estende a propriedade da imagem, porquanto Gregório assinala ao νους – considerado por ele como a caraterística essencial do ser humano – uma dimensão abrangente e universal. Nesta perspectiva, o que manifesta por excelência o caráter de pertencimento dos indivíduos singulares à humanidade tomada como um todo é o serem todos eles dotados de inteligência e liberdade. São efetivamente estas duas realidades que, para o teólogo, constituem a expressão máxima da imagem de Deus, que é o ser humano. Conforme as suas próprias palavras: "Sinal disto é que, em todos os indivíduos, reside do mesmo modo a inteligência, e todos têm a capacidade de pensar e deliberar, como também as outras atividades através das quais a natureza divina é representada naquele que nasceu segundo a sua imagem"[34].

Curiosamente, na sua obra de teologia trinitária e cristológica, intitulada *Contra Eunômio*, Gregório de Nissa, ao discorrer sobre a impossibilidade de conhecer a substância divina – dado que esta é "inacessível à inteligência humana e inexprimível por palavras" –, mostra-se igualmente cético com relação à possibilidade de o homem conhecer mesmo

---

34. Ibid., 16, 79.

a sua própria natureza. Ele é, de fato, categórico ao afirmar que, se alguém procurasse explorar o conjunto das palavras divinas inspiradas, ele não seria instruído nem sobre a essência divina, nem sobre a essência das outras realidades subsistentes segundo aquela substância. A conclusão do teólogo não poderia, portanto, ser outra, senão esta: "Daí resulta que vivemos na ignorância de todas essas coisas. Para começar, os homens ignoram o que eles mesmos são e, depois, o que são as demais coisas. Quem é, pois, que adquiriu uma compreensão de sua própria alma? Quem conhece a substância desta?"[35].

No entanto, na segunda de suas *Homilias sobre o Cântico dos Cânticos*, Gregório de Nissa comenta aquele mesmo versículo que já fora objeto das análises de Orígenes, o qual adverte: "Se não o sabes, ó mais bela das mulheres, segue o rastro das ovelhas, leva as cabras a pastar junto à tenda dos pastores" (Ct 1,8). Ora, conforme lembrei neste mesmo capítulo, na seção 1, relativa a Orígenes, este versículo depende de uma passagem controversa do texto massorético que, à diferença da tradução dos Setenta, não o verteu para "se não conheces a ti mesma" (εαν μη γνως σεαυτην), mas para "se não o sabes". O que, portanto, nos chama mais a atenção no comentário deste versículo é o fato de que Gregório, diferentemente do que afirmara em *Contra Eunômio*, mostra-se muito mais confiante da capacidade que tem o homem dotado de νους e, portanto, da aptidão a conhecer, de discernir e julgar-se a si próprio com retidão. Assim, através de uma linguagem e um pensamento manifestamente influenciados pela tradição platônica – tanto no plano metafísico quanto

---

35. Gregório de Nissa, *Contre Eunome*, 2 v., Paris, CERF, 2013, II, 106-107, 175.

no plano ético –, o teólogo faz um cotejo entre a matéria e a natureza intelectual do ser humano. Segundo ele, as realidades inteligíveis são as únicas que se podem considerar verdadeiramente imarcescíveis, porquanto, sempre iguais a si mesmas na sua essencial simplicidade, elas não se compõem nem se decompõem, não nascem nem perecem, não se corrompem nem se transformam. Quanto à matéria, por ser ela fluida, mutável e efêmera, arrasta consigo mesma todo aquele que se deixa seduzir pelas suas inconstâncias e mutações. Consequentemente, quem persegue as coisas que passam e abandona aquilo que permanece firme e estável perde ambas as realidades, porquanto ele deixa de apreender tanto uma quanto a outra.

É, pois, neste ponto que o teólogo evoca o preceito do Cântico dos Cânticos, em que os amigos do esposo admoestam a esposa com estas palavras: "Se não conheces a ti mesma (εαν μη γνως σεαυτην), ó mais bela das mulheres, segue o rastro das ovelhas, leva as cabras a pastar junto à tenda dos pastores" (Ct 1,8)[36]. Dos conselhos dados pelos amigos do esposo, ajunta Gregório, deduzimos que se deve observar e sondar a essência de todas as coisas e, assim, não deixar escapar a verdade que, eventualmente, nelas possa ser encontrada. Em outros termos, não se devem trilhar as veredas ou as pegadas daqueles que erram incessante e indefinidamente, mas agir de acordo com o que mostra o elemento peculiar à natureza humana, vale dizer, a razão[37]. É, pois, pelo elemento racional, ou pelo νους, que a esposa será apta a conhecer-se a si mesma e, simultaneamente, a distinguir aquilo que deve ser buscado e aquilo que, inversamente, deve ser evitado.

---

36. Cf. GREGÓRIO DE NISSA, *Omelie sul Cantico dei Cantici*, Roma, Città Nuova, 1996, Omelia II, 69.

37. Cf. IBID., 70.

Melhor ainda: ela compreenderá também que fora agraciada pelo Criador ao ter sido colocada e elevada acima do resto da criação visível, porquanto fora feita, segundo o relato de Gênesis, à imagem e semelhança de Deus.

Com efeito, Gregório retoma aqui mais uma vez aqueles temas que lhe são particularmente caros, vale dizer, a doutrina da *participação* e aquela outra que lhe está intimamente vinculada: a da imagem e da semelhança a Deus. Ambas as doutrinas foram desenvolvidas a partir das Escrituras (Gênesis) e de Platão. Em Gênesis 1,26, é dito com efeito: "Deus disse: 'Façamos o homem à nossa imagem, como nossa semelhança, e que eles dominem sobre os peixes do mar, as aves do céu, os animais domésticos, todas as feras e todos os répteis que rastejam sobre a terra'"[38]. Esta é a razão pela qual, ao falar da esposa que se conhece a si mesma, o teólogo assegura, poética e enfaticamente: não foi o céu que foi feito à imagem de Deus, nem tampouco a lua, nem o sol, nem a beleza das estrelas, nem, em suma, as outras realidades visíveis que compõem o cenário da criação. Não! Para Gregório, "Somente tu foste feita imagem daquela natureza que está acima de todo intelecto, semelhança da beleza incorruptível, marca da verdadeira divindade, receptáculo da vida beatífica, imagem da verdadeira luz que, ao ser contemplada, torna-te semelhante a ele"[39]. Donde a sua admoestação para que a esposa se co-

---

38. Ressalte-se o nome coletivo que encerra o plural deste relato da criação. Depois de dizer: "[...] 'Façamos o homem à nossa imagem, como nossa semelhança", a narrativa acrescenta: "e que eles dominem sobre os peixes do mar, as aves do céu, os animais domésticos, todas as feras e todos os répteis que rastejam sobre a terra". Isto se tornará ainda mais explícito no versículo seguinte, em que o autor sacro constata: "Deus criou o homem à sua imagem, à imagem de Deus ele o criou, homem e mulher ele os criou" (Gn 1,27).

39. Ibid., 71.

nheça a si mesma, porquanto ela terá o olhar sempre voltado para o Bem imaterial e eterno, não se atendo, portanto, ao erro daqueles que, incessantemente, vagam e deambulam pelas trilhas desta vida.

Daí também podermos concluir que Gregório de Nissa, semelhantemente aos outros dois Padres Capadócios, assinala à faculdade, ou à capacidade de conhecer-se a si mesmo, uma dupla modalidade ou um duplo desdobramento: quanto mais se conhece a si mesmo, tanto mais se eleva o homem ao conhecimento de Deus e, correlativamente, quanto mais se volta para Deus, tanto mais desenvolve ele a capacidade de conhecer-se a si mesmo e aos outros. Por sua vez, o conhecimento que o homem tem de si próprio se desenrola através de uma dupla vertente: uma vertente epistemológica e uma vertente ética, pela qual se reconhece também a consciência moral no sentido próprio do termo. Ora, é esta dupla modalidade do conhecimento de si mesmo que vamos encontrar igualmente em Agostinho de Hipona.

Capítulo IX

AGOSTINHO DE HIPONA E A DINÂMICA DA INTERIORIZAÇÃO

Em *Contra os acadêmicos*, primeiro diálogo pertencente aos chamados *Diálogos de Cassicíaco* que Agostinho de Hipona (354–430) desenvolveu nos arredores de Milão (386–387), é colocada na boca de um dos interlocutores, Licêncio, esta definição a respeito do sábio (*sapiens*). O sábio, diz Licêncio, é aquele que não cessa de procurar (*quaerere*) e, assim fazendo, ele é também feliz, porquanto liberta maximamente o seu pensamento de todos os invólucros do corpo e, recolhendo-se em si mesmo, não se deixa arrastar pelos tormentos da concupiscência, mas, sempre tranquilo e pacificado consigo próprio, concentra a sua atenção sobre si mesmo e sobre Deus[1].

Em outro diálogo de Cassicíaco, intitulado *A ordem*, ao criticar aqueles que se recusam a admitir um princípio racional e uma harmonia no universo independentes do "misterioso arbítrio divino", Agostinho ajunta que a causa princi-

---

1. AGOSTINHO DE HIPONA, Contro gli accademici, I, VIII, 23, in: *Tutti i dialoghi*, Milano, Bompiani, 2006.

pal deste erro consiste na ignorância que tem o homem de si mesmo. Esta é a razão pela qual ele retorna mais uma vez ao seu método fundamental da introspecção, ou da interiorização, advertindo que, para poder conhecer-se a si mesmo, o homem deverá habituar-se ao fatigante exercício de desprender-se dos sentidos, de recolher e, consequentemente, de reter o espírito no seu próprio interior. Somente assim, ou seja, depois de haver restituído o espírito a si mesmo, poderá ele compreender a beleza do universo na sua *unidade* fundamental[2]. Todavia, ressalta Agostinho na segunda parte do mesmo diálogo: assaz raramente o gênero humano se serve do auxílio da razão para compreender Deus e a alma que está em nós mesmos e alhures. Mas o que é finalmente a razão? Para o teólogo, "A razão é o movimento da mente que tem o poder de distinguir e unir aquilo que se aprende"[3]. Sem embargo, Agostinho insiste sobre o fato de que é difícil para quem se acha enredado na rede dos sentidos voltar-se para si mesmo e efetuar o diálogo ou o monólogo silencioso da alma consigo própria. No entanto, é através deste movimento de interiorização que, segundo o autor da *Ordem*, se manifesta o papel da filosofia, que tem por objeto o problema da alma e a indagação sobre Deus. Pelo primeiro, somos levados ao conhecimento de nós mesmos, enquanto, ao indagar sobre Deus, tentamos conhecer a nossa própria origem. Ademais, acentua o pensador, o primeiro conhecimento torna-nos dignos de uma vida feliz, ao passo que o segundo nos faz realmente felizes[4]. Como se pode deduzir, Agostinho associa a procura do conhecimento de Deus e de nós mesmos à própria busca da fe-

---

2. Cf. AGOSTINHO DE HIPONA, L'ordine, I, I, 3, in: *Tutti i dialoghi*.
3. IBID., II, XI, 30.
4. Cf. IBID., II, XVIII, 47.

licidade. E esta felicidade se manifesta pela unidade, ou pela tentativa constante de chegar à unidade, de sorte que a alma, estimulada por essa esperança, poderá exclamar de si para si mesma: "Eu, pelo meu movimento interior e oculto, posso separar e unir as coisas que devem ser aprendidas, e esta minha potência se chama razão"[5].

Todavia, uma das passagens que mais se costumam evocar para corroborar o método fundamental da introspecção em Agostinho se encontra na última obra que ele escreveu como leigo, entre 389 e 391, e que se intitula *A verdadeira religião*. Neste texto, o autor ressalta, juntamente com a dinâmica da interiorização, a busca da verdade que transcende o *homem interior* e que, ao mesmo tempo, o interpela e o seduz. Assim, admoesta Agostinho: "Não andes fora de ti, retorna a ti mesmo. A verdade habita no interior do homem. E, se descobrires que a tua natureza é mutável, transcende também a ti mesmo. Mas, lembra-te, quando transcendes a ti mesmo, transcendes a alma racional. Encaminha-te, portanto, para onde se acende o próprio lume da razão"[6]. Esta passagem, juntamente com outras que recorrem no *corpus* agostiniano, levou tanto os estudiosos quanto os leitores em geral a ressaltarem as metáforas do "homem interior", do "mestre interior", assim como aquelas outras a elas relacionadas: a "iluminação interior" e a "iluminação divina". Foi também a partir dessas metáforas e da dinâmica que elas encerram que se foi induzido a indagar sobre o elo essencial que, explícita ou implicitamente, vincula a busca do conhecimento de si mesmo, à procura do conhecimento de Deus e, em última análise, à aspiração à felicidade.

---

5. Ibid., II, XVIII, 48.
6. Agostinho de Hipona, *La vera religione*, XXXIX, 72.

1. A interiorização, Deus e a felicidade

Para entender a busca do conhecimento de si mesmo e do conhecimento de Deus em Agostinho, deve-se ter presente a metáfora do sol e da luz que, no plano filosófico, é de procedência essencialmente platônica. Com efeito, na obra intitulada *De diversis quaestionibus 83* (*Oitenta e três questões diversas*), o teólogo assevera, na *Questão 12*, que a irradiação do pensamento costuma difundir a própria luz da razão. Em seguida ele ajunta que se trata, em última instância, da irradiação da luz celestial, na medida em que ela se manifesta como um espelho da presença divina. Todavia, pondera Agostinho, do mesmo modo que a visão dos olhos, quando é afetada por algum defeito, não pode captar a presença de tudo aquilo que lhe está em redor, assim também a cegueira do espírito impedirá de perceber a presença de Deus, que, no entanto, se encontra em toda parte[7].

Nos *Solilóquios*, compostos em 387, no contexto dos "Diálogos de Cassicíaco" (arredores de Milão), Agostinho já enfatizava a metáfora da luz do sol para significar a dinâmica do conhecimento de todas as coisas a partir de Deus. Neste diálogo, a Razão promete mostrar ao seu interlocutor (Agostinho) que Deus é, no que diz respeito à mente, aquilo que é para os olhos o próprio sol. Ora – continua a Razão –, as mentes exercem, por assim dizer, o papel de sentidos *vis-à-vis* ao espírito (*animus*), porquanto elas representam para este aquilo que, no nível da sensibilidade e da corporeidade, os sentidos representam para o corpo. Fiel, portanto, à tradição neoplatônica, Agostinho considera a alma como sendo dotada de uma luz especial pela qual ela pode aceder à essência

---

7. ID., De diversis quaestionibus 83, 12, 62-64, in: *Œuvres de Saint Augustin*, 12 v, Paris, Desclée de Brouwer, 1952, X.

das realidades inteligíveis. Donde também poder a Razão assegurar-lhe que todas as verdades pertencentes às diferentes disciplinas são análogas aos objetos iluminados pelo sol. É por isso que eles podem ser vistos, tais como a Terra e tudo aquilo que é terreno e, ademais, acessível aos órgãos dos sentidos. Deus, no entanto – enfatiza a Razão –, é a própria luz que tudo ilumina e tudo revela[8].

No dizer de Étienne Gilson, a metáfora da iluminação que apresentam os *Solilóquios*, assim como a maioria das figuras agostinianas relativas ao conhecimento, surge no ponto de convergência entre a tradição filosófica neoplatônica e as Escrituras, que, juntas, vêm compor a formulação que lhes imprime o teólogo africano[9]. Neste sentido, a metáfora do sol nos remete imediatamente ao conceito do Bem que Platão introduz na *República* e que ele compara ao sol do mundo inteligível. Com efeito, ao chegar aproximadamente ao final de um longo raciocínio pelo qual Sócrates conduz e envolve Glauco, o filósofo conclui que o conhecimento e a verdade são semelhantes – semelhantes, mas não idênticos – à luz do sol, que ilumina o mundo sensível. De fato, continua Sócrates, se, por um lado, é lícito pensar que, no mundo inteligível, o conhecimento e a verdade são semelhantes ao Bem, por outro, não seria correto pura e simplesmente identificá-los ou igualá-los ao Bem. É que a sua natureza deve consistir em algo ainda mais elevado, mais precioso e mais excelso do que estas duas realidades. Glauco, extasiado com a conclusão de Sócrates, afirma: "O teu modo de falar é extraordinariamente belo; destarte, se o Bem produz o conhecimento e a verdade e se, ademais, ele os supera em beleza, certamente tu

---

8. ID., Soliloqui, I, VI, 12, in: *Tutti i dialoghi*.
9. Cf. GILSON, ÉTIENNE, *Introduction à l'étude de Saint Augustin*, Paris, Vrin, 2003, 103.

não o apresentarás como pertencente à ordem do prazer"[10]. A estas palavras, Sócrates, ironicamente, admoesta Glauco a proceder de maneira mais ponderada, porquanto ele tem ainda outra imagem a propor-lhe: "Tu admitirás, penso eu, que o sol confere às coisas visíveis não somente o poder de serem vistas, mas também a geração, o crescimento e a nutrição, sem ser ele próprio geração"[11]. Com base nesta afirmação, não resta outra saída a Sócrates senão rematar o que ele já vinha cuidadosa e solertemente preparando ao longo deste Livro VI da *República*: "No que tange às coisas cognoscíveis, não é somente a sua cognoscibilidade que manifestamente eles recebem do Bem; é igualmente o seu ser (ειναι) e a sua substância (ουσια) que dele lhes provêm, embora não seja o Bem uma substância, mas algo muito acima desta em dignidade e potência"[12].

Não é, pois, surpreendente constatar o quanto a tradição neoplatônica cristã – e particularmente o pensamento agostiniano – assimilou e identificou o conceito de Bem em Platão ao conceito de Deus enquanto doador da inteligência e da vida. Efetivamente, na *Cidade de Deus*, o teólogo enaltece o autor da *República* como tendo sido não somente o primeiro a mostrar que a filosofia se divide numa física, numa lógica e numa ética, mas também a considerar Deus como "*intelligentiae dator*". Assim: "Somente Deus é o autor de todos os seres, o doador da inteligência e o inspirador do amor com que se vive uma vida boa e feliz"[13]. No Livro VIII da

---

10. PLATÃO, *República*, VI, 509a.
11. IBID., 509b.
12. IBID. Veja também, no contexto da alegoria da caverna: *República*, VII, 517b-c. Com relação à problemática do Bem, veja o que eu desenvolvi *supra*: capítulo II, seção 5.
13. AGOSTINHO DE HIPONA, *La Città di Dio*, Roma, Città Nuova, 2000, XI, 25.

mesma *Cidade de Deus*, Agostinho já havia sustentando que Platão é incontestavelmente superior a todos os filósofos pagãos e que todos os estudiosos que o seguiram defenderam a tese segundo a qual em Deus se encontra a causa do subsistir, a razão do pensar e a norma do viver[14]. Em seguida, pondera Agostinho, se Platão afirmou que o sábio é um imitador, um conhecedor e um amante de Deus, em cuja participação a sua vida se torna feliz, não há mais necessidade de examinar os outros pensadores platônicos, pois "Nenhum filósofo se aproximou mais de nós, cristãos, do que estes"[15].

Conforme avancei mais acima – referindo-me a Étienne Gilson –, a metáfora da iluminação e a maioria das figuras agostinianas relativas ao conhecimento surgem no ponto de convergência entre a tradição filosófica neoplatônica e as Escrituras. Para Plotino, a alma está para Deus na mesma relação em que está a lua para o sol, do qual ela reflete a luminosidade. O próprio Agostinho evoca esta analogia, na *Cidade de Deus*, ao declarar que Plotino, explicando o pensamento de Platão, frequentemente enfatiza que até aquele ser

---

14. Cf. IBID., VIII, 4.
15. IBID., VIII, 5. O conhecimento que tem Agostinho da história da filosofia em geral e da filosofia platônica em particular, assim como a ideia da tripartição da filosofia numa física, numa lógica e numa ética, foram hauridos em Cícero, sobretudo em *De natura deorum* e em *Tusculanae*, e também em Apuleio, *De Platone et eius dogmate*. A pergunta que sempre se avança é a de saber se Agostinho realmente sabia o grego e o que, finalmente, teria ele lido de Platão. Na sua obra clássica, *Santo Agostinho e o fim da cultura antiga*, Henri-Irénée Marrou levanta a mesma interrogação e avança, sob a forma de resumo, o seguinte esclarecimento: "Ele (Agostinho) cita pelo menos nove vezes o *Timeu*, mas uma vez a partir da tradução de Cícero e oito vezes segundo a versão de Calcídio. Cita quatro vezes o *Fédon*, mas sabemos que deste diálogo havia uma tradução latina que fizera Apuleio. Todas as outras alusões a Platão ou citações de suas obras são de segunda mão e provêm de Cícero". MARROU, HENRI-IRÉNÉE, *Saint Augustin et la fin de la culture antique*, Paris, E. de Broccard, 1938, 34.

– considerado a "alma do universo" – recebe a sua felicidade daquela mesma fonte que é a causa da nossa própria felicidade. Mas em que consiste esta fonte? Trata-se de uma luz distinta da própria alma, pela qual ela foi criada e em cuja iluminação inteligível ela também brilha com uma luz inteligível. Foi neste sentido – conclui o teólogo – que Plotino estabeleceu uma comparação entre aquelas realidades imateriais e os corpos materiais no céu, que são visíveis aos nossos olhos: Deus, metaforicamente falando, seria o sol, e a alma seria a lua, porquanto se supõe que a lua recebe sua luz do próprio sol[16]. Mas se as coisas se apresentam assim, não se pode evitar a questão de saber se haveria, ou não, uma distinção precisa entre o que compete a Deus e o que concerne ao ser humano em termos de conhecimento.

2. O conhecimento de Deus e o conhecimento humano

De fato, conquanto Agostinho enfatize que Deus é a fonte a partir da qual se irradia o conhecimento de todas as coisas, ele também acentua a peculiaridade e a autonomia do intelecto humano, que a própria iluminação divina pressupõe e reconhece. Não haveria, pois, confusão entre o pensamento humano e a luz divina, porquanto uma coisa é ser a luz que ilumina e outra coisa é ser o objeto que recebe essa mesma luz. Certo, os olhos veem os objetos banhados de luz, mas ele próprio não é a luz, nem tampouco o sol, do qual dimanam os raios e o calor vivificante. É o que Agostinho faz ressaltar no *Comentário ao Evangelho segundo João*, quando observa: assim como os olhos que temos no rosto e

---

16. Cf. Agostinho de Hipona, *La Città di Dio*, X, 2.

que chamamos luz, conquanto sejam sadios e estejam abertos, têm necessidade da luz que vem de fora, assim também a nossa mente, que é "o olho da alma", precisa de ser aclarada pela luz da verdade que ilumina sem necessitar ela mesma de ser iluminada[17]. Mas como se desenrola este conhecimento ou, mais exatamente, como a iluminação divina se exerce sobre o pensamento humano dele respeitando a autonomia e a singularidade?

Segundo Étienne Gilson, este conhecimento se desdobra através de uma dupla modalidade. Primeiramente, conhecemos os objetos criados através da luz divina sem, necessariamente, vermos essa mesma luz. Há também o caso da chamada experiência mística em que é a própria luz que, supostamente, se deixa ver. No que, porém, concerne à primeira modalidade, a iluminação tem como principal característica o fato de ser imediata, ou seja, de se reportar diretamente aos objetos do conhecimento prescindindo, portanto, de outras realidades intermediárias[18]. Deve-se, contudo, notar que, para Agostinho, a alma é submissa a Deus naquilo que diz respeito à necessidade de se tomarem em consideração as "realidades inteligíveis", que o teólogo chama de *res intelligibiles* e que não são outra coisa senão as próprias ideias divinas. Estas realidades, ele as designa também pelos nomes de *ideae, formae, species, rationes* e *regulae*. Dentro da tradição platônica, mas acentuando o papel da criação, Agostinho vê essas ideias como os modelos a partir dos quais Deus criou as espécies e os indivíduos. Não esqueçamos, porém, de que, para o pensamento cristão e, mais particularmente,

---

17. Cf. ID., *Commento al Vangelo di Giovanni*, Roma, Città Nuova, 2005, Omelia 35, 3.
18. Cf. GILSON, ÉTIENNE, *Introduction à l'étude...*, 108.

para os pensadores medioplatônicos, os próprios modelos foram também criados por Deus, de sorte que a ideias não poderiam subsistir senão a partir e através do pensamento do próprio Deus. Juntando, pois, essas duas modalidades de conhecimento – o conhecimento dos objetos imediatamente a partir da luz divina e o conhecimento dessa mesma luz na chamada experiência mística –, Gilson chega à conclusão de que o intelecto humano, nas suas operações, é em última instância submisso às ideias de Deus[19].

Com efeito, no *Comentário ao Evangelho segundo João*, Agostinho se vale de um exemplo que eloquentemente ilustra a primeira modalidade de conhecimento. Trata-se da arte do carpinteiro, que, ao pôr-se a fabricar um armário, já tem a forma desse mesmo armário em sua mente. "Se antes de fabricá-lo – pondera o teólogo – ele não tivesse a ideia do armário em sua mente, como poderia então construí-lo?"[20] Evidentemente, prossegue Agostinho, o armário que está na mente do artesão não é exatamente aquele que, depois, vemos com nossos olhos, porquanto ele existe na mente de maneira invisível e, somente depois de realizada a obra, torna-se visível. Todavia, ele não cessará de existir na mente enquanto forma, ou ideia. Certo, o armário uma vez construído poderá deteriorar-se, enquanto outros armários poderão ser fabricados a partir do modelo que permanece para sempre na mente daqueles que vivem e dos que viverão nas gerações seguintes. Isto significa – ajunta Agostinho – que o armário fabricado não é vida, contudo, é vida o armário como ideia, porquanto viva é a alma do artesão na qual se encontram todas essas

---

19. Cf. IBID., 109.
20. AGOSTINHO DE HIPONA, *Commento al Vangelo di Giovanni*, Omelia 1, 17.

coisas antes que elas venham à luz[21]. Neste ponto, Agostinho volta a ressaltar as ideias na mente de Deus, cuja concepção marcou vários pensadores cristãos do medioplatonismo que se desenvolveu durante os dois primeiros séculos da era imperial. Nesta perspectiva, Deus é também o autor e criador dos modelos que podem atualizar-se ou, ao invés, permanecer em potência no interior de sua mente. É o que também deixa pressupor Agostinho ao elucidar que, por meio da sabedoria de Deus, foram feitas todas as coisas, consequentemente: "como mente *criadora*, ela as possui todas, mesmo antes que sejam realizadas"[22].

Consequentemente, Deus conhece *a priori* todas as coisas, inclusive as realidades materiais que, de certa maneira, dele participam ou dele são imitações, manifestações ou reflexos. Quanto a nós, se conhecêssemos diretamente as ideias de Deus, conheceríamos *ipso facto* as coisas materiais que – na perspectiva da tradição platônica – dele são as cópias, decerto cópias pálidas, mas ainda cópias. A rigor, se conhecêssemos diretamente as ideias de Deus, nem precisaríamos nos debruçar sobre as realidades materiais, porquanto usufruiríamos plenamente de seu conhecimento. Todavia, a iluminação interior não nos dispensa da mediação do sensível, pelo menos – como lembra Gilson – no que concerne ao conhecimento do universo material[23]. Certo, o método fundamental do conhecimento em Agostinho é o método *a priori* e, particularmente, o da *iluminação interior*. Não obstante isto, só existe um caminho que nos pode conduzir a esta iluminação: é o caminho da sensação, ou das sensações, na medida em que elas

---

21. Cf. IBID.
22. IBID. Destaques meus.
23. Cf. GILSON, ÉTIENNE, *Introduction à l'étude...*, 111-112.

são não somente necessárias, mas também imprescindíveis e insubstituíveis enquanto portas, passagens e canais, através dos quais o conhecimento se engendra, se cria e, literalmente, se *forma*.

Com efeito, no Livro X das *Confissões*, ao tratar da nossa capacidade de nos recordar, Agostinho afirma clara e peremptoriamente que, nos recônditos desta "grande potência da memória", se conservam, distintas nas suas respectivas espécies, as coisas que nela foram introduzidas pelos acessos que lhes são peculiares. Assim, a luz, juntamente com todas as cores e formas dos corpos, chega-nos através dos olhos; pelos ouvidos recebemos todas as variedades de sons, pelo nariz todos os odores, pela boca todos os sabores, ao passo que pela sensibilidade difusa do corpo somos *impressionados* pelo áspero e o macio, pelo quente e o frio, pelo pesado e o leve. Todas estas coisas, a memória as retém na sua "vasta caverna" ou nas suas "secretas e inefáveis pregas". Todavia, não são, evidentemente, as próprias coisas que nela se recolhem, mas as imagens das coisas percebidas. Em que consiste, pois, o processo de transformação e armazenamento das impressões? Ora, esta é uma dificuldade que o filósofo não esconde, mas, pelo contrário, releva e admite como sendo pura e simplesmente uma dificuldade insuperável: "Ninguém sabe dizer como se formam estas imagens, conquanto sejam visíveis os sentidos que as captam e as depositam no nosso interior"[24].

Mas já em *A verdadeira religião* – última obra de Agostinho como leigo, redigida entre 389 e 391 – ele se mostrava explícito em face da imprescindibilidade da sensação para a gênese e o desenvolvimento do conhecimento. Curiosamente,

---

24. AGOSTINHO DE HIPONA, *Le confessioni*, , Libro Decimo, 8, 13.

ele considerava essa necessidade não somente com relação à dinâmica da fantasia e da imaginação, mas também no que diz respeito à busca da própria verdade. Nesta perspectiva, o filósofo assevera que cada um conhece, mediante seus próprios estados afetivos, que a alma (*anima*) pode mudar; não certamente no espaço, mas no tempo. Quanto ao corpo, é fácil observar que ele experimenta transformações tanto no espaço quanto no tempo. E, no que concerne particularmente à nossa capacidade de fantasiar, é lícito perguntar-se: de onde provêm as fantasias (*phantasmata*)? Certo, trata-se de construções nossas, mas em que propriamente consiste esse processo? Para Agostinho, elas não são senão figuras (*figmenta*) extraídas da espécie do corpo através, justamente, do sentido corporal. Mas como se dá exatamente a gênese e, em última análise, a maneira pela qual elas se formam, isto é impossível de explicar. Pode-se, contudo, afirmar, segundo Agostinho, que é bastante fácil confiá-las à memória tais como elas são recebidas, ou concebidas, pelo espírito ou pela mente. Com efeito, elucida o autor, pela fantasia o sujeito é apto a manusear estas figuras, no sentido de dividi-las, multiplicá-las, reuni-las, ampliá-las, ordená-las, alterá-las e, de certo modo, forjá-las. Todavia, e este é o ponto capital do problema: o que se revela realmente difícil para o sujeito é afastá-las e evitá-las quando se trata de procurar a verdade[25].

Ora, na mesma obra, *A verdadeira religião*, Agostinho retomará a questão da sensação vinculando-a essencialmente à capacidade de imaginar e de pensar (*cogitare*). Assim, "Não há, de fato, nada de corpóreo que, mesmo tendo sido visto uma única vez, não possa ser inúmeras vezes pensado (*cogitari*) ou que, visto num espaço restrito, não possa, com a

---

25. Cf. ID., *La vera religione*, X, 18.

mesma faculdade imaginativa (*eadem imaginandi facultate*), ser dilatado ao infinito"[26]. Como se pode constatar, não existe, na perspectiva agostiniana, uma autonomia absoluta ou uma separação nítida e categórica entre as faculdades do pensar, do imaginar e do idear. O que existe são relações, entrelaçamentos, passagens e inclusões umas nas outras, umas sobre as outras ou umas pelas outras. Isto se verifica igualmente nas relações da memória com a vontade e o desejo.

3. A memória, a vontade e o desejo

Efetivamente, em Agostinho, a memória e a vontade são distintas, mas inseparáveis uma da outra, pois elas caminham juntas, *pari passu*. Melhor ainda: a memória é uma das manifestações, ou uma das expressões, da vontade na medida em que a vontade perpassa todos os afetos, todas as paixões e todas as inclinações. É o que o teólogo afirma, de maneira peremptória, no Livro XIV da *Cidade de Deus*: "A vontade está em todas as inclinações, ou antes, estas não são senão atos da vontade"[27]. Nesta perspectiva, o desejo (*cupiditas*) e a alegria (*laetitia*) são moções ou inclinações que se dirigem, ou convergem, para os objetos que queremos. Inversamente, o temor (*metus*) e a tristeza (*tristitia*) são movimentos da vontade em desarmonia ou em divergência com os objetos que não queremos. A inclinação se chama, pois, desejo se estamos em harmonia com o que procuramos alcançar, pois se trata de objetos que apetecemos. Consequentemente, a alegria se manifesta quando consentimos e, ao mesmo tempo, gozamos

---

26. Ibid., XX, 40.
27. Agostinho de Hipona, *La Città di Dio*, XIV, 6.

(*consentimus fruendo*) as coisas que queremos. Em contrapartida, a vontade é temor quando divergimos daquilo que não queremos que nos aconteça; ademais, ela será chamada tristeza quando estivermos em desacordo com o que já ocorrera e que, justamente, era contrário àquilo que aspirávamos. Deve-se, pois, considerar a diversidade dos objetos que estão essencialmente relacionados com a vontade: há aqueles que a vontade deseja alcançar quando é por eles atraída; há outros que, pelo contrário, ela procura evitar ou deles fugir quando se sente por eles repelida. Esta é a razão pela qual a vontade se transforma ora num, ora noutro afeto[28].

No tratado sobre a *Trindade*, que fora redigido entre 399 e 426, Agostinho enfatiza mais uma vez o papel que representa a vontade na sua dinâmica de fazer o espírito trazer à tona as imagens que jazem latentes, adormecidas, ou *esquecidas*, nos labirintos da memória. Efetivamente, mesmo após haver desaparecido a forma sob a qual os objetos se haviam apresentado aos sentidos, na memória ficará guardada uma semelhança ou um fantasma apto a despertar e fazer-se de novo presente à consciência. Isto ocorrerá quando a

---

28. Cf. IBID. Em 1844, Arthur Schopenhauer publica a segunda edição de *O mundo como vontade e representação* ajuntando-lhe um segundo volume contendo cinquenta capítulos divididos, eles também, em quatro grupos que correspondem, respectivamente, a cada livro do primeiro volume. Consoante ao prefácio desta segunda edição, o autor informa que um volume completa o outro. Ora, no capítulo, ou parágrafo, 19 do segundo volume, capítulo este intitulado *Do primado da vontade na autoconsciência*, Schopenhauer ajunta, aparentemente surpreso, uma nota pela qual Agostinho já conhecera a prioridade da vontade nas diferentes inclinações ou moções de sua dinâmica fundamental. Para corroborar esta coincidência, ou convergência de ideias, ele cita textualmente a passagem da *Cidade de Deus* a que acima me referi. Cf. SCHOPENHAUER, ARTHUR, Die Welt als Wille und Vorstellung, in: *Sämtliche Werke*, 5 v., Stuttgart und Frankfurt am Main, Wissenschaftliche Buchgesellschaft, 2004, II, 260.

vontade, mais uma vez, decidir lançar um *olhar* para as sinuosidades secretas deste imenso "palácio" fazendo com que as imagens nele sopitadas sejam novamente reavivadas ou, mais exatamente, *re-enformadas*. E isto só é possível porque as imagens ainda se encontram lá. Se delas a forma tivesse completamente desaparecido, ter-se-ia também seguido um esquecimento absoluto, de sorte que toda e qualquer tentativa de recordação ter-se-ia igualmente tornado inviável. Em outros termos, se o *olhar* daquele que evoca tal recordação não fosse informado a respeito desta realidade que virtualmente subjaz na memória, tampouco se poderia realizar a visão que, agora, caracteriza o pensamento propriamente dito. Ora, a união destas duas realidades – da imagem que permanece em suspensão na memória e de sua expressão no *olhar* daquele que a evoca – se dá de tal modo que se tem a impressão de se tratar de uma única e mesma realidade. Convém, todavia, precisar que, quando o *olhar* do pensamento se desvencilha daquela imagem e cessa de considerá-la, desaparece *ipso facto* a forma impressa na visão interior, de sorte que, ao lançar o *olhar* para outra recordação, surge simultaneamente uma nova forma que é, de fato, a origem de um novo pensamento. É que estas realidades estão íntima e intrinsecamente ligadas umas às outras nas suas significações e relações mútuas e essenciais. Daí a conclusão de Agostinho: perdura na memória aquilo que fora abandonado, preterido, mas não abolido ou totalmente destruído. Com efeito, quando o *olhar quiser*, poderá mais uma vez voltar-se para lá e estabelecer, ou reestabelecer, uma nova passagem, um novo vínculo e, portanto, uma nova unidade com o princípio *enformante*[29].

---

29. Agostinho de Hipona, *La Trinità*, XI, 3,6.

Podemos então constatar dois movimentos na vontade: um pelo qual os sentidos se dirigem para os objetos do mundo exterior e outro através do qual a mente lança um *olhar* para as formas ou as imagens que se acham depositadas no interior graças à memória. Saliente-se, porém, que, embora se desenrolando sob uma dupla modalidade, um destes movimentos não tem a primazia sobre o outro, no sentido cronológico do termo. Trata-se, na verdade, de dois movimentos simultâneos, concomitantes, tautócronos. Consequentemente, verifica-se uma distinção, mas não uma separação entre os dois planos, como se, de um lado, houvesse o mundo exterior e, do outro, o mundo interior. O que Agostinho deixa realmente pressupor é a existência de uma dinâmica que *inter-corre* entre estes dois mundos e pela qual a vontade se manifesta operando uma ligação, uma inclusão ou um *entre-dois*. Estamos assim diante de uma tríada formada pela memória, pela visão interna e pela vontade, que, enquanto princípio de toda ação, une uma potência à outra, fazendo uma entrelaçar-se na outra, passar pela outra, vincular-se à outra, numa dinâmica que não cessa de terminar, porque jamais cessa de recomeçar[30].

A acuidade com a qual Agostinho analisou as moções da vontade levou-o também a captar as tendências psicóticas que se manifestam pela fixação a uma determinada imagem. Isto ocorre quando a vontade, na sua errância para informar o *olhar*, e uma vez este *olhar* informado, o mantém de tal modo unido ao seu objeto a ponto de concentrar-se inteiramente sobre a imagem interior e, consequentemente, desviar o *olhar* da alma da presença dos objetos externos e mesmo da presença dos sentidos corpóreos. Quando, pois,

---

30. Cf. IBID.

ela o dirige inteiramente para a imagem que se vê no interior, então a semelhança da forma corpórea – reavivada pela memória – adquire um tal relevo, que nem mesmo a razão saberá distinguir se se trata de um corpo externo, realmente percebido (*videatur*), ou de um corpo interno e, portanto, pensado (*cogitetur*)[31]. Estamos, pois, diante de um quadro típico da captação ou da imersão delirante na imagem. Para ilustrar este processo, Agostinho aduz um exemplo que não é raro encontrar na experiência analítica. Trata-se, segundo a confissão do próprio Agostinho, da narrativa a respeito de um homem que costumava fazer uma representação tão viva e, por assim dizer, material de um corpo feminino, a ponto de experimentar a sensação de estar a ele unido carnalmente e, assim, chegar à ejaculação[32].

Mais curioso ainda é vê-lo referir-se à experiência onírica e a outros fenômenos nos quais os sentidos se acham, por assim dizer, sopitados, adormecidos ou suspensos num *entredois*, num meio-termo. Além daquele estado característico do sono, isto pode também ser observado nos fenômenos da loucura e da alienação que afetam os adivinhos e os profetas. Aqui – pondera o filósofo – a atenção do espírito (*animus*) se concentra sobre as imagens que lhe são apresentadas pela memória, ou por outra força oculta, através de uma mescla de representações espirituais igualmente pertencentes a uma substância espiritual. Todavia, podem também ocorrer casos em que, mesmo em se tratando de pessoas ditas normais e em estado de vigília – e se achando o pensamento sobremaneira ocupado –, a vontade se desprende de tal modo dos sentidos, que ela se põe a informar o *olhar* da alma através de diversas

---

31. Cf. IBID., XI, 4,7.
32. Cf. IBID.

imagens de objetos sensíveis como se se tratasse dos próprios objetos, e não de suas imagens[33].

Aqui entra também em jogo aquilo que hoje poderíamos denominar "compulsão à repetição". Com efeito, Agostinho chama a atenção para o fato de que as impressões e formas suscitadas pela imaginação se produzem não somente quando a vontade, impulsionada pelo desejo, fixa a atenção sobre as imagens interiores, mas também quando o espírito – e é nisto que reside a questão capital –, querendo evitá-las e delas fugir, vê-se, no entanto, forçado a contemplar aquilo que, justamente, lhe causa resistência ou aversão. Não obstante isto, ele as contempla, ou delas não consegue desviar a atenção. Esta é a razão pela qual o teólogo enfatiza que não somente o desejo, mas também o temor fixa a atenção sobre as coisas sensíveis ou dirige o olhar do espírito sobre as imagens dos objetos sensíveis para informá-lo. Donde também a conclusão a que ele devia necessariamente chegar: "Quanto mais veemente for o desejo ou o medo, tanto mais nitidamente será informado o olhar, seja porque ele é informado graças a um corpo situado no espaço, seja porque é informado através da imagem de um corpo presente na memória"[34].

Se, portanto, a vontade, o desejo e as faculdades do imaginar, do pensar e do recordar são interligadas na concepção básica de Agostinho – embora sejam elas distintas nos seus respectivos modos de agir –, a questão que agora convém elucidar é aquela de saber como se dá a faculdade de julgar ou de discernir entre o bem e o mal, entre o certo e o errado. Para dizê-lo brevemente: como Agostinho concebe a *consciência moral*?

---

33. Cf. IBID.
34. IBID.

4. A consciência moral

Na obra intitulada *Enchiridion sive de fide, spe et charitate*, que abreviadamente se costuma traduzir pelo título principal *Manual*, Agostinho fala do pecado nestes termos: "Pecamos sob a ação de duas causas, ou por não termos ainda visto o que deveríamos fazer, ou por não fazer o que nos parece ser o nosso dever. No primeiro caso, é o mal da ignorância; no segundo, o da fragilidade (*infirmitatis*)"[35]. Como se pode constatar, o teólogo atribui ao ser humano – dotado de livre-arbítrio – a responsabilidade pelas faltas que eventualmente ele venha a cometer, de sorte que, quer se trate da ignorância da lei ou da impotência de realizar os seus ditames, compete sempre ao indivíduo agir retamente. Ele é, portanto, livre e se se supõe que deve saber distinguir entre o bem e o mal. Com efeito, pondera Étienne Gilson, de um lado, visto como um ser dotado de conhecimento, o homem recebe de Deus uma luz natural; do outro lado, porém, enquanto ser submetido às necessidades da ação, ele recebe de Deus a consciência moral. Consequentemente, o que representam para a razão, no plano da ciência, os primeiros princípios considerados a partir das ideias eternas é o que representam para a nossa consciência, no plano da ação, os primeiros princípios da moral[36]. De qualquer modo, depende do homem o querer abrir-se ou fechar-se para estes princípios.

Ora, parece existir em todos os homens – na perspectiva de uma tradição que remonta aos estoicos, a Aristóteles, a Platão, aos pré-socráticos e, em última instância, ao pensamento trágico grego – uma espécie de lei, feita a partir das

---

35. AGOSTINHO DE HIPONA, Manuel ou de la foi, de l'espérance et de la charité, in: *Œuvres de Saint Augustin*, IX, XXII, 81.
36. Cf. GILSON, ÉTIENNE, *Introduction à l'étude...*, 167-168.

prescrições imperativas da própria consciência, cujas regras se impõem de maneira evidente e que, por isto mesmo, foi dominada *lei natural*[37]. No pensamento cristão tardo-antigo e medieval – e em Agostinho em particular –, o caráter de evidência dessas prescrições não depende de outra coisa senão de uma espécie de tradução na nossa alma daquela lei que, eterna e imutavelmente, subsiste no próprio Deus. É o que o teólogo acentua, por exemplo, no diálogo *A ordem*: "Esta disciplina é a própria lei de Deus, que nele permanece imutável e inderrogável e que, nas almas sapientes, é por assim dizer transcrita, de modo que estas sabem que viverão tanto melhor e de maneira tanto mais sublime, quanto mais perfeitamente a contemplarão, compreendendo-a, e mais diligentemente a conservarão, vivendo-a"[38].

No *Livre-arbítrio* – redigido entre 387 e 391 –, Agostinho falará de uma lei como razão suprema (*summa ratio*) à qual se deve sempre obedecer para se poder gozar de uma vida feliz. Esta lei temporal é, no entanto, derivada da *lei eterna*, que é impressa em nós (*impressa nobis est*) e a partir da qual todas as coisas são ordenadas e governadas segundo a finalidade que

---

37. Segundo Giuseppe Zanetto, a expressão "lei da natureza" é empregada pela primeira vez no *Górgias* de Platão (483e), apresentando-se assim como o mais antigo exemplo daquilo que, mais tarde, corresponderá ao conceito de "lei natural". Efetivamente, Cálicles, no *Górgias*, ao contrapor-se à doutrina socrática segundo a qual é mais vil cometer uma injustiça do que suportá-la, recorre à distinção, tipicamente sofística, entre natureza (*physis*) e lei ou norma (*nomos*). Aqui, no entanto, fazendo eco a uma interpretação da *physis* que se encontra em *Protágoras*, 337d, e na *República*, Livro I e Livro II, 358e–359b, o sofista a considera como uma forma de instinto ou de impulsão primordial que se opõe à ordem ou ao conjunto das normas instituídas artificial ou convencionalmente pela *pólis*. Após haver insistido sobre esta distinção, ele chegará à conclusão de que aquele que se impõe pela força age segundo a lei da justiça, ou segundo a *lei da natureza* (483e). Cf. PLATÃO, *Gorgia*, Milano, BUR, 2002, 168, n. 124.

38. AGOSTINHO DE HIPONA, L'ordine, II, VIII, 25, in: *Tutti i dialoghi*.

lhes é assinalada[39]. Com base, portanto, nas Escrituras e nas elaborações que a tradição greco-latina realizou em torno da chamada *lei natural*, Agostinho deixa pressupor que ninguém é escusado de ignorar a distinção entre o bem e o mal. Em última instância, o afastar-se do bem depende única e exclusivamente da vontade humana e de sua capacidade de escolher fruir dos meios como se eles fossem o Bem último. Esta é a razão pela qual o teólogo não cessa de pôr tanta ênfase sobre o livre-arbítrio e sobre a vontade humana. Em *A natureza do bem*, por exemplo, obra composta em 399, ele é categórico ao afirmar: "Às criaturas mais distintas, isto é, aos espíritos racionais, Deus deu a garantia de não poderem corromper-se, *caso não o queiram*, ou seja, se conservarem a obediência ao Senhor, seu Deus, e, assim, aderirem à beleza incorruptível"[40]. Se, ao invés, pela própria vontade, não quiserem conservar a obediência, corromper-se-ão nos pecados e, pior ainda, deverão corromper-se nas penas que lhes serão infligidas[41]. Mais adiante, nesta mesma obra, ele será sobremaneira explícito ao declarar: os pecados – que não conservam a natureza, mas a viciam – "*dependem da vontade dos pecadores*, conforme o atesta a Sagrada Escritura em muitos modos"[42].

Mas de onde provém a capacidade de distinguir entre o justo e o injusto, o bem e o mal? Para responder a esta interrogação, Agostinho se vale mais uma vez do seu método fundamental do conhecimento, que é a "iluminação interior". Convém, no entanto, relembrar que este método está intrínseca e essencialmente associado à vontade, ao desejo e, portanto, ao amor. Na perspectiva do autor da *Cidade de Deus*,

---

39. Cf. ID., Il libero arbitrio, I, VI, 15, in: *Tutti i dialoghi*.
40. ID., *La natura del bene*, Milano, Rusconi, 1995, 7. Destaques meus.
41. Cf. IBID. Destaques meus.
42. IBID., 28.

só se deseja e só se quer aquilo que se conhece. "Ninguém – assevera o teólogo na *Trindade* – pode de fato amar aquele que crê justo, precisamente porque o crê justo, se ignora o que seja um justo."[43] Todavia, essa constatação suscita outra pergunta: se ama o justo somente aquele que conhece a justiça e que é ele próprio justo, como quererá ser justo aquele que ainda não o é? Segundo Agostinho, para que se torne justo quem ainda não o é deve *querer* ser justo e, para querê-lo, supõe-se que ele ama o justo. Esta é a razão pela qual ama o justo mesmo aquele que ainda não é justo, porquanto não poderia jamais amar o justo se ignorasse o que significa ser justo. Mas de onde retira ele o conhecimento do justo? Certo, ele não o viu com os olhos carnais, porquanto o justo não se manifesta à maneira de um corpo. Consequentemente, no homem somente a alma é justa. Justa e bela, independentemente do corpo. Mas o que é a justiça? Consoante Agostinho, ela é uma espécie de beleza da alma que torna belos os homens, mesmo aqueles que têm um corpo contrafeito e disforme. Dado, porém, que com os olhos carnais não se pode ver a alma, tampouco se poderá apreender a sua beleza. Como, pois, se poderá apreender o justo aquele que ainda não o é, mas o ama e, amando-o, aspira a tornar-se ele também justo? Eis a resposta de Agostinho: "É, portanto, em nós que vemos o justo. Quando tento dele falar, não encontro a sua ideia alhures, mas somente em mim mesmo; e, se pergunto a um outro em que consiste o justo, é nele próprio que vai buscar o que deverá responder-me"[44]. O que, no entanto, mais surpreende – pondera o teólogo – é que uma alma possa ver nela mesma aquilo que não vira em parte alguma e, mais

---

43. Agostinho de Hipona, *La Trinità*, VIII, 6.9.
44. Ibid.

curioso ainda, que ela possa disto fazer-se uma ideia veraz e ver uma alma verdadeiramente justa, conquanto não seja justa a alma que ela vê em si própria. Donde a interrogação do autor das *Confissões*: haverá, por acaso, uma outra alma justa na alma que ainda não é justa? E, se não há, que alma vê em si mesma quando, ao olhar para dentro de si, diz o que significa uma alma justa? Neste ponto, Agostinho lança mais uma interrogação que é, na verdade, a sua própria resposta: "Aquilo que ela vê não será a verdade interior, presente na alma capaz de intuí-la?"[45].

Como se pode verificar, o conceito de "justo" ou de "justiça" se encontra, *a priori*, no interior da própria alma, mesmo que de forma latente, subjacente ou virtual. Neste sentido, ele poderá eventual e oportunamente despertar, vir à tona e fazer-se explicitamente presente à mente. Mas nem todos – objeta Agostinho – são capazes de fazê-lo. E, mesmo dentre aqueles que podem intuí-lo, há alguns que se revelam como não sendo justos, embora sejam aptos a ver e dizer o que significa uma alma justa[46].

Convém também ressaltar que o conhecimento que tem o espírito de si mesmo é a condição para que ele conheça um outro espírito. Com efeito, se o espírito se ama a si mesmo porque se conhece, do mesmo modo ele conhece e ama outro espírito justamente porque se conhece e se ama. Como poderia o espírito, interroga-se Agostinho, conhecer outro espírito se ele próprio se ignorasse? Ele só pode conhecer outro espírito na medida mesma em que o *vê* refletido em si próprio, isto é, no seu interior. Assim, à diferença dos olhos carnais, que veem outros olhos, mas não podem ver-se a si próprios – a menos que os vejam refletidos num espelho –, o espírito

---

45. Ibid.
46. Cf. ibid.

tem a capacidade de retroagir sobre si mesmo, de conversar consigo mesmo e, portanto, de conhecer-se a si próprio. Mas não somente de conhecer-se a si mesmo; ele se conhece e se ama simultaneamente.

Este é, efetivamente, o *leitmotiv* de Agostinho no que diz respeito à teoria do conhecimento: o conhecer-se e o amar-se caminham juntos, *pari passu*, inseparáveis e indissociáveis um do outro. De resto, nunca será demasiado repetir: na medida em que é incorpóreo, o espírito conhece a si mesmo por intermédio de si próprio, ou de sua capacidade de introspecção e de diálogo consigo mesmo. Mas, enfatiza o filósofo, ele só se conhece porque se ama, e vice-versa: "De fato, se não se conhecesse, não se amaria"[47].

É, pois, através desta capacidade de autorreflexão, ou de interiorização, que o espírito sabe distinguir o verdadeiro e o falso, o certo e o errado, o louvável e o reprovável. O bem e o mal. Daí também poder-se afirmar que em Agostinho igualmente o autoconhecimento se desenrola sob uma dupla modalidade, ou através de uma dupla vertente: uma vertente epistemológica e uma vertente moral; elas, no entanto, se vinculam uma à outra de maneira essencial, intrínseca e radical. Para dizê-lo de forma mais breve e condensada: a capacidade de julgar e, portanto, de construir tábuas de valores é a contrapartida, ou a outra faceta, da capacidade de conhecer em geral. Nunca, pois, é demasiado repetir: a consciência filosófica e a consciência moral se pressupõem mutuamente, pois não existe conhecimento que não traga no seu próprio bojo toda uma gama de juízos, de valorações, de construção e destruição. Seria, porém, ocioso indagar qual destas duas dinâmicas teria a primazia ou a precedência sobre a outra ou se o

---

47. Ibid., IX, 3.3.

conhecimento em geral se apresentaria como subsumindo o conhecimento moral e a consciência moral em particular. O certo é que – repita-se mais uma vez – não existe saber que não esteja permeado ou que não seja determinado, direta ou indiretamente, por interpretações e perspectivas que encerram valorações morais.

Ao analisar a dinâmica do espírito, Agostinho observa que, mesmo quando ele é seduzido pelos corpos do mundo externo e com eles se mistura graças a uma longa familiaridade, ele se revela incapaz de trazê-los para o seu interior, dado que este se apresenta, por assim dizer, como uma região da natureza espiritual. Todavia, pondera o teólogo, o espírito faz girar nele mesmo as suas imagens e, melhor ainda, ele arrasta consigo estas mesmas imagens que ele próprio criou e das quais – parece – não quer libertar-se[48]. É que o espírito, ao formá-las, empresta-lhes algo de sua própria substância conservando, porém, a faculdade de julgá-las. Esta faculdade – ajunta Agostinho – é, concretamente falando, a mente (*magis mens*), isto é, a inteligência racional (*rationalis intelligentia*), à qual é reservado o juízo enquanto princípio que distingue, examina, analisa, interpreta, valora e, portanto, julga[49].

Segundo Agostinho, tão potente, evidente e inerente é ao espírito (*mens*) a capacidade de conhecer-se, julgar-se e pôr em prática o cuidado de si mesmo, que, apenas ao ouvir o preceito "*Conhece-te a ti mesmo*", já sabe o que isto significa. E ele o sabe a partir da sentença toda inteira, e não somente a partir de um de seus componentes básicos: *Conhece* ou *a ti mesmo*. Outra coisa, porém, é dizer ao espírito: "conhece os Querubins e os Serafins", que estão ausentes e são objetos

---

48. Cf. IBID., X, 5.7.
49. Cf. IBID.

de fé. Do mesmo modo, quando se diz a alguém: "conhece a vontade daquele homem", pressupõe-se que, para poder percebê-la e compreendê-la, necessita-se de signos corpóreos, coisas que dependem mais de uma atitude de crença do que de uma compreensão propriamente dita. Tampouco se pode dizer a alguém: "olha a tua face" se a pessoa a quem nos dirigimos não se acha diante de um espelho. De fato, elucida Agostinho, a nossa própria face subtrai-se à nossa visão, na medida em que ela não se encontra no lugar para onde dirigimos o nosso olhar[50]. Todavia, quando se diz ao espírito: "*Conhece-te a ti mesmo*", ele compreende o preceito e, simultaneamente, conhece a si próprio, porquanto está presente a si mesmo. Consequentemente, a voz do comando é concomitante à compreensão de toda a sentença e, portanto, ao que ela ordena realizar[51]. Convém, pois, mais uma vez acentuar que este conhecimento de si mesmo se desenrola tanto no âmbito ontológico, psicológico e subjetivo, quanto no âmbito ético ou moral, que inclui especificamente a *consciência moral* e as relações intersubjetivas de um modo geral.

Neste sentido, é eminentemente significativo o fato de Agostinho enfatizar, no final de seu *De Trinitate*, não somente a superioridade do espírito (*mens*) humano com relação aos brutos – e mesmo às outras partes da alma –, mas também a sua capacidade de, com o auxílio da fé, voltar o olhar para a "suprema, inefável, imaterial e imutável natureza" divina da

---

50. Cf. IBID., X, 9.12. Em Agostinho, numa tradição que remonta a Plotino, Cícero e Platão, são recorrentes as metáforas dos olhos, do olhar, do espelho, do reflexo e, por extensão, da reflexão que o sujeito cognoscente faz sobre si mesmo. Trata-se do conhecimento *a priori* e, na terminologia peculiar a Agostinho, da doutrina da interiorização (o homem interior) e da iluminação.

51. Cf. IBID.

Trindade. Esta é a razão pela qual ele compara o espírito a uma espécie de tribunal interior e superior (*tanquam in loco superiore atque interiore honorabiliter presidenti*) a quem foram outorgadas a visão do inteligível e a faculdade de julgar as coisas externas em obediência somente a Deus[52]. Ora, não menos curioso é ver o teólogo, na *Cidade de Deus*, relevar o papel que exercem a linguagem, a palavra ou, como ele próprio denomina, o *ouvir* na nossa relação com a consciência. Efetivamente, declara Agostinho, é pelo que ouvimos que nos reportamos à consciência (*nos per aurem conscientiam convenimus*) e não usurpamos ou não podemos arrogar-nos o juízo daquilo que nos está oculto[53]. Para reforçar este pensamento, ele recorre ao que assevera o apóstolo Paulo, na Primeira Carta aos Coríntios, sobre o conhecimento que tem o espírito humano de si mesmo: "Quem, pois, dentre os homens conhece o que é do homem, senão o espírito (πνευμα) do homem que nele está?" (1Cor 2,11).

A partir das reflexões tecidas neste capítulo, é lícito, portanto, afirmar que, para analisar a consciência filosófica e a consciência moral em Agostinho, devem-se levar em conta, além do seu conceito fundamental – a vontade –, outros registros não menos essenciais que determinaram a sua formação, a gênese e o desenvolvimento de sua teoria do conhecimento. Dentre esses registros, podem-se destacar: (1) a tripla herança das Escrituras, do neoplatonismo e do pensamento cristão; (2) o caráter universal da escuta interior, da palavra, do ouvir e, em suma, da linguagem; (3) o espelhar-se de Deus, ou da Verdade, na dinâmica da autorreflexão ou do diálogo da alma consigo mesma. Estas questões e os desdobramentos

---

52. Cf. IBID., XV, 27.49.
53. Cf. AGOSTINHO DE HIPONA, *La Città di Dio*, I, 26.

que sobre elas efetuou Agostinho marcaram profundamente aquelas análises peculiares às concepções básicas da Idade Média referentes à consciência moral e à sua sistematização formal em pensadores como Anselmo de Aosta, Pedro Abelardo e Tomás de Aquino. Vejamos, pois, primeiramente, como a problemática da consciência moral se acha desenvolvida no pensamento de Anselmo de Aosta.

Capítulo X
ANSELMO DE AOSTA: VERDADE, INTENCIONALIDADE E LIBERDADE

Na esteira de Jean Leclercq, Henrique Cláudio de Lima Vaz afirma que as teorias éticas dos primeiros séculos da Idade Média, inspiradas, sobretudo, nos escritos de Agostinho, Boécio e Gregório Magno, encontraram um campo fértil para crescerem e se desenvolverem na chamada "teologia monástica", que floresceu até o século XII[1]. A expressão "teologia monástica", que suscitou uma grande polêmica no final dos anos 1950, se encontra – conforme aponta o próprio Lima Vaz – no estudo de Jean Leclercq intitulado *L'amour des lettres et le désir de Dieu: Initiation à la théologie monastique du Moyen-Âge*. Ainda segundo Vaz, foi graças à "teologia monástica" que a reflexão moral retomou a tradição ascética do monaquismo na Antiguidade Tardia. No entanto, o clima cultural e espiritual no qual se desenvolveu essa teologia revelou

---

1. Cf. Vaz, Henrique Cláudio de Lima, *Escritos de filosofia IV. Introdução à ética filosófica I*, São Paulo, Loyola, 2002, 201.

profundas diferenças com relação àquelas últimas fases que marcaram a cultura antiga[2].

Da tradição agostiniana, porém, ressaltaram-se, a partir do século XI, os conceitos de vontade, de desejo e de livre-arbítrio. Este último, principalmente, foi objeto das análises de Anselmo de Aosta (1033–1109) no seu livro intitulado: *O livre-arbítrio*. Mas não foi somente o livre-arbítrio, porquanto os outros conceitos que estão com ele direta ou indiretamente relacionados – o mal, o bem, a fé, o conhecimento da existência de Deus, a verdade – foram igualmente examinados, aprofundados e analisados sob a pena de Anselmo de Aosta. No que se refere especificamente aos conceitos de liberdade, intencionalidade e verdade, eles não podem ser pensados senão nas suas relações mútuas e fundamentais. É, pois, neste sentido que se pode falar de uma consciência moral em Anselmo, porquanto ela se vincula essencialmente à consciência na acepção epistemológica de um movimento de introspecção, interiorização ou diálogo da alma consigo mesma. No entanto, esta dialética da introspecção reenvia, em última instância, ao próprio Deus, sobretudo quando se pensa naquela dinâmica da intencionalidade que se exprime através de uma verticalidade que aponta para o alto.

Ao evocar a influência agostiniana sobre o autor do *Proslógio*, Étienne Gilson observa que, ao examinar-se, o homem descobre na sua alma os vestígios da Trindade. É que, única entre todas as criaturas, a alma humana se recorda de si mesma, compreende-se a si mesma e, melhor ainda, se ama a si mesma. Trata-se, pois, da tríada: a memória, a inteligência e o amor que Agostinho havia agudamente analisado no tratado sobre a *Trindade*. Portanto, na perspectiva agostiniana, essas três faculdades constituem no homem uma inefável

---

2. Cf. IBID.

Trindade e, similarmente, na visão de Anselmo, o conhecimento que adquirimos das coisas supõe a cooperação dos sentidos e da inteligência. Todavia, objeta Gilson, Anselmo não entra em detalhes sobre como se dá essa cooperação; ele se contenta, em vez, com retomar, mas sem aprofundá-las, algumas expressões agostinianas a respeito da iluminação da alma por Deus[3]. É, contudo, provável que, assim procedendo, Anselmo já desse por pressuposta a influência do teólogo africano sobre o seu pensamento, de sorte que teria considerado desnecessário advertir constantemente o leitor a respeito dessa influência e, portanto, dos conceitos básicos de Agostinho que ele próprio incorporara na sua obra.

No que tange às ideias de verdade, liberdade e intencionalidade, o próprio Anselmo descreve a maneira pela qual concebeu e deu à luz esses conceitos que – repita-se – estão intimamente relacionados entre si. Com efeito, ele inicia o Prólogo da obra *Sobre a verdade* (*De veritate*) informando que, anos atrás, e em ocasiões diversas, redigira três tratados sobre as Sagradas Escrituras. Eram, efetivamente, três escritos sob a forma de diálogo entre um discípulo, que pergunta, e um mestre, que responde: o primeiro se intitulava, justamente, *De veritate*, o segundo *De libertate arbitrii* (*Da liberdade do arbítrio*) e o terceiro *De casu diaboli* (*A queda do demônio*). O segundo inclui duas questões fundamentais: se o homem sempre desfruta da liberdade de que é dotado e em que consiste, na criatura racional, a retidão da vontade e, portanto, da intencionalidade. Trata-se, pois, de três temas que, explícita ou implicitamente, não podem ser estudados separadamente: a verdade, a liberdade e a intencionalidade. Neste capítulo, analisarei, na primeira seção, o conceito de verdade. Em seguida, na segunda

---

3. Cf. GILSON, ÉTIENNE, *La philosophie au Moyen Âge*, Paris, Payot & Rivages, 1999, 249.

seção, examinarei a questão do livre-arbítrio e, na terceira e última seção, focalizarei as minhas análises sobre as relações entre a liberdade humana, a graça, a presciência e a predestinação divinas.

1. A verdade enquanto retidão

Anselmo entabula o seu tratado *Sobre a verdade* afirmando, pela boca do discípulo, acreditar que Deus é a verdade e que a verdade reside em muitas outras coisas. Em seguida, ele evoca o *Monologion* para reafirmar que a suprema Verdade não tem nem começo nem fim, ou melhor, ela não pode ser confinada dentro de um lapso de tempo. Certo, pode-se perguntar quando a verdade começou e quando ela cessou de ser verdade. Todavia, este questionamento pode ser rechaçado pela objeção segundo a qual nenhuma das duas interrogações poderá ser levantada sem, simultaneamente, pressupor-se que é verdadeiro que a verdade começou e verdadeiro que ela deixou de existir. Em outros termos, se a verdade teve um começo e terá um fim, antes de ela ter começado a ser é verdadeiro que ela não existia. Ora, dado que o verdadeiro não pode ser pensado sem a verdade, havia uma verdade antes que existisse a verdade e haverá também verdade depois que a verdade cessar de existir, o que é um absurdo. Donde a conclusão do discípulo: "Quer se diga que a verdade teve um começo e um fim, quer se compreenda que ela não teve nem um nem outro, ela não pode ser limitada por um começo e um fim"[4].

---

4. ANSELMO DE AOSTA, On Truth, Chapter 1, in: *The Major Works*, Oxford, Oxford University Press, 1998.

Curiosamente, logo em seguida, Anselmo aborda a questão da linguagem para aprofundar e corroborar o seu argumento. Não é, pois, por acaso que o capítulo se intitula: *Da verdade da significação e das duas verdades da enunciação*. Assim, ele se propõe buscar que tipo de verdade se encontra na enunciação, uma vez que, com frequência, a qualificamos de verdadeira ou de falsa. Mas em que sentido se pode dizer que uma enunciação é verdadeira? Quando aquilo que é enunciado, quer afirmando, quer negando, realmente existe. Mas o que é que, neste caso, realmente existe? Existe a enunciação que afirma ou nega. Com efeito, dizemos que alguém enuncia algo mesmo ao negar a existência daquilo que existe ou ao afirmar a existência daquilo que não existe de forma alguma. De qualquer modo, ele está a enunciar a maneira pela qual as coisas são, ou não são. Mas, afinal de contas, onde reside a verdade: na coisa enunciada ou na própria enunciação? Ora, tanto a coisa enunciada quanto a enunciação reenviam à própria verdade, porquanto algo só é verdadeiro na medida mesma em que participa da verdade. Consequentemente, a verdade daquilo que é verdadeiro está neste verdadeiro sem, no entanto, ser por ele determinado. Esta é a razão pela qual ela não poderia ser chamada de sua verdade, mas tão somente da causa de sua verdade. Todavia, insiste o mestre, advertindo o discípulo: deve-se verificar se aquilo que se busca é o próprio discurso ou a sua significação ou algum elemento da definição da própria enunciação. A esta ressalva, acode o discípulo ponderando que, se assim fosse, todo discurso seria verdadeiro, visto que todos os elementos da definição da enunciação são os mesmos, quer exista ou não aquilo que se enuncia. Por conseguinte, o discurso é o mesmo, a significação é a mesma e mesmas são as outras coisas. Mas, se este é o caso, redargui o mestre, o que deve então ser aqui a verdade? A verdade – responde o discípulo – ocorre quando, ao significar aquilo que é, realmente é. E, completa o mestre, quando significa o que deve significar fá-lo-á com retidão (*recte significat*). Do mesmo modo, quando a afirmação expressa a existência do que é, a significação é correta (*recta est significatio*). E, quando significa a existência do que existe, a sua significação é verdadeira (*vera est significatio*). De resto, ela é não somente verdadeira, mas também correta quando expressa a existência do que é (*Vere et recta et vera est, cum significat esse quod est*). Por conseguinte – interroga o mestre –, é para ela uma única e mesma coisa ser correta e verdadeira, isto é, manifestar a existência do que é? Sim, concorda o discípulo. A conclusão, portanto, arremata o mestre, só pode ser esta: "A verdade não é outra coisa senão a retidão (*rectitudo*)"[5]. Assim, a enunciação é reta quando ela expressa a existência do que realmente existe e igualmente reta quando ela expressa a não existência do que, de fato, não existe.

É necessário, portanto, distinguir entre a significação da enunciação considerada nela mesma e a sua significação enquanto aplicada a uma determinada realidade. Com efeito, elucida o mestre: a retidão e a verdade da enunciação, que expressa aquilo para o qual ela foi feita, são distintas daquela enunciação que foi feita para simplesmente significar. Estas últimas são imutáveis, porquanto sempre a acompanham e dela fazem parte essencialmente, ao passo que as primeiras são variáveis, pois a acompanham somente de maneira acidental, isto é, de acordo com o emprego que dela se queira fazer. Quando dizemos, por exemplo, "é dia", para significar o que é, nos servimos com retidão da significação desta proposição, justamente porque ela foi enunciada e fora feita para este emprego particular, isto é, para significar o fenômeno

---

5. Ibid., Chapter 2.

"dia". Ao contrário, ela seria falsa se a empregássemos com relação à noite[6].

Um emprego similar ocorre com relação à verdade do pensamento, pois consideramos um pensamento verdadeiro quando existe aquilo que, através da razão ou de algum outro modo, pensamos que realmente existe. Inversamente, o pensamento é falso quando pensamos que existe aquilo que, de fato, não existe. Consequentemente, a verdade do pensamento não pode, ela também, ser definida senão pela sua retidão (*rectitudo*), porquanto o fim pelo qual nos foi dado para pensar a existência ou a não existência de uma coisa consiste em pensarmos que existe o que realmente existe e que não existe o que, de fato, não existe. Há, pois, uma relação de exatidão, ou de *retidão*, entre o pensamento e a realidade ou, melhor ainda, o pensamento, na perspectiva de Anselmo, *deve* corresponder à coisa significada, ou como ele próprio declara: "Aquele que pensa a existência do que existe pensa o que *deve* pensar e, neste sentido, o seu pensamento é correto (*recta est cogitatio*)"[7].

No que tange à verdade da vontade, Anselmo é igualmente categórico ao afirmar, pela boca do discípulo, que essa verdade nada mais é que a exatidão (*rectitudinem*). Com efeito, na medida em que quisemos o que realmente devíamos querer – que era aquilo para o qual havíamos recebido

---

6. Cf. Ibid.
7. Ibid., Chapter 3. Destaques meus. Para estas definições da verdade, a fonte de inspiração de Anselmo é Aristóteles. A definição da verdade como uma *adequação do intelecto e da coisa* (*adaequatio rei et intellectus*) é de origem árabe. É esta última que empregará Tomás de Aquino, talvez inspirado em Isaac Ben Salomon Israeli, pensador judeu que viveu entre os séculos IX-X. Todavia, ao que parece, a fonte dessa definição se encontra não em Isaac Israeli, mas em Avicena, através de Guilherme de Auvergne. Cf. Tomás de Aquino, *Summa contra Gentiles*, 201.

a vontade –, permanecemos na retidão e, consequentemente, na verdade. Inversamente, quando quisemos o que não devíamos querer, abandonamos ao mesmo tempo a retidão e a verdade. Portanto, a verdade da vontade só pode ser entendida como sendo, ou como implicando, a própria retidão. Em outros termos, tanto a verdade quanto a retidão da vontade se resumem em querermos aquilo que realmente devemos querer[8].

Certo, há uma multiplicidade de verdades, a saber, a verdade da enunciação, a verdade do pensamento, a verdade da vontade, que diz respeito à reta intenção, a verdade da ação, a verdade dos sentidos e a verdade das essências. Todavia, a característica comum a todas essas verdades é a conformidade à retidão, de sorte que uma enunciação verbal é feita para significar aquilo que realmente é, ou aquilo que realmente existe. O mesmo se pode dizer do pensamento e também da vontade, que é verdadeira na medida em que ela se dirige na direção de algo ou para o objeto que ela deve querer. Assim também com relação às ações e aos sentidos que, considerados neles mesmos, fazem sempre o que devem, porquanto os sentidos percebem somente aquilo que percebem, de modo que eles não se enganam naquilo que sentem ou percebem. Quanto às essências, elas são verdadeiras na medida em que as coisas têm sempre a essência que Deus quis que elas tivessem; elas são, portanto, o que devem ser. Consequentemente, a noção de verdade se refere, em todos os casos, a uma regra suprema que eternamente subsiste. Trata-se, pois, de uma Verdade que não é retidão no sentido em que ela *devia* ser assim, mas no sentido em que ela é porquanto a ela se reduzem todas as outras verdades, que dela essencialmente participam

---

8. Cf. Anselmo de Aosta, On Truth, Chapter 4, in: *The Major Works*.

e que por ela são determinadas. Segundo Émile Bréhier, "É impossível exprimir de maneira mais nítida este racionalismo teocêntrico que vimos nascer com o estoicismo e o neoplatonismo, onde a razão, transcendente às verdades particulares, não é de modo algum o método imanente que as descobre, mas a realidade eminente e única de que elas são, por assim dizer, os aspectos"[9].

Ora, se assim se apresentam as coisas no que diz respeito à verdade, inclusive à verdade da vontade, a questão que agora convém explorar é a da relação que existe entre a retidão da vontade e a liberdade humana. Como, pois, pode o ser humano desfrutar da liberdade de que é dotado se esta mesma liberdade, na perspectiva fundamental de Anselmo, está essencialmente vinculada à retidão da vontade?

2. A questão da liberdade do livre-arbítrio

É este, de fato, o título do segundo dos três tratados sobre as Sagradas Escrituras que Anselmo redigira: *De libertate arbitrii* (*Da liberdade do livre-arbítrio*). Mas, à diferença do tratado anterior, *De veritate*, que se desenrola sobre um plano filosófico, o tratado *De libertate arbitrii* responde mais a uma intenção de ordem teológica. De fato, este segundo tratado considera a liberdade principalmente na sua relação com o ato moral e, mais precisamente, com a questão de saber, já de início, se o livre-arbítrio está em contradição com a graça, a predestinação e a presciência de Deus. Com efeito – interroga-se o discípulo –, se, por um lado, a liberdade de escolha consiste em poder pecar ou não pecar, e, se sempre gozamos dessa

---

9. Bréhier, Émile, op. cit., 500.

liberdade, como explicar que, às vezes, temos necessidade da graça? Por outro lado, se não temos sempre a liberdade de escolha, por que então nos imputam o pecado, quando, na verdade, pecamos sem o livre-arbítrio?[10]

Ora, o mestre é peremptório ao se opor à definição da liberdade segundo a qual ela consiste na capacidade de pecar ou não pecar, pois, se assim o fosse, nem Deus nem os anjos, que não pecam, possuiriam o livre-arbítrio. Todavia, insiste o discípulo: pode ser que o livre-arbítrio em Deus e nos anjos seja diferente do nosso. Para contra-atacar esta objeção, o mestre, baseando-se na teoria da univocidade, afirma que, embora o livre-arbítrio nos homens seja diferente daquele que se encontra em Deus e nos anjos, a definição de liberdade expressa por esta palavra deve ser a mesma em ambos os casos. Similarmente, conquanto um animal difira de outro – tanto pela substância quanto pelos acidentes –, a definição que inere à palavra "animal" é a mesma para todos eles. Esta é a razão pela qual se deve definir o livre-arbítrio de modo que, nesta definição, não se ajunte nada além do que é necessário nem se retire nada aquém do que também é necessário. Ora, dado que não se pode acoimar Deus e os seus anjos de pecado, segue-se que, neles, o livre-arbítrio não é definível pela capacidade de pecar ou de não pecar. Dado também que este termo é unívoco, conclui-se inevitavelmente que ser capaz de pecar ou de não pecar não se coaduna com a definição própria do livre-arbítrio. Pela mesma razão, nem a liberdade nem uma parte da liberdade constituem o poder de pecar[11].

---

10. ANSELMO DE AOSTA, On Free Will, Chapter 1, in: *The Major Works*.
11. Cf. IBID.

Ora, como se pode deduzir, na perspectiva fundamental de Anselmo o livre-arbítrio se manifesta, ele também, pela *intencionalidade* ou pela *retidão* (*rectitudo*) da vontade, de sorte que é mais livre a vontade que, ao mesmo tempo, quer e pode não pecar que a vontade que, de uma maneira ou de outra, pode afastar-se dessa retidão ou desse propósito. Portanto, conclui o mestre: "É mais livre a vontade que não pode apartar-se da retidão de não pecar que aquela outra que pode abandoná-la"[12]. Mas, afinal de contas, em que consiste o livre-arbítrio da vontade?

Antes de tudo, a liberdade pressupõe duas condições negativas: (1) a vontade é livre de toda coerção e de toda constrição externa; (2) a vontade é livre de toda necessidade natural interna que se encontra, por exemplo, no instinto dos animais. Por conseguinte, a liberdade consiste essencialmente na liberdade de escolha e não existe escolha lá onde imperam a coerção e a necessidade[13]. Mas aqui se impõe um esclarecimento que, de resto, foi lembrado pelo próprio discípulo. No começo, pondera o discípulo, tanto a natureza angélica quanto a natureza humana tinham a capacidade de pecar, visto que sem ela não teriam pecado. Assim, se foi graças a essa capacidade que ambas as naturezas pecaram, capacidade esta que, no entanto, é heterogênea ao livre-arbítrio, segue-se forçosamente a pergunta: como se pode dizer que pecaram pelo livre-arbítrio? Mas, se não pecaram pelo livre-arbítrio, não se pode também evitar esta outra interrogação: pecaram então por necessidade? Dito de outro modo: ou pecaram voluntariamente ou pecaram necessariamente. Mas, se pecaram voluntariamente, como podem tê-lo feito senão através do livre-arbítrio, e, se não foi pelo livre-arbítrio,

---

12. Ibid.
13. Cf. ibid., Chapter 2.

foi por necessidade. Neste último caso, estariam ambas as naturezas isentas de toda responsabilidade e, portanto, de toda culpa.

Ademais, continua o discípulo, aquele que pode pecar pode também ser escravo do pecado, conforme as palavras de Cristo no Evangelho segundo João: "Em verdade, em verdade, vos digo: quem comete o pecado é escravo" (Jo 8,33). Ora, quem é escravo do pecado é, *ipso facto*, dominado por ele. Urge, pois, elucidar esta questão: como pôde então ter sido criada livre aquela natureza e que tipo de livre-arbítrio era este que podia ser dominado pelo pecado?[14] A esta objeção responde enfaticamente o mestre com estas palavras: foi pelo poder de pecar, de maneira espontânea e por livre escolha, que ambas as naturezas, a angélica e a nossa, pecaram no passado e, assim, ficaram sujeitas ao pecado. No entanto, acrescenta, o pecado não teve poder sobre elas a ponto de não poderem ser chamadas livres. Portanto, livremente (*per liberum arbitrium*) pecaram o anjo e o primeiro homem e eram de tal modo livres que nada podia constrangê-los a pecar, daí também terem sido eles justamente repreendidos e castigados. Com efeito, sendo dotados do livre-arbítrio e, portanto, não sendo determinados por nenhuma necessidade nem compelidos por nenhuma força externa ou interna, eles pecaram espontaneamente. Em outros termos, ambas as naturezas pecaram por determinação própria, que era livre, e não por aquilo que as fazia livres, pois, se assim o fosse, teriam tido sobre si um poder heterogêneo que, coercitivamente, as teria tornado capazes de não pecar e de não estar sujeitas à escravidão do pecado[15].

---

14. Cf. IBID.
15. Cf. IBID.

Ademais, o poder no qual reside a liberdade humana não foi perdido completamente, nem mesmo por obra do pecado. Analogamente, aquele que não mais vê um objeto conserva, no entanto, a capacidade de vê-lo, porquanto o fato de não mais poder vê-lo no momento depende, por exemplo, do ângulo ou da distância em que se encontra esse mesmo objeto, e não da perda da visão. De modo semelhante, a capacidade de conservar a *retidão* da vontade permanece no homem, a despeito do pecado. Mesmo se, ocasionalmente, essa aptidão se desvanece, ela não se perde totalmente, pois ela pode, por assim dizer, ser realimentada ou despertada a qualquer momento pela ação de Deus.

Portanto, convém mais uma vez acentuar que, na perspectiva de Anselmo, a vontade quer *retamente* porque, e somente porque, ela é uma vontade *reta* e, melhor ainda, ela não é reta porque quer retamente, mas ela quer retamente justamente porque é reta. Destarte, ela recebe a sua retidão não de si própria, porquanto todo ato singular que se caracteriza como reto já pressupõe essa mesma retidão que, em última análise, emana da graça divina. Por conseguinte, a condição derradeira para a liberdade humana reside no próprio Deus, donde a conclusão inevitável: Anselmo de Aosta, como Santo Agostinho, estabelece uma estreita ligação entre a liberdade humana e a graça divina. Mas, se este é o caso, forçoso é perguntar-se: como então conciliar a liberdade humana com a graça divina e com aquelas outras doutrinas que a ela se vinculam essencialmente: a presciência e a predestinação de Deus?

3. A liberdade humana, a presciência e a predestinação divinas

Os estudiosos de Anselmo são unânimes em afirmarem que a obra – *De concordia praescientiae et praedestinationis et gratiae Dei cum libero arbitrio* – foi a última lavra que produziu a pena do teólogo. Este tratado foi redigido entre 1107 e 1108. Para alguns, porém, ele data de 1109, depois do retorno de Anselmo a Cantuária, cidade da qual ele era arcebispo e onde faleceu no mesmo ano de 1109.

Como já indica o próprio título, habitualmente abreviado sob a forma *De concordia*, há neste tratado uma nítida tentativa de conciliar a presciência e a predestinação divinas com a liberdade humana. E, de fato, o autor começa o seu estudo refletindo sobre a possibilidade de haver uma contradição entre a presciência de Deus e o livre-arbítrio, porquanto aquilo que Deus conhece de antemão existirá necessariamente. No entanto, enfatiza ele logo em seguida: o que se realiza pelo livre-arbítrio não está submetido a nenhuma necessidade[16]. E por quê? Porque pelo fato de Deus conhecer antecipadamente todas as ações futuras dos humanos não significa que elas não possam mudar e, portanto, tomar novos rumos e variadas manifestações. Efetivamente, está também incluída no plano divino a possibilidade de as ações humanas serem efetuadas de um ou de diversos modos em virtude daquele atributo que, fundamental e essencialmente caracteriza o ser humano: a liberdade. Sendo, pois, as ações humanas realizadas livremente, o paradoxo ao qual não se pode de modo algum subtrair-se consiste em que é *necessário*

---

16. ANSELMO DE AOSTA, The Compatibility of God's Foreknowledge. Predestination, and Grace with Human Freedom, I, 1, in: *The Major Works*.

que elas sobrevenham de uma ou de outra maneira. Sartre, que parte de outra perspectiva e que considera – conforme ele mesmo confessa – as ações morais como sendo inteiramente dependentes do próprio homem, radicaliza esse paradoxo sob a forma do célebre oximoro: "O homem é condenado a ser livre"[17].

Quanto a Anselmo, ele também é enfático ao afirmar que a liberdade depende do ser humano. Todavia, ela não pode ser concebida no universo medieval, e no pensamento anselmiano em particular – caracterizado, do ponto de vista moral, pelos conceitos de intencionalidade e retidão –, senão nas suas relações essenciais com a graça, a predestinação e a presciência divinas. No que tange especificamente à problemática da necessidade, Anselmo faz a seguinte ressalva: "Quando dizemos que o que Deus conhece de antemão como futuro ocorrerá necessariamente, não afirmamos sempre que uma coisa seja futura por necessidade, mas que uma coisa futura é necessariamente futura"[18]. E isto porque, segundo o princípio de não contradição, o futuro não pode ser e, ao mesmo tempo, não ser futuro. De resto, Anselmo estima que se revela supérfluo ajuntar a palavra "futura" à expressão "Deus conhece de antemão uma coisa", visto que "saber de antemão" já implica conhecer o que ocorrerá no futuro. Certo, Deus conhece todos os futuros, mas não os conhece todos como sendo necessários, visto que ele sabe de antemão que algumas coisas acontecerão mediante a natureza livre e racional do ser humano[19].

---

17. SARTRE, JEAN-PAUL, *L'existentialisme est...*, 39.
18. ANSELMO DE AOSTA, The Compatibility of God's Foreknowledge. Predestination, and Grace with Human Freedom, I, 3, in: *The Major Works*.
19. Cf. IBID.

Convém também ressaltar – pondera o teólogo – que, assim como não é necessário que Deus queira o que quer, de igual modo não é necessário que em muitos casos os seres humanos também queiram o que querem, pois, sendo eles livres, podem mudar de atitude e, assim, rever as suas antigas decisões. Isto significa que Deus, respeitando a liberdade humana, sabe de antemão que as decisões tomadas anteriormente poderão sofrer uma reviravolta e, consequentemente, decidir-se por uma nova direção. Destarte, se é necessário que se faça o que Deus quer, é igualmente necessário que se faça o que quer o ser humano no que tange às coisas submetidas por Deus à própria vontade humana, que quer que ele faça somente o que quer e não faça o que realmente não quer[20]. Em contrapartida, não se pode negar que, uma vez realizada uma ação livre, está-se diante de uma necessidade de fato: ela é necessariamente aquilo que é. Não obstante isto, essa necessidade de fato não anula a liberdade que a desencadeara nem tampouco a presciência de Deus que conhece de antemão – e de maneira absoluta – as diferentes vicissitudes e as várias possibilidades que resultariam dessa mesma liberdade. No entanto, retorna inelutavelmente a interrogação: é possível conciliar o livre-arbítrio com a predestinação? Mas o que se entende por "predestinação"?

De acordo com Anselmo, o termo "predestinação" (*praedestinatio*) parece equivaler àqueles de "pré-ordenação" (*praeordinatio*) e "predeterminação" (*praestitutio*), na medida em que aquilo que Deus predeterminou é visto como tendo sido disposto de antemão ou, para dizê-lo de outro modo, como tendo sido fixado e, portanto, como devendo inevitavelmente existir. Mas o que Deus fixou como devendo existir parece mais obedecer a uma necessidade e, similarmente, tudo aquilo que

---

20. Cf. IBID.

ele predestinou deve também, e necessariamente, verificar-se. Não se pode, pois, fugir a esta conclusão: se Deus predestina o bem e o mal que, de fato, ocorrem, nada acontece segundo o livre-arbítrio, mas conforme uma necessidade. Resumidamente, se Deus predestina tudo e se tudo está predestinado em virtude de uma necessidade – e visto que nada do que é necessário ocorre por meio do livre-arbítrio –, deduz-se então que o livre-arbítrio nada é perante a predestinação. Se, doutra parte, mantivermos o papel do livre-arbítrio somente para certos casos, a predestinação parece então anular-se ou, pelo menos, não se exercer de maneira plena, o que estaria em contradição com a concepção da onipotência de Deus[21].

Para tentar elucidar esta questão, Anselmo começa afirmando que a predestinação pode aplicar-se não somente às nossas boas ações, mas também às más, pois também se diz que Deus é o autor do mal, não porque ele o cometa, mas porque o permite. Diz-se igualmente que ele endurece o coração do homem quando não mais o torna submisso e que o induz em tentação quando dela não o retira. Ainda segundo Anselmo, afirma-se também que Deus predestina os maus quando não transforma ou não corrige as suas más ações. No entanto, ajunta o teólogo, diz-se e sabe-se que ele predestina mais particularmente as boas ações, justamente porque as faz existir e ser boas, ao passo que permite que existam as más ações sem que ele próprio as cometa ou delas seja o autor. Anselmo remata este seu argumento advertindo que somente de modo impróprio se podem aplicar os termos presciência e predestinação a Deus, porquanto nele não existe nem um antes nem um depois, visto que nele todas as coisas estão presentes de maneira simultânea, concomitante, tautócrona[22].

---

21. Cf. IBID., II, 1.
22. Cf. IBID., II, 2.

O teólogo é, pois, enfático ao afirmar que a razão nos ensina que certas coisas e certas ações futuras podem não somente ser realizadas por livre e espontânea vontade, mas também ser predestinadas sem contradição alguma. E isto porque, conforme ele próprio já elucidara, Deus não conhece de antemão nem predestina ninguém a agir *retamente* em virtude de uma necessidade ou de uma coação. Se assim o fosse, não haveria nenhuma diferença entre os seres humanos e os brutos, que, por viverem de acordo com as leis da natureza, são amorais ou, como diria Kant, são seres que se movem na esfera da necessidade natural ou da heteronomia das causas eficientes. Efetivamente, declara Anselmo: "Não possui a justiça aquele que não a observa por uma livre vontade"[23]. Por conseguinte, a predestinação leva em conta a liberdade humana, na medida em que Deus não predestina ninguém fazendo violência ao seu livre-arbítrio, mas lhe deixando a possibilidade de abrir-se, ou de fechar-se, para a graça.

Na introdução a este capítulo, avancei que, no que tange à ética anselmiana, os conceitos de liberdade, intencionalidade e verdade estão intimamente ligados uns aos outros nas análises que desenvolve o teólogo através do seu método fundamental do conhecimento. Avancei também que é neste sentido que se pode falar de uma consciência moral em Anselmo, porquanto ela se vincula essencialmente à consciência na acepção epistemológica de um movimento de introspecção que, em última análise, reenvia ao próprio Deus. Trata-se, pois, de uma dinâmica da intencionalidade que, no século XII, será retomada, mas a partir de outra perspectiva, pelo filósofo e teólogo Pedro Abelardo.

---

23. Ibid., II, 3.

Capítulo XI
PEDRO ABELARDO: A INTENÇÃO E O "CONHECE-TE A TI MESMO"

Num estudo clássico sobre o despertar da consciência na Idade Média e, particularmente, no século XII, M.-D. Chenu considera Pedro Abelardo (1079–1142) como sendo "o primeiro homem moderno" e, ao fazê-lo, ele critica as fórmulas já consagradas que o qualificam de "dialético" e de "criador do método escolástico". Estas fórmulas, objeta Chenu, além de ambíguas, são unilaterais, pois elas se limitam a tão somente relevar um traço específico do grande pensador medieval, que foi autor, entre outras, da psicologicamente rica, sutil e nuançada obra *História das minhas calamidades*. É a descoberta do *sujeito* que, segundo Chenu, singulariza Pedro Abelardo como um dos fenômenos sísmicos que abalaram os anos 1120–1160, dele fazendo um dos epicentros da gestação de um "homem novo"[1]. Mas em que consiste, do ponto de vista ético, a grande descoberta de Abelardo?

---

1. Cf. CHENU, MARIE-DOMINIQUE, *L'éveil de la conscience dans la civilisation médiévale* (Conférences Albert le Grand), Montréal/Paris, Institut d'Études Médiévales/Vrin, 1969, 17.

Trata-se da moral da *intenção* e da grande tentativa de sondar os meandros mais recônditos do ser humano, que se manifestam nos escritos *Theologia christiana*; *Dialogus inter philosophum, judaeum et christianum*; *Ethica seu scito teipsum*. As duas primeiras obras retomam uma antiga problemática dos primeiros séculos da era cristã, que era nomeadamente explorada pela teologia alexandrina e cuja característica eram as relações entre a "sabedoria cristã" e a "sabedoria pagã". Na *Teologia cristã*, é dado o primado à ética e à questão moral tipicamente antropológica da finalidade do homem. Particularmente no *Diálogo entre um filósofo, um judeu e um cristão*, Abelardo faz um confronto entre a filosofia grega, talvez greco-árabe, a Antiga e a Nova Lei, com uma ênfase colocada sobre o Soberano Bem. Mas a originalidade de Abelardo, do ponto de vista moral, se manifesta de maneira evidente e eminente na obra *Ética, ou conhece-te a ti mesmo*, em que ele explora com todo o vigor e com uma acuidade ímpar o conceito de *intenção* como constitutivo fundamental do ato moral. Na verdade, trata-se, mais precisamente, de um tratado de moral teológica, cujo ponto central é a distinção entre vício e pecado, pecado e más ações.

E, de fato, Abelardo começa este tratado já definindo o objeto da moral, a saber, analisar os vícios e as virtudes da alma que nos tornam propensos para as más ou para as boas ações. Todavia, os vícios e as coisas boas dizem respeito não somente às moções da alma, mas também às do corpo, tais como a força, o vigor, a morosidade, a lepidez etc. Há também alguns vícios ou alguns bens que não se vinculam à moral e que, portanto, não são suscetíveis de serem censurados ou elogiados, tais como a obtusidade mental ou a viveza de espírito, uma fraca memória ou a agudeza no recordar-se, a ignorância ou o conhecimento. Do ponto de vista moral, estes vícios e estes bens são irrelevantes, porque o que realmente importa para Abelardo é algo mais primordial ainda, vale dizer, aquilo que, em última instância, *consente* que tanto as más quanto as boas ações se materializem, se externalizem ou, em suma, se manifestem nas relações intra e intersubjetivas. Todavia, o que realmente deve ser levado em conta não são as ações enquanto tais, mas a *intenção* da qual redundam tanto as boas quanto as más ações[2].

Esta é a razão pela qual convém também distinguir entre os vícios e os pecados da alma. Um pecado não é a mesma coisa que uma má ação resultante de um vício. Ser temperamental, por exemplo, é um vício na medida em que o indivíduo é potencialmente inclinado a agir de maneira impulsiva ou irracional, mesmo não estando presente a ação que desencadearia a sua cólera. Mas isto ainda não constitui um pecado. O vício é, por assim dizer, a ocasião ou o meio que nos dispõe ou que nos torna prontos ou aptos a pecar. Não obstante isto, esta disposição requer o nosso *consentimento* para que possamos cometer algo de inapropriado, de sorte que podemos perpetrar a má ação ou, ao contrário, evitá-la. É este *consentimento* que Abelardo denomina pecado, isto é, uma falta *consentida* pela alma em virtude da qual ela merece ser condenada ou culpada diante de Deus. E por quê? Porque, por este consentimento, ela escarnece e afronta a própria divindade. Ajunte-se a este *consentimento* também o *querer*. Querer cometer uma má ação é também, segundo Abelardo, um pecado, pois este nos torna culpados diante de Deus. Inversamente, querer realizar uma boa ação torna-nos justos[3]. Há, pois, a *intenção*, que é um ato do conhecimento ou da inteligência e, juntamente com a *intenção*, existe o *consentimento*,

---

2. Cf. ABELARDO, PEDRO, Ethics, Book I, 1-3, in: *Ethical Writings*, Indianapolis, Hackett, 1995, 1.

3. Cf. IBID., Book I, 4-9, 1-3.

que é um ato do querer ou da vontade. A intenção e o consentimento constituem, portanto, a essência da virtude e/ou do vício. Quanto à ação exterior, ela se apresenta – conforme avancei mais acima – como a materialização, a manifestação ou a consequência da virtude ou do vício. Essencialmente, porém, ela nada acrescenta, do ponto de vista moral, àquilo que já fora intencionado, consentido ou querido pela alma, cujo movimento interior é conhecido somente por Deus. Efetivamente, acentua Abelardo, Deus é "aquele que sonda o coração e os rins", isto é, aquele que examina as intenções e o consentimento que provêm do mais profundo do ser humano[4].

Certo, conquanto o ato moral seja determinado pela *intenção*, pela *vontade* e pelo *consentimento*, Abelardo não nega de modo algum a objetividade do bem, pois ele supõe que a intenção moral é acompanhada, no homem, pela sua própria capacidade de discernir entre o bem e o mal. O mal, ele o considera a partir da tradição platônica, ou neoplatônica, como sendo uma privação do bem e, em última análise, do ser. O autor da *Ética* chega mesmo a corroborar a doutrina da retribuição, na medida em que afirma explicitamente que não nega a possibilidade de haver, já nesta vida, uma recompensa pelos bons atos praticados e, inversamente, uma punição pelas más ações cometidas. Isto nos encoraja, completa Abelardo, a nos pautar pela prática do bem e pelo evitamento do mal. Melhor ainda: a recompensa e a punição se revelam como uma fonte de exemplos e estímulos para que outras pessoas possam, de um lado, levar a termo o que convém executar e, do outro, fugir daquilo que é moralmente censurável ou passível de punição[5].

---

4. Cf. IBID., Book I, 85, 18.
5. Cf. IBID., Book I, 100, 21.

Mas, afinal de contas, como distinguir ou identificar uma boa e uma má intenção, supondo-se que, da primeira, derivam os atos essencialmente bons e, da segunda, aqueles que são intrinsecamente maus? Esta questão parece ser o calcanhar de Aquiles da ética abelardiana. De qualquer modo, segundo o filósofo, há aqueles que supõem que uma boa ou justa intenção ocorre quando se acredita que se está agindo corretamente ou quando aquilo que se está fazendo é do agrado de Deus. Ele chega mesmo a evocar o exemplo daqueles que perseguiram e mataram os mártires, cujas mortes haviam sido previstas por Cristo, de acordo com o Evangelho segundo João: "Virá a hora em que aquele que vos matar julgará realizar um ato de culto a Deus" (Jo 16,2). A falta de conhecimento desses criminosos – ajunta Abelardo – será deplorada pelo apóstolo Paulo, que, na Carta aos Romanos, advertirá: "Porque lhes rendo testemunho de que têm zelo por Deus, mas não é um zelo esclarecido" (Rm 10,2). Foi, portanto, a ignorância – conclui o filósofo – que os cegou, de sorte que a sua intenção foi enganada a ponto de não saberem evitar o erro. Consequentemente, acrescenta: uma intenção não deve ser denominada boa por ela simplesmente *parecer* boa, mas pelo fato de *ser* realmente boa ou de ser verdadeiramente considerada como tal. Ela deve ser considerada boa quando aquilo a que se visa está, de fato, agradando a Deus e, neste caso, o sujeito não é enganado pelo próprio julgamento. Do contrário, os próprios infiéis também teriam praticado boas ações, como os cristãos as fazem, porquanto eles também acreditavam, como acreditam os cristãos, que, através de seus próprios atos, eles seriam salvos, pois criam estar agradando a Deus[6]. Sem embargo, prossegue Abelardo,

---

6. Cf. IBID., Book I, 107-109, 23-24.

se alguém perguntar se os executores dos mártires e aqueles que crucificaram Cristo pecaram ao fazerem aquilo que acreditavam ser um meio pelo qual agradavam a Deus, ou se, sem pecado, poderiam ter renunciado àquilo que julgavam não poder ser evitado, a resposta de Abelardo não poderia ser outra, senão esta: eles não estavam pecando. E isto porque, conforme ele já havia anteriormente elucidado, o pecado consiste em escarnecer de Deus ou em dar o seu consentimento àquilo que se crê não dever ser consentido. Donde a sua conclusão: a ignorância de ninguém constitui um pecado, nem é tampouco pecado a falta de fé ou a descrença pela qual ninguém pode ser salvo; *pecado é somente aquilo que se faz contra a própria consciência*[7].

Henrique Cláudio de Lima Vaz sintetiza deste modo a ética de Abelardo relativa à intenção: "Na esteira de Santo Anselmo, a ética abelardiana da intenção alinha-se entre as *éticas do Bem*, que se apresentam nesses inícios do pensamento ético medieval como alternativas à ética agostiniana da beatitude, ou melhor, como seu prolongamento"[8]. E, de fato, seguindo a tradição agostiniana e anselmiana, Abelardo vai insistir sobre o livre-arbítrio da vontade nas suas relações com a necessidade, a presciência e a providência divinas. Na sua obra intitulada *Theologia "Summi Boni"*, ele enaltece a dialética, fazendo ao mesmo tempo ressaltar as ambiguidades que a caracterizam e mostrando a importância que tiveram os peripatéticos ao confutarem os erros sustentados pelos estoicos e os epicureus. Segundo Abelardo, ao discutirem com os estoicos sobre o livre-arbítrio, os peripatéticos provam "por meio de solidíssimos argumentos" que Deus, cuja providência jamais falha, tudo previu desde toda a eternidade.

---

7. Cf. IBID., Book I, 110, 24.
8. VAZ, HENRIQUE CLÁUDIO DE LIMA, *Escritos de filosofia IV*..., 204.

Não obstante isto, não acontecem todas as coisas por necessidade, pois, se assim o fosse, estaria anulada ou destruída a liberdade do arbítrio humano. Em seguida, ele evoca a autoridade de Boécio para, mais uma vez, confirmar o papel que têm o conhecimento e a ignorância na realização do bem e do mal. Com efeito, reafirma Abelardo: "O mal não pode ser evitado se não é conhecido"[9].

Ainda de acordo com Henrique Cláudio de Lima Vaz, Abelardo não somente sobressai como o anunciador de uma nova fase da ética na Idade Média, mas também como o pensador que veio colocar um termo àquela que se convencionou designar pela expressão "fase pré-aristotélica" da moral medieval. Nesta perspectiva, a partir de meados do século XII, a reflexão moral, cujo foco principal é a noção de *lei*, se orientará através de três direções básicas: (1) a jurídica, que será alimentada e reforçada pelos comentadores da obra de Graciano *Concordia discordantium canonum* (c. 1140), mais conhecida pelo título *Decretum Gratiani*; (2) a teológica, que vai prevalecer no século XIII, período que marca o apogeu da Escolástica e o nascimento da teologia moral nos seus aspectos mais sistemáticos; (3) a filosófica, que será caracterizada pela influência dominante de Aristóteles e do averroísmo[10].

São estas duas últimas correntes que marcarão a produção filosófico-teológica de Tomás de Aquino e a sua ética em particular, cujo modelo clássico é Platão e cuja orientação de base é a ética agostiniana da *perfeição* e da *ordem*. A estas noções se ajuntará aquela aristotélica de *perfeição* como *ato*. O *agir humano* se inscreve, portanto, na *ordem do universo*, ou na

---

9. ABELARDO, PEDRO, *Teologia del Sommo Bene*, Milano, Rusconi, 1996, Libro Secondo, 6.

10. Cf. VAZ, HENRIQUE CLÁUDIO DE LIMA, *Escritos de filosofia IV...*, 204-205.

ordem da natureza, que é a norma objetiva da ação humana que, em última análise, remete à *lei divina*. É, pois, a partir deste pano de fundo que o Aquinate desenvolverá o conceito de *consciência moral*.

Capítulo XII
TOMÁS DE AQUINO: A CONSCIÊNCIA MORAL OU A *SYNDERESIS*

Em contraste com os seus predecessores mais imediatos – Alberto Magno e Boaventura da Bagnoregio –, Tomás de Aquino projeta uma nova luz sobre a constituição moral dos atos humanos, no sentido em que ela se desenvolve não a partir de uma bondade natural, mas a partir de uma ordem e, mais exatamente, da ordem da vontade dirigida para uma finalidade. Ademais, para o Aquinate, não basta a intencionalidade para julgar os atos humanos, porquanto estes devem inscrever-se numa tendência mais primordial visando a um determinado fim. Mas em que consiste este fim? Como se sabe, das quatro causas que descreve Aristóteles na *Metafísica*, Livro A, capítulo 3, a causa final é fundamental não somente no plano ontológico – na medida em que ela é a causa das causas ou o fim para o qual converge a forma na sua *atualização* ou realização, por assim dizer, completa –, mas também, e sobretudo, na esfera da moral. Com efeito, o Estagirita a designa pela expressão "causa final" ou, simplesmente, pelo termo "bem", pois "o bem é o fim de toda geração e de todo movimento"[1]. A sua importância para a ética reside justamente no agir humano, porquanto é através dos atos morais e, mais precisamente, pelo exercício das virtudes, que o sujeito tenta alcançar aquele bem além do qual não se pode mais ir, isto é, a felicidade.

No que tange especificamente a Tomás de Aquino, o papel essencial atribuído à finalidade representa uma tomada de posição, cuja característica principal é a exigência de objetividade e de verdade no interior mesmo do agir humano. Trata-se de uma razão radicada na interioridade que visa, como última finalidade, à beatitude na comunhão com Deus, de sorte que, elucida M.-D. Chenu, "Da resposta pessoal de cada ser humano a esta questão do fim último depende o valor moral de todas as ações particulares"[2]. Esta resposta, completa o teólogo, se elabora através de uma escolha que se faz no seio de uma interioridade que inclui o que há de mais pessoal e de mais subjetivo. De resto, este dinamismo irredutível do querer pessoal, que se joga entre os polos da objetividade e da subjetividade, não retira o ser humano de sua situação na natureza, porquanto ela mesma se manifesta como a ordem e a finalidade gerais da criação do mundo. Isto quer dizer que a natureza humana também inscreve as suas leis – juntamente com o comportamento que a exprime, com as vicissitudes que a caracterizam fundamentalmente e o seu desejo profundo de felicidade – na própria ordem geral do universo. Por conseguinte, a "moralidade" também faz parte da ordem "física" do cosmos como um todo dirigido para um fim, que é Deus[3].

---

1. ARISTÓTELES, *La métaphysique*, A, 983a, 35.
2. CHENU, MARIE-DOMINIQUE, op. cit., 51.
3. Cf. IBID., 52.

Nesta perspectiva, se considerarmos epistemologicamente a teologia, existem duas vias básicas pelas quais ela se desenvolveu: (1) pelo método da chamada teologia natural, que se funda sobre uma física racional do mundo sensível e que permite, pelo raciocínio, remontar até Deus como causa primeira do mundo; (2) e pelo método de uma teologia revelada, que ultrapassa as forças da razão humana. Similarmente, no que concerne à ação e ao comportamento humanos, existe uma moral natural que se baseia na direção espontânea da vontade em direção daquele bem derradeiro, que é a felicidade. Mas existe também uma destinação sobrenatural que os homens não podem atingir sem o auxílio da graça, a qual excede toda vontade e todo querer esclarecidos pela razão.

Ora, quanto às ideias fundamentais da moral natural, Tomás de Aquino é tributário de Aristóteles. Efetivamente, com base na *Ética a Nicômaco*, ele sustenta que a nossa vontade se dirige *natural e espontaneamente* para o bem enquanto o seu fim último, que é a beatitude. Consequentemente, o nosso livre-arbítrio consiste não em escolher o nosso fim – sobre o qual não se pode evidentemente deliberar –, mas em escolher, por uma raciocinada e ponderada deliberação – os meios aptos a alcançá-lo. É preciso, pois, que haja uma luz natural que nos proporcione as premissas dos nossos raciocínios práticos; esta luz natural se manifesta por meio daquilo que Tomás de Aquino chama de *synderesis*. Com este termo, ele quer significar um *habitus* ou uma disposição estável, imutável e, por assim dizer, *natural*, que o sujeito adquire pela prática constante das virtudes. É, portanto, desta disposição e desta prática constante que provém a retidão da vontade ou, para dizê-lo de outro modo, essa retidão já é a expressão de um empenho que o sujeito livremente se propôs realizar utilizando-se dos meios mais condizentes com os preceitos, as normas, as leis e, em suma, o conjunto dos *mores*. Saliente-se, contudo, que, na perspectiva de Tomás de Aquino, todas essas prescrições que se incluem na lei escrita estão baseadas na chamada lei natural que, em última análise, reenvia à lei eterna, ou à lei divina. Neste sentido, o Aquinate é categórico ao declarar que, ao se propor conservar a *reta intenção* da vontade, deverá também o homem conformar o seu querer à vontade de Deus, porquanto, ao aspirar àquilo que é bom para ele próprio (*bonum particulare*), ele poderá eventualmente desviar-se da tendência para Deus enquanto Sumo Bem. Por conseguinte, ele precisa constantemente manter a disposição, isto é, o *habitus* da própria vontade, pelo qual ele tenta, sem cessar, atingir aquele fim desejado[4].

O conceito de *synderesis* de que se serve Tomás de Aquino é derivado de uma interpretação que se aplicou às análises que efetuara São Jerônimo em torno da consciência moral. Este conceito foi utilizado pela primeira vez num dos comentários que, por volta de 1160–1165, Pedro Lombardo desenvolveu nas *Sentenças*. A sua elaboração, no entanto, só se fará de maneira mais extensa e mais explícita ao longo do século XIII. Supõe-se, no entanto, que o termo *synderesis* seja uma deformação de συντηρησις, do verbo συντηρεω, que quer dizer: conservar, observar, velar e, por extensão, recolher e manter em seu espírito. A expressão que empregara Jerônimo é *scintilla conscientiae*, que os autores medievais transformaram em *synderesis* para com ela designarem a consciência, porquanto ela é a centelha ou a fagulha (*scintilla*) do próprio juízo. O texto de Jerônimo faz parte de um comentário que ele teceu em torno da visão que o profeta Ezequiel diz ter tido

---

4. Para uma análise mais extensa dessa questão, veja: ALMEIDA, ROGÉRIO MIRANDA DE, A natureza, a lei natural e a lei divina. Da antiguidade grega ao pensamento medieval, in: *Filosofia da natureza. Vida, ordem, razão*. Caxias do Sul: EDUCS, 2020.

às margens do rio Cobar, durante o exílio na terra dos caldeus (Ez 1,1-28). Trata-se do "carro de Iahweh" e dos quatro animais que deram origem à interpretação segundo a qual o Homem, o Leão e o Boi representam as três partes da alma (racional, irascível e apetitiva) que se encontram na *República* de Platão, ao passo que a Águia significa a συντηρησις, ou a *scintilla conscientiae*, que não se perdeu por ocasião da queda original e que, portanto, nos permite saber, mesmo quando somos dominados pela ira e pelo apetite, que estamos praticando o mal[5]. Mas o que Tomás de Aquino entende por consciência moral no sentido estrito do termo?

1. Definição da consciência em geral e da consciência moral em particular

Para melhor entendermos a consciência moral propriamente dita, vejamos primeiramente em que consiste a concepção tomasiana da consciência num plano mais genérico ou teórico. Nesta primeira acepção, o Aquinate faz ressaltar o caráter privilegiado da alma na sua relação intrínseca consigo mesma. Diz, com efeito, o filósofo, ao reproduzir as palavras de Santo Agostinho: "A alma, quando busca o conhecimento de si, não como ausente se busca, mas se considera presente, não para que se conheça, como se fosse desconhecida, mas para que se distinga daquilo que conheceu"[6]. Como se pode constatar, esta consciência privilegiada que tem a alma de si mesma se desenvolve a partir da percepção de sua própria

---

5. Cf. LALANDE, ANDRÉ, *Vocabulaire technique et critique de la philosophie*, Paris, PUF, 1985, art.: Syndérèse.
6. TOMÁS DE AQUINO, *Suma contra os gentios*, 4 v., São Paulo, Loyola, 2016, III, cap. 46, 124.

existência em relação a outros seres, outras realidades, ou àquilo que difere do seu próprio modo de sentir e pensar.

Porém, no que tange à consciência no sentido especificamente moral do termo, Tomás de Aquino parte da premissa segundo a qual a consciência em geral não é uma potência, mas um ato, pois consciência implica a relação de um conhecimento com alguma coisa ou, para dizê-lo de maneira resumida, *"conscientia dicitur cum alio scientia"*. A aplicação de um conhecimento a algo se concretiza, portanto, através de um ato. Daí poder ele elucidar a dinâmica da consciência moral através de três momentos ou, mais exatamente, de três modos distintos que, no entanto, se entrelaçam nas suas relações mútuas e essenciais: (1) a consciência atesta ou constata; (2) a consciência obriga ou incita; (3) a consciência escusa ou reprova. Ela atesta quando reconhecemos que fizemos ou deixamos de fazer algo que devíamos fazer e, para reforçar o seu argumento, o Aquinate evoca a autoridade do Eclesiastes, que diz: "Pois teu coração sabe que também tu amaldiçoaste os outros muitas vezes" (Ecl 7,22). Ademais, ela obriga ou incita quando julgamos que é preciso efetuar ou não efetuar uma determinada ação. Finalmente, depois do ato realizado, a consciência escusa – assegurando-nos que o que fizemos foi bem feito – ou, pelo contrário, reprova e nos admoesta a respeito da ação cometida. Todavia, pondera o Aquinate, dado que o *habitus* é o princípio do ato, às vezes se atribui o nome de consciência ao primeiro hábito natural, ou seja, à sindérese. Donde a sua conclusão: "Por isso Jerônimo, ao comentar o texto de Ezequiel (1,6), chama a consciência de sindérese. Quanto a Basílio, ele a qualifica de 'poder natural de julgar', ao passo que Damasceno denomina-a 'lei do nosso intelecto'"[7].

---

7. ID., *Summa Theologica*, I, q. 79, a. 13.

O ato da consciência moral ou a consciência em ato é, pois, a dinâmica que manifesta as faculdades da inteligência e da vontade, assim como o conhecimento adquirido através do saber teórico e da experiência prática. Ela é, portanto, a norma pessoal da moralidade, resumida sob esta fórmula: *regula regulata*. Segundo Roland Sublon, "A consciência moral assegura a passagem do universal da lei ética para a ação singular; ela é a mediadora entre o geral e o particular; é também o ato pelo qual se assume pessoalmente um valor reconhecido como valor"[8]. Mas o que então dizer da consciência errônea? Como Tomás de Aquino a considera?

2. A consciência moral errônea

Para o Aquinate, além de se fiar na certeza de um julgamento infalível da sindérese, o sujeito deve contar com a possibilidade de essa mesma consciência errar, pois ela se baseia na aplicação prática de conhecimentos adquiridos, que, justamente, podem falhar. E eles falham por três motivos básicos: quando existem falácias no raciocínio, quando os conhecimentos adquiridos não são verazes ou quando falta um real conhecimento dos valores. Por isso Tomás de Aquino desenvolve uma sutil e pormenorizada análise sobre a questão de saber se a vontade que discorda da razão errônea é uma vontade má.

Ora, mesmo errada, a razão obriga, pois a vontade que se recusa a obedecer à razão ou à consciência que se engana torna-se má em virtude do objeto de que depende a sua bondade ou a sua malícia. Todavia, essa valoração não concerne

---

8. SUBLON, ROLAND, *Fonder l'éthique en...*, Paris, FAC, 38.

ao objeto enquanto tal, pois o que importa primeiramente considerar é se este objeto é proposto pela razão como um mal que deve ser realizado ou, pelo contrário, evitado. Efetivamente, pondera o filósofo: "Dado que o objeto da vontade é condicionado pelo que lhe propõe a razão, uma vez que a razão apresenta um objeto como sendo um objeto mau, a própria vontade se tornará má se a ele aderir"[9]. Para ilustrar o seu raciocínio, Tomás de Aquino se vale de dois exemplos. O primeiro diz respeito à fornicação. Abster-se da fornicação é um bem, contudo, a vontade só poderá persegui-lo como tal se a razão assim lho propuser. Se, ao invés, ela fosse apresentada pela razão errônea como sendo uma coisa má, seria também sob o aspecto do mal que ela seria buscada ou desejada. Assim, a vontade seria má, porquanto quereria um mal, não um mal por si mesmo, mas por acidente, ou seja, em virtude da apresentação que dele teria feito a razão. O outro exemplo que evoca o teólogo é o da fé em Cristo. Crer em Cristo é algo que, além de essencialmente bom, é necessário para a salvação. Mas, aqui igualmente, a vontade só poderá aspirar a esse dom caso a razão lho proponha. Se, pois, a razão o apresentasse como um mal, a vontade só poderia querê-lo sob o aspecto do mal, não do mal em si mesmo, mas do mal considerado pela razão como tal. A conclusão do Aquinate não poderia ser outra, senão esta: "Absolutamente falando, toda vontade que discorde da razão, quer se trate de uma razão reta, quer se trate de uma razão errônea, é sempre má"[10]. No entanto, a consciência errônea não escusa sempre, porquanto existem casos em que sobressai uma ressalva que exige uma análise mais específica e mais acurada.

---

9. Tomás de Aquino, *ST*, I-II, q. 19, a. 5.
10. Ibid.

Esta é a razão pela qual pareceu necessário ao Aquinate, no artigo seguinte (6) da mesma questão 19, examinar esta nova problemática com base nestes termos: se a vontade que concorda com a razão errônea é boa. Ora, segundo o filósofo, um erro pode ser voluntário ou involuntário; ele pode também ser vencível, isto é, superável ou não. Se o erro diz respeito àquilo que todos devem saber, por exemplo, os mandamentos de Deus e a lei eterna, este erro não evita que seja qualificada de má a vontade que age em conformidade com uma lei errônea ou interpretada erroneamente. E por quê? Porque quanto mais genérica e universal for uma lei – e o Decálogo é o que há de mais universal em termos de mandamentos – tanto menos ela escusa o sujeito de transgredi-la por ignorância. Em contrapartida, quanto mais longo, complexo e nuançado for um código de leis – com seus artigos, seus parágrafos, seus incisos, suas alíneas, suas cláusulas implícitas, suas exceções etc. – tanto mais o sujeito poderá, por ignorância, enganar-se a respeito de um ou de outro detalhe. Ajuntem-se a isso as várias circunstâncias – as persuasões astuciosas, os falsos testemunhos, as dissimulações engenhosamente montadas, as ciladas secretamente preparadas, as seduções artificiosamente dirigidas – que podem induzir em erro aqueles que, não por negligência nem voluntariamente, se deixaram por elas enganar.

Com efeito, elucida o Aquinate: se a consciência ou a razão se engana por um erro direta ou indiretamente voluntário sobre coisas que todos devem conhecer, este erro não justifica a vontade que agiu em conformidade com a razão errônea, que falhou por negligência. Se, porém, se trata de um erro que produz algo de involuntário, isto é, que proveio não da negligência, mas da ignorância de circunstâncias particulares, difíceis de discernir, este erro da razão ou da consciência escusa a vontade do mal cometido. Assim, se a razão errônea recomendasse a um homem acostar-se à mulher de outro, a vontade que obedecesse a essa razão seria má, porquanto este erro proveria da ignorância da lei de Deus, que todos devem conhecer. Doutra parte, se um homem se enganasse ao crer que a mulher que se introduzira furtivamente no seu tálamo era realmente a sua mulher e, a partir de suas solicitações, começasse a tratá-la como tal, a sua vontade seria escusada do mal. Destas explanações, Tomás de Aquino é levado a extrair três ilações, das quais quero destacar a segunda: "A lei eterna não erra jamais, mas a razão humana pode enganar-se. Por isso, a vontade que concorda com a razão humana nem sempre é reta e nem sempre concorda com a lei eterna"[11]. É lícito, porém, insistir sobre a questão de saber se a lei humana obriga em consciência, ou como diz o próprio Aquinate: *Utrum lex humana imponat homini necessitatem in foro conscientiae.*

3. A lei humana obriga em consciência?

Esta questão está essencialmente ligada àquela da lei natural, pois a lei humana, chamada também de lei escrita e lei positiva, é – na tradição platônica e nas reformulações do estoicismo e do direito romano – uma expressão ou uma tradução da lei natural. Ora, caberá ao pensamento cristão vincular a lei humana e a lei natural à lei divina e, em última instância, a Deus como Sumo Bem. A este propósito, Wolfhart Pannenberg epitomou de maneira admirável as reinterpretações que desenvolveu o pensamento cristão sobre a questão platônica do Bem, e ele o fez através de quatro pontos principais: (1) já

---

11. TOMÁS DE AQUINO, *ST*, I-II, q. 19, a. 6.

em Platão começa a se perfilar ou a se configurar uma identificação entre Deus e o Sumo Bem; (2) também na filosofia platônica já se pode verificar a ideia de uma beatitude ultraterrena que não é plenamente atingível nesta vida, mas que é acessível, já no presente, através do conhecimento e do amor a Deus; (3) todo objeto da vontade, do desejo e do gozo pode apresentar-se como *meio* que conduz à *fruição* plena em Deus; (4) o conceito de mandamento é considerado a partir da representação de uma *lex aeterna* divina, cujo conteúdo é impresso na mente humana como *lex naturalis*, ou regra de ouro, e cuja revelação se fizera historicamente no Decálogo através dos *Mandamentos de Deus*[12].

Com base nestes elementos, poderemos melhor entender as análises que tece Tomás de Aquino em torno da questão: *se a lei humana obriga em consciência*. Com efeito, para o Aquinate, as leis humanas positivas, ou escritas, podem ser justas ou injustas. Se elas são justas, é porque possuem a força de obrigar ou de impor as suas normas ao foro íntimo da consciência; esta força lhes é dada a partir da lei eterna, da qual elas próprias derivam. Mas em que sentido se pode propriamente falar de leis justas? As leis são justas a partir de três critérios: (1) quando são consideradas em relação a um *fim* ou, mais precisamente, quando são ordenadas ao bem comum; (2) quando, considerado seu autor, elas não ultrapassam o poder de quem as prescreve; (3) quando, em relação ao seu teor ou à sua forma, elas impõem ônus aos súditos que visam ao bem comum segundo uma proporção de igualdade. Efetivamente – pondera o Aquinate –, sendo o homem parte da sociedade (*multitudo*), tudo aquilo que cada um possui

---

12. Cf. Pannenberg, Wolfhart, *Fondamenti dell'etica. Prospettive filosofico-teologiche*, Brescia, Queriniana, 1998, 56-57.

pertence, *ipso facto*, à sociedade como um todo. Até a própria natureza sacrifica uma de suas partes para salvar o todo. Consequentemente, "As leis que distribuem os ônus de modo proporcional são leis justas; elas obrigam em consciência (*in foro conscientiae*) e, portanto, são legítimas"[13]. Inversamente, as leis podem ser injustas sob dois aspectos.

Em primeiro lugar, porque contrastam com o bem humano de acordo com os três elementos acima mencionados. Aqui, porém, Tomás de Aquino fornece mais precisões sobre o que ele entende por esta assimetria que reina entre as leis injustas e o bem comum que elas deveriam promover. No que diz respeito, por exemplo, ao fim, as leis são injustas quando aquele que comanda impõe aos súditos onerosidades que não visam à utilidade comum (*utilitatem communem*), mas à própria cobiça ou à própria glória (*ad propriam cupiditatem vel gloriam*). As leis podem também ser injustas quando a autoridade que as prescreve ultrapassa os seus próprios poderes, impondo normas que competiriam a uma autoridade superior. Finalmente, no que tange ao teor, as leis são injustas quando se distribuem os ônus da sociedade (*multitudo*) de forma não equitativa, mesmo quando estes ônus são, supostamente, ordenados em vista do bem comum. Neste ponto, o Aquinate é categórico ao objetar: "Trata-se antes de violências do que de leis"[14]. E, para reforçar a sua oposição, ele evoca a autoridade de Santo Agostinho, que declara no *Livre-arbítrio*: "Uma lei que não é justa não me parece, de fato, ser uma lei"[15].

Em segundo lugar – e é neste ponto que emerge mais explicitamente a questão da lei divina –, as leis podem ser injustas quando elas são contrárias ao bem divino, a exemplo

---

13. TOMÁS DE AQUINO, *ST*, I–II, q. 96, a. 4.
14. IBID.
15. AGOSTINHO DE HIPONA, Il libero arbitrio, I, 5.11, in: *Tutti i dialoghi*.

das leis dos tiranos que induzem os povos à idolatria ou a qualquer outra coisa contrária à lei de Deus. Mais uma vez, o Aquinate se mostra aqui peremptório ao fazer esta observação: "De modo algum é lícito observar tais leis"[16]. Desta vez, porém, ele baseia o seu raciocínio nas próprias Escrituras e, mais precisamente, na resposta que deram Pedro e os outros apóstolos ao sumo sacerdote quando da admoestação que lhes fizera diante do Sinédrio: "É preciso obedecer antes a Deus do que aos homens" (At 5,29). Consequentemente, conclui o Aquinate: todo argumento que parte de leis positivas ou escritas, mas que são contrárias aos mandamentos de Deus, deve ser rejeitado. "Por isso, nestes casos, não se deve obedecer à lei humana"[17].

---

16. Tomás de Aquino, *ST*, I-II, q. 96, a. 4.
17. Ibid.

CONCLUINDO...

Segundo Pannenberg, na *Suma contra os gentios*, Tomás de Aquino havia analisado a problemática da lei na perspectiva da autonomia humana e, mais especificamente, no sentido de os homens orientarem-se para Deus como aquele que é representado como o Sumo Bem ou o Fim Supremo de todas as coisas[1]. Na *Suma teológica*, ainda segundo Pannenberg, o foco principal do Aquinate será a lei vista num contexto mais amplo e mais claramente marcado pelo sentido histórico-salvífico tal como ele se encontra nas Escrituras. Em conformidade, pois, com a distinção agostiniana de *lex aeterna*, *lex naturalis* e *lex humana*, o Aquinate examinará com minudência e acuidade a relação entre a lei veterotestamentária (*lex vetus*) e a lei neotestamentária (*lex nova*), que, diferentemente da primeira, leva sobretudo em consideração a graça do Espírito Santo. Assim, na esteira do pensamento de Agostinho de Hipona – que ele não somente prolongou, mas também

---

1. Cf. Tomás de Aquino, *Suma contra os Gentios*, III, cap. 111 ss.

aprofundou e precisou –, Tomás de Aquino reinterpretou os conceitos de mandamento e lei em referência à visão platônica do Sumo Bem e à identificação deste conceito com a ideia de Deus. Portanto, resume Pannenberg: "Ambos efetuaram uma ligação entre a representação bíblica dos mandamentos divinos, ou de uma lei divina, e a fundação antropológica da ética desenvolvida através da tradição socrática"[2]. Ajunte-se, porém, que, no tocante ao conceito de consciência moral, tanto na *Suma contra os gentios* quanto na *Suma teológica*, o Aquinate põe em relevo as ideias de liberdade, de reta vontade, de intencionalidade e de finalidade. A sua ênfase, contudo, recai sobre a liberdade e o agir humanos voltados para Deus como o Sumo Bem, do qual toda fruição, todo gozo e, portanto, toda felicidade derivam.

Comentando a declaração inicial de Aristóteles na *Ética a Nicômaco* – "Foi dito, com exatidão, que o Bem é aquilo a que todas as coisas tendem" –, Roland Sublon chama a atenção para o fato de esta asserção ter-se imposto como uma lei ao longo de toda a tradição moral ocidental. Esta tendência, acrescenta ele, conduz os homens para este Bem como para o fim ao qual todos os seres aspiram, e isto pode fazer-se diretamente, sem atalhos, ou através de caminhos mais complexos. Assim, conclui o teólogo francês: "Mais de mil anos depois, esse golpe (*coup*) do Filósofo ainda fascina Santo Tomás, que, sem hesitação, enuncia: 'todo mundo admite que o fim do homem é a beatitude'"[3]. E, de fato, na *Suma teológica*, o Aquinate afirma que o desejo (*appetitus*) concerne ao bem. E, sendo este bem aquilo que todos os seres desejam (*illud quod omnia appetunt*), ele parece ser o que existe de melhor (*videtur*

---

2. PANNENBERG, WOLFHART, *Fondamenti dell'etica...*, 60.
3. SUBLON, ROLAND, *La lettre ou l'esprit...*, 84.

esse optimum). Ora, deduz o autor, "Todos os seres aspiram ao gozo (*delectationem omnia appetunt*), tanto os sábios, quanto os insensatos e também os seres sem razão. O gozo (*delectatio*) é, portanto, o que há de melhor e é nele (*in voluptate*) que consiste a beatitude, que é o sumo bem (*summum bonum*)"[4].

Esta ideia de Deus como Sumo Bem para o qual todas as coisas convergem e do qual se espera a realização plena da felicidade tem mais de uma relação com o Deus da criação, tal como ela foi apresentada nas Escrituras e elaborada pelo pensamento cristão. Neste sentido, Étienne Gilson, ao comparar o Deus de Tomás de Aquino com o Deus de Aristóteles, observa que o Ato puro do pensamento que presidia o mundo aristotélico difere do Ato puro de existir que, segundo a concepção cristã, criou o mundo do nada. Este mundo é composto de indivíduos, cuja estrutura complexa de potência e ato, de matéria e forma, de faculdades e operações diversas, deve a sua unidade ao próprio ato de existir, do qual os indivíduos também recebem o poder de agir e interagir com os demais seres e, portanto, com o próprio mundo. Todavia, pondera Gilson, esses indivíduos trabalham sem cessar para realizarem, segundo o poder de sua própria essência, aquilo a que todos almejam: encontrar a sua primeira causa, que é Deus ou – na perspectiva da ética tomasiana – Deus enquanto Sumo Bem. Ora, completa o medievista, ao ultrapassar o aristotelismo, Tomás de Aquino introduziu na história do pensamento ocidental uma filosofia que, no mais fundo de seu íntimo, resultou irredutível a qualquer sistema do passado, de sorte que, "pelos seus princípios, ela continua perpetuamente aberta ao futuro"[5].

---

4. Tomás de Aquino, *ST*, I-II, q. 2, a. 6.
5. Gilson, Étienne, *La philosophie au Moyen Âge*, 541.

Isto, evidentemente, pode ser também aplicado ao campo da ética e, mais especificamente, à esfera da consciência moral, cuja reinterpretação não cessa de se refazer e de se superar, mas *a partir de dentro*. É aquela dinâmica que costumo denominar – na esteira de Jacques Lacan e de Roland Sublon – pela expressão *o paradoxo de uma exclusão interna*. Efetivamente, enquanto as análises de Tomás de Aquino em torno da consciência se revelaram aptas a estabelecer os princípios da moral como os fundamentos que constituem a vontade reta do agir humano, a partir do século XVII, com René Descartes, assistiremos a um retorno a Agostinho de Hipona, no sentido de se retomar a problemática da autoconsciência como uma forma de evidência mais segura contra toda dúvida possível. Mas, com isto, já ultrapassamos o limiar dos tempos modernos, o que, talvez, poderá redundar numa ocasião ou num novo ponto de partida para um ulterior desenvolvimento e aprofundamento da questão da consciência moral numa das próximas obras.

Ainda com relação à moral tomasiana, trata-se, para repeti-lo sob a forma de resumo, de uma ética da intencionalidade e da reta vontade que, a partir das Escrituras, da tradição platônico-aristotélica e das intuições que pontilharam o pensamento cristão – Agostinho de Hipona, Dionísio Areopagita, Boécio, Anselmo de Aosta e Pedro Abelardo –, recebeu uma sistematização tendente a uma síntese, cuja dinâmica, nas suas imbricações essenciais, não termina de apontar para novas significações, novas simbolizações e novas revalorações. É uma tentativa constante e um deleite incessante que se repete e se refaz na busca de um Bem e de uma finalidade derradeira que, no entanto, se subtrai e resiste a todo discurso, a toda denominação e a toda palavra final. Efetivamente, uma última e definitiva palavra não existe, de sorte que, para utilizar-me do oximoro aplicado aos hebreus na marcha pelo deserto (Ex 14,20), poderia dizer, reformulando-o: a escuridão de Deus iluminou a noite da passagem do mar dos Juncos para *a outra margem*...

REFERÊNCIAS BIBLIOGRÁFICAS

Abelardo, Pedro. Ethics. In: *Ethical Writings*. Indianapolis: Hackett, 1995.

_____. *Teologia del Sommo Bene*. Milano: Rusconi, 1996.

Agostinho de Hipona. Manuel ou de la foi, de l'espérance et de la charité. In: *Oeuvres de Saint Augustin*. Paris: Desclée de Brouwer, 1947, 12 v., IX.

_____. De diversis quaestionibus 83. In: *Oeuvres de Saint Augustin*. Paris: Desclée de Brouwer, 1952, 12 v., X.

_____. *La natura del bene*. Milano: Rusconi, 1995.

_____. *La vera religione*. Milano: Rusconi, 1997.

_____. *La Trinità*. Roma: Città Nuova, 1998.

_____. *La Città di Dio*. Roma: Città Nuova, 2000.

_____. *Le confessioni*. Torino: Einaudi, 2002.

_____. *Commento al Vangelo di Giovanni*. Roma: Città Nuova, 2005.

_____. Contro gli accademici. In: *Tutti i dialoghi*. Milano: Bompiani, 2006.

_____. Il libero arbitrio. In: *Tutti i dialoghi*. Milano: Bompiani, 2006.

_____. L'ordine. In: *Tutti i dialoghi*. Milano: Bompiani, 2006.

_____. Soliloqui. In: *Tutti i dialoghi*. Milano: Bompiani, 2006.

ALMEIDA, Rogério Miranda de. *Eros e Tânatos. A vida, a morte, o desejo*. São Paulo: Loyola, 2007.

_____. *A fragmentação da cultura e o fim do sujeito*. São Paulo: Loyola, 2012.

_____. O conceito do belo em Agostinho de Hipona. *Basilíade – Revista de Filosofia*, v. 1, n. 1, 2019.

_____. A natureza, a lei natural e a lei divina. Da antiguidade grega ao pensamento medieval, in: *Filosofia da natureza. Vida, ordem, razão*. Caxias do Sul: EDUCS, 2020.

AMBRÓSIO, Aurélio. On the Duties of the Clergy. In: *Selected Works and Letters*. Woodstock: Devoted Publishing, 2017.

ANGELUS SILESIUS. *Il Pellegrino Cherubico*. Milano: San Paolo, 1989.

ANSELMO DE AOSTA. On Free Will. In: *The Major Works*. Oxford: Oxford University Press, 1998.

_____. On Truth. In: *The Major Works*. Oxford: Oxford University Press, 1998.

_____. The Compatibility of God's Foreknowledge, Predestination, and Grace with Human Freedom. In: *The Major Works*. Oxford: Oxford University Press, 1998.

APOSTOLIC FATHERS (The), 2 v. Cambridge: Harvard University Press, 1945.

ARISTÓFANES. *Le nuvole*. Milano: BUR, 2010.

ARISTÓTELES. *La métaphysique*. Paris: Vrin, 1986, 2 v.

_____. *Éthique à Nicomaque*. Paris: Vrin, 1987.

_____. *De l'âme*. Paris: Vrin, 1988.

_____. *Seconds analytiques. Organon 4*. Paris: Vrin, 1995.

BASÍLIO DE CESAREIA. *In illud "Attende tibi ipsi"*. Upsala: S. Y. Rudberg, 1962.

_____. *Homélies sur l'Hexaéméron*. Paris: CERF (Sources Chrétiennes), 1968.

BERDYAEV, Nicolas. *The Destiny of Man*. London: Geoffrey Bles, 1948.
BÍBLIA DE JERUSALÉM. São Paulo: Paulus, 1995.
BIBLIA VULGATA. Madrid: BAC, 1951.
BRÉHIER, Émile. *Histoire de la philosophie*. Paris: PUF, 1985, 3 v.
BRICKHOUSE, Thomas C.; SMITH, Nicholas D. *Socrates on Trial*. Oxford: Clarendon, 1989.
BULTMANN, Rudolf. *Theologie des Neuen Testaments*. Tübingen: J. C. B. Mohr, 1984.
BURNET, John. *Plato. Euthyphro, Apology of Socrates, Crito*. Oxford: Clarendon, 1924.
CANTO-SPERBER, Monique. *Philosophie grecque*. Paris: PUF, 1998.
CHENU, Marie-Dominique. *L'éveil de la conscience dans la civilisation médiévale* (Conférences Albert le Grand). Montréal/Paris: Institut d'Études Médiévales/Vrin, 1969.
CÍCERO. *La natura divina*. Milano: BUR, 2000.
_____. *Tuscolane*. Milano: BUR, 2014.
CLEMENTE DE ALEXANDRIA. *Gli Stromati. Note di vera religione*. Milano: Paoline, 1985.
COURCELLE, Pierre. *Conosci te stesso. Da Socrate a San Bernardo*. Milano: Vita e Pensiero, 2001.
CRISÓSTOMO, João. *Sur la providence de Dieu*. Paris: CERF, 1961.
_____. *Discorsi sul povero Lazzaro*. Roma: Città Nuova, 2009.
CUSA, Nicolau de. *La dotta ignoranza*. Roma: Città Nuova, 1998.
DIÓGENES LAÉRCIO. *Lives of Eminent Philosophers*. Cambridge: Harvard University Press, 1958, 2 v.
DODDS, Eric Robertson. *The Greeks and the Irrational*. Berkeley: University of California Press, 1951.
EBELING, Gerhard. Theologische Erwägungen über das Gewissen. In: *Wort und Glaube*, I. Tübingen: Mohr Siebeck, 1960.
ÉSQUILO. *Agamemnon*. Paris: Les Belles Lettres, 2015.
EURÍPEDES. *Oreste*. Paris: Les Belles Lettres, 1959.
_____. *Médée*. Paris: Les Belles Lettres, 2012.

FEUERBACH, Ludwig. *Das Wesen des Christentums*. Stuttgart: Reclam, 1969.

FOUCAULT, Michel. *Histoire de la sexualité*. Paris: Gallimard, 1976, 3 v.

FREUD, Sigmund. *Gesammelte Werke*. Frankfurt am Main: Fischer Taschenbuch, 1999, 18 v.

FRIEDLÄNDER, Paul. *Plato. An Introduction*. Princeton: Princeton University Press, 1973.

FRONTEROTTA, Francesco. *Methexis: la teoria platonica delle idee e la partecipazione delle cose empiriche; dai dialoghi giovanili al Parmenide*. Pisa: Edizioni della Scuola Normale Superiore, 2001.

GILSON, Étienne. *La philosophie au Moyen Âge*. Paris: Payot & Rivages, 1999.

_____. *Introduction à l'étude de Saint Augustin*. Paris: Vrin, 2003.

GREGÓRIO DE NISSA. *Omelie sul Cantico dei Cantici*. Roma: Città Nuova, 1996.

_____. *L'uomo*. Roma: Città Nuova, 2000.

_____. *Sull'anima e la resurrezione*. Milano: Bompiani, 2007.

_____. *Contre Eunome*. Paris: CERF, 2013, 2 v.

GREGÓRIO NAZIANZENO. *I cinque discorsi teologici*. Roma: Città Nuova, 2006.

GREGÓRIO TAUMATURGO. Discurso de San Gregorio Taumaturgo (Apéndices). In: ORÍGENES. *Contra Celso*. Madrid: BAC, 1967.

HAZEBROUCQ, Marie-France. *La folie humaine et ses remèdes: Platon, Charmide ou de la modération*. Paris: Vrin, 1997.

HEGEL, Georg Wilhelm Friedrich. *Vorlesungen über die Geschichte der Philosophie*, I. Frankfurt am Main: Suhrkamp, 1986.

HEIDEGGER, Martin. *Platons Lehre von der Wahrheit, mit einem Brief über den "Humanismus"*. Bern: Francke, 1954.

HERÁCLITO. In: DUMONT, Jean-Paul (Ed.). *Les écoles présocratiques*. Paris: Gallimard, 1991.

HOFFMANN, Ernst. Methexis und Metaxy bei Platon (¹1919). In: *Drei Schriften zur griechischen Philosophie*. Heidelberg: Heidelberger Akademie der Wissenschaften, 1964.

HOGAN, Linda. *Confronting the Truth. Conscience in the Catholic Tradition*. New York/Mahwah: Paulist Press, 2000.

I SETTE SAPIENTI: *Vite e opinioni*. Milano: Bompiani, 2005.

JAEGER, Werner. *Paideia. Die Formung des Griechischen Menschen*. Berlin/New York: Walter de Gruyter, 1973.

JULIEN, Philippe. *Le retour à Freud de Jacques Lacan. L'application au miroir*. Toulouse: Érès, 1986.

JUSTINO MÁRTIR. *Apologie*. Milano: Rusconi, 1995.

KANT, Immanuel. *Grundlegung zur Metaphysik der Sitten*. Frankfurt am Main: Suhrkamp, 1974.

KRÄMER, Hans Joachim. Die Idee des Guten. Sonnen und Liniengleichnis (Buch VI 504a–511e). In: HÖFFE, Otfried (hrsg.). *Platon. Ploiteia*. Berlin: Akademie Verlag, 1997.

LACAN, Jacques. *Écrits*. Paris: Seuil, 1966.

_____. *Le Séminaire, Livre XI. Les quatre concepts fondamentaux de la psychanalyse*. Paris: Seuil, 1973.

_____. *Le Séminaire, Livre II. Le moi dans la théorie de Freud et dans la technique de la psychanalyse*. Paris: Seuil, 1978.

_____. *Le Séminaire, Livre VIII. Le transfert*. Paris: Seuil, 1991.

LACTÂNCIO. *Se Dio può adirarsi*. Siena: Cantagalli, 1929.

LALANDE, André. *Vocabulaire technique et critique de la philosophie*. Paris: PUF, 1985.

LAPLANCHE, Jean; PONTALIS, Jean-Baptiste. *Vocabulaire de la psychanalyse*. Paris: PUF, 1978.

LEIBNIZ, Gottfried Wilhelm. *Nouveaux essais sur l'entendement humain*. Paris: GF-Flammarion, 1990.

LUCRÉCIO. *De la nature*. Paris: GF Flammarion, 1997.

MARROU, Henri-Irénée. *Saint Augustin et la fin de la culture antique*. Paris: E. de Broccard, 1938.

NIETZSCHE, Friedrich. *Kritische Studienausgabe*. Herausgegeben von G. Colli und M. Montinari. Berlin/New York: De Gruyter, 1999, 15 v.

NUYENS, François. *Évolution de la psychologie d'Aristote*. Paris: Vrin, 1948.

ORÍGENES. *The Song of Songs. Commentary and Homilies*. Westminster/London: The Newman Press, 1957.

____. *Contra Celso*. Madrid: BAC, 1967.

PANNENBERG, Wolfhart. *Teologia sistematica*, Brescia: Queriniana, 1990, 3 v.

____. *Fondamenti dell'etica. Prospettive filosofico-teologiche*. Brescia: Queriniana, 1998.

PÉPIN, Jean. *Idées grecques sur l'homme et sur Dieu*. Paris: Les Belles Lettres, 1971.

PIERCE, Claude Anthony. *Conscience in the New Testament*. London: SCM Press, 1955.

PLATÃO. *Plato in Twelve Volumes*. Cambridge: Harvard University Press, 1977.

____. *Gorgia*. Milano: BUR, 2002.

PLOTINO. *Enneadi*. Milano: Bompiani, 2004.

POHLENZ, Max. *La Stoa. Storia di un movimento spirituale*. Milano: Bompiani, 2005.

RAD, Gerhard von. *Old Testament Theology*. San Francisco: Harper & Row, 1962, 2 v.

RADICE, Roberto (Ed.). *Stoici antichi. Tutti i frammenti*. Milano: Bompiani, 2002.

RAMELLI, Ilaria (Ed.). *Epicurea*. Milano: Bompiani, 2002.

REALE, Giovanni (Ed.). *I Presocratici* (Hermann Diels e Walther Kranz). Milano: Bompiani, 2006.

ROBIN, Léon. *Platon*. Paris: PUF, 1988.

ROSS, David. *Plato's Theory of Ideas*. Oxford: Clarendon, 1951.

____. *Aristotle*. London/New York: Routledge, 1995.

SARTRE, Jean-Paul. *L'être et le néant. Essai d'ontologie phénoménologique*. Paris: Gallimard, 1943.

_____. *Huis clos*. Paris: Gallimard, 1947.

_____. *Les mots*. Paris: Gallimard, 1964.

_____. *L'imagination*. Paris: PUF, 1983.

_____. *L'existentialisme est un humanisme*. Paris: Gallimard, 1996.

SCHOPENHAUER, Arthur. *Die Welt als Wille und* Vorstellung. In: *Sämtliche Werke*. Stuttgart und Frankfurt am Main: Wissenschaftliche Buchgesellschaft, 2004, 5 v.

SÊNECA, Lúcio Aneu. *Lettere a Lucilio*. Milano: Biblioteca Universale Rizzoli, 2004, 2 v.

SEPTUAGINTA. Stuttgart: Deutsche Bibelgesellschaft, 2006.

SNELL, Bruno. *Die Entdeckung des Geistes. Studien zur Entstehung des europäischen Denkens bei den Griechen*. Göttingen: Vandenhoeck & Ruprecht, 2009.

SÓFOCLES. *Tragédies*. Paris: Les Belles Lettres, 1960. Tome III: *Philoctète – Oedipe à Colone*.

SOUILHÉ, Joseph. *La notion platonicienne d'intermédiaire dans la philosophie de Platon*. Paris: Félix Alcan, 1919.

SUBLON, Roland. *Fonder l'éthique en psychanalyse*. Paris: FAC, 1982.

_____. *La lettre ou l'esprit. Une lecture psychanalytique de la théologie*. Paris: CERF, 1993.

_____. *L'Éthique ou la question du sujet*. Strasbourg: Éditions du Portique, 2004.

TAYLOR, Alfred Edward. *Aristotle*. London: T. C. & E. C. Jack, 1919.

_____. *Plato. The Man and His Work*. New York: Meridian Books, 1956.

TERTULIANO. Témoignage de l'âme. In: *Oeuvres complètes de Tertullien* (tr. Genoude). Louis Vives, 1852.

TILLICH, Paul. *Systematic Theology*. Chicago: The University of Chicago Press, 1951, 1957, 1963, 3 v.

TOMÁS DE AQUINO. *Summa Theologica*. New York: Benziger Brothers, 1947, 3 v.

____. *Summa contra Gentiles*. Notre Dame: University of Notre Dame Press, 1975, 5 v.

____. *Studies in Greek Philosophy*. Princeton: Princeton University Press, 1995, v. II, *Socrates, Plato, and Their Tradition*.

____. *Suma contra os gentios*. São Paulo: Loyola, 2016, 4 v.

VAZ, Henrique Cláudio de Lima. *Antropologia filosófica I*. São Paulo: Loyola, 2000.

____. *Escritos de filosofia IV. Introdução à ética filosófica 1*. São Paulo: Loyola, 2002.

VLASTOS, Gregory. *Socrates. Ironist and Moral Philosopher*. Ithaca: Cornell University Press, 1991.

____. Brickhouse and Smith's Socrates on Trial, in: *Studies in Greek Philosophy*, v. II, *Socrates, Plato, and Their Tradition*, Princeton, Princeton University Press, 1995, 25-29.

XENOFONTE. *Recollections of Socrates*. Indianapolis/New York: The Library of Liberal Arts, 1965.

____. Socrates' Defense to the Jury. In: *The Trials of Socrates*. Indianapolis/Cambridge: Hackett, 2002.

WOLFF, Christian. *Psychologia rationalis methodo scientifica pertractata*. Veronae: Typis Dionysii Ramanzini, 1737.

Edições Loyola

editoração impressão acabamento

Rua 1822 nº 341 – Ipiranga
04216-000 São Paulo, SP
T 55 11 3385 8500/8501, 2063 4275
www.loyola.com.br